中国工业经济学会先进制造业专业委员会
辽宁大学先进制造业研究中心
沈阳市构建国家先进制造业中心研究院

U0604104

数字经济时代
中国制造业现代化
产业体系研究

唐晓华 等 著

Research on the Modernized Industrial System
of China Manufacturing in the Era
of Digital Economy

经济管理出版社
ECONOMY & MANAGEMENT PUBLISHING HOUSE

图书在版编目（CIP）数据

数字经济时代中国制造业现代化产业体系研究/唐晓华等著．—北京：经济管理出版社，2024.2

ISBN 978-7-5096-9615-6

Ⅰ.①数…　Ⅱ.①唐…　Ⅲ.①制造工业—产业发展—研究—中国　Ⅳ.①F426.4

中国国家版本馆 CIP 数据核字（2024）第 038846 号

责任编辑：高　娅
助理编辑：王玉林
责任印制：许　艳
责任校对：蔡晓臻

出版发行：经济管理出版社
　　　　　（北京市海淀区北蜂窝 8 号中雅大厦 A 座 11 层　100038）
网　　址：www.E-mp.com.cn
电　　话：（010）51915602
印　　刷：北京晨旭印刷厂
经　　销：新华书店
开　　本：720mm×1000mm/16
印　　张：13.5
字　　数：250 千字
版　　次：2024 年 3 月第 1 版　　2024 年 3 月第 1 次印刷
书　　号：ISBN 978-7-5096-9615-6
定　　价：98.00 元

本书是辽宁大学先进制造业研究中心、沈阳市创建国家先进制造业中心研究院、中国工业经济学会先进制造业专业委员会团队集体完成的成果。

前　言

在党的二十大报告中，习近平总书记重点提及了"建设现代化产业体系"，强调建设现代化产业体系，"坚持把发展经济的着力点放在实体经济上，推进新型工业化，加快建设制造强国、质量强国、航天强国、交通强国、网络强国、数字中国"①。现代化产业体系是现代化国家的物质支撑，是实现经济现代化的重要标志。在世界百年未有之大变局加速演进，我国迈上全面建设社会主义现代化国家新征程的大背景下，必须高度重视现代化产业体系的建设，而找准加快建设现代化产业体系的主攻方向则是重中之重。2023年4月28日召开的中共中央政治局会议提出，"要加快建设以实体经济为支撑的现代化产业体系"。制造业作为实体经济的主体，是建设现代化产业体系的重要支撑，是这一巨大的系统工程的关键环节。因而，抓住制造业现代化产业体系这个"牛鼻子"，是构建中国式现代化产业体系的首要任务。

当下，数字经济已然走向全球化。在数字经济时代，数据要素是核心生产力，智能制造是国家发展数字经济的战略领域，数字经济已然成为驱动制造业高质量发展的重要引擎。因此，构建制造业现代化产业体系应聚焦于以数据为关键要素的数字经济，不断推进数字产业化和产业数字化，促进数字技术与制造业的深度融合，充分释放数字技术对制造业转型升级的赋能作用，成功推进和拓展中国式制造业现代化产业体系构建，加速中国由"制造大国"向"制造强国"全面转变的发展进程，实现中国制造业迈向高质量发展的新格局。

（一）制造业现代化产业体系自然生成的内涵逻辑

在农业化和工业化经济形态之后的历史脉络中，数字经济逐渐浮现为一种创

---

① 习近平. 高举中国特色社会主义伟大旗帜　为全面建设社会主义现代化国家而团结奋斗——在中国共产党第二十次全国代表大会上的报告［M］. 北京：人民出版社，2022：30.

新的经济形态，其核心是数据资源的集成应用与新一代信息技术的全面支持。2017年，数字经济被首次纳入中国政府工作报告，象征着其在国家战略层面的重要性日益凸显。在这一背景下，中国制造业正从高速增长阶段转向高质量发展阶段，以人工智能、大数据、云计算等先进技术为代表的新科技革命与制造业的深度融合，不断推动产业体系的转型升级。然而，面临国际局势动荡，技术的自主研发越发重要，制造业产业体系依然存在核心技术缺失、创新能力不足以及绿色生产效率低下等现实挑战。同时，中国制造业外部环境也面临着人口红利的逐渐消失、生产要素优势的削弱、国际市场需求的疲软以及地区间产业发展不平衡等问题。自党的十九大以来，中国政府高度重视实体经济，尤其是制造业的发展。在数字经济时代，制造业现代化产业体系的特征主要体现在通过数字信息技术和智能化生产设备的赋能，有效提升生产效率、产品及服务质量，优化生产成本，增强生产协调性，减少资源浪费，以实现产业体系内部生产要素的高效配置与运作。

1. 制造业现代化产业体系是对现有制造业体系的继承与延伸

构建制造业现代化产业体系是基于中国相对齐全的制造业生产体系规模优势，以及中国制造业产业体系产业链供应链的发达完备、企业对市场需求的响应处理能力等。制造业现代化产业体系的"现代化"一词突出强调"体系"，而非具有现代化特征的部分产业，制造业现代化产业体系是包含所有制造业门类的产业体系现代化，这既体现了现代制造业体系相关内涵界定之中的新兴产业和高技术产业的支撑地位，同时也注重传统制造领域的转型升级，强调产业体系整体结构不断向现代化演进升级。因此，构建制造业现代化产业体系需要从以下四个方面着手考虑：第一，大力发展先进制造业，实施产业基础再造工程和重大技术装备攻关工程，支持"专精特新"企业发展。第二，升级改造传统产业。中国传统产业体量大，是现代化产业体系的基底，应加快改造升级传统产业，巩固消费品、原材料、机电等传统优势产业领先地位。第三，实施创新驱动发展战略，强化企业科技创新主体地位，发挥新型举国体制优势，在集成电路、工业软件、关键装备、先进材料等关系安全发展的领域补齐短板。第四，发展壮大战略性新兴产业，在类脑智能、量子信息、未来网络等前沿科技和产业变革领域，谋划具有广阔发展前景的未来产业。

2. 制造业现代化产业体系依赖于产业自身发展的内在逻辑

第一，技术演进与要素驱动。制造业现代化产业体系一直在朝着更高效的方向演进，在这个过程中技术创新是关键推动力。随着数字经济相关新技术的出现，如人工智能、大数据、云计算等，制造业的生产方式和管理模式都在发生根本性变化。中国制造业的产业结构在这一过程中逐渐从劳动、资本密集型转向技术、知识密集型。第二，市场需求端引导。市场需求是推动产业发展的重要力量。随着全球化和市场多样化的深入，消费者对产品的需求更加多样化和个性化。中国的统一大市场需求红利，引领制造业现代化产业体系不断提升产品质量和创新能力，以满足市场的多元化需求。第三，环境与资源约束条件。环境保护和资源可持续利用是当今世界面临的重大挑战，中国制造业现代化产业体系在发展过程中越发地注重环保和绿色生产，以减少对环境的影响和资源的消耗，这是实现产业体系长期可持续发展的必然选择。第四，产业政策环境。政府的政策引导和制度创新也是推动产业体系自然生成的重要因素，中国政府通过制定相应的产业政策、优惠措施和改革开放策略，为制造业产业体系的现代化升级提供有力支持和良好环境。综上所述，制造业现代化产业体系是在技术进步、市场需求、环境约束以及政策引导等多种因素作用下动态生成和发展的，涉及经济、社会、技术等多个领域的相互协调。

以具体产业为例，新能源汽车产业演进规律主要表现在以下四个方面：第一，技术创新进步。新能源车企往往在技术上投入巨大，包括电池技术、电动驱动系统和自动驾驶技术等。第二，政策支持与市场引导。许多发达国家政府通过提供补贴、税收优惠、建设充电基础设施等措施来支持新能源汽车产业的发展，并引导消费者积极购买。第三，环保意识的提升。随着全球气候变化和政府宣传，以及社会群体的环境保护意识的增强，越来越多的消费者开始选择新能源汽车。第四，企业间的竞争合作。在新能源汽车领域，不仅有包括特斯拉和比亚迪等汽车制造商的强力竞争，也有许多新兴的科技公司加入竞争。企业之间的合作，如共享技术、共建充电网络等，也在促进行业蓬勃发展。此外，智能手机产业的演进规律同样典型：第一，对于核心技术的探索与掌握。核心技术包括处理器性能的提升、屏幕技术的进步、摄像头质量的提高以及5G技术的应用等。例如，尽管面临国际市场的挑战，华为在5G信息通信技术以及自主研发的芯片方面仍然取得显著成就。第二，操作系统及生态系统建设。操作系统的发展（如iOS和Android）以及围绕这些系统的应用生态系统的丰富，是智能手机行业发展的关键因素，这不仅包括应用程序的多样性，还包括服务和用户体验的整体优化。例如，苹果在设计、用户体验和生态系统建设等方面一直是行业领跑者。第三，优化用户体验。智能手机制造商重视提升用户体验，包括提高手机的耐用性、改进用户界面、增加智能辅助功能等。例如，三星在智能手机的显示技术、摄像技术以及设计方面不断创新，同时在折叠屏手机等新型设备上进行尝试创新。第四，全球化的市场竞争。智能手机市场的竞争非常激烈，不仅在本国市场竞争，还积极拓展全球市场，这导致了产品和营销策略的多样化。

3. 制造业现代化产业体系转型的时代内涵正发生深刻变革

本书概括为五个主要维度：第一，产业体系结构优化升级。中国的制造业体系正朝着高技术、高附加值、高质量的结构方向升级，在数字经济时代表现为更多的自动化、数字化、智能化的特征，以及更强的科技研发能力。第二，在全球产业链供应链地位攀升。在百年未有之大变局的影响下，中国制造业产业体系正在从简单的加工组装制造转向在全球价值链中扮演更加重要的角色，通过不断整合全球价值链，渗透到产业链条中核心产品的设计、研发、品牌建设等高端环节。第三，产业体系的技术创新需求更为迫切。在以技术封锁为代表的逆全球化浪潮面前，中国制造业产业体系的自主创新效能不足问题被放大。自主研发关键核心技术，减少对外部高端市场技术和服务的依赖，是中国制造业体系内在逻辑变化的关键所在，这也涉及国家的产业体系安全和产业竞争力提升。第四，环境可持续性战略要求。随着全球对环境问题的关注增加，实现中国"双碳"目标的挑战也在加大，中国制造业产业体系也在向优先使用环保资源倾斜和可持续的生产模式转变，如清洁能源的使用和循环经济的实践。第五，国内外市场需求的变化。在全球供应链重塑和中国"双循环"新发展格局背景下，中国制造业体系更多地关注国内外市场需求和消费者偏好的变化，从而进行有针对性的产品和服务创新。国家和各区域的产业政策规划也在引导制造业体系的需求导向发生变化。

4. 数字经济时代制造业现代化产业体系的数字化、智能化转型

在数字经济时代，通过采用先进的数字技术如物联网、大数据、云计算和人工智能，可以提高产业体系的生产效率、降低成本并增强产品质量。数字化不仅改变了制造业的生产方式，还促进了制造业产业体系内部供应链管理的优化。通过数字技术，企业能更有效地管理资源，实现供应链的透明化和灵活性。第一，数字化开拓实体经济发展新空间。产业数字化重塑产业体系分工协作新格局，产业间技术实现渗透融合，平台化产业新生态迅速崛起，此外新模式、新业态不断涌现，逐渐成为产业体系转型升级的重要方向。第二，数字经济的智慧化特征，

有助于提高生产和服务效率。数字技术可以解决实体经济中生产、经营、流通、服务等环节的对接不畅通问题。数字化资源配置不断扩展，带来全社会、全产业、全要素资源配置效率的提高和价值创造模式的改进，有效提高生产和服务效率。第三，数字化对接需求供给。使平台化成为产业主导模式，为经济生产经营、供应链管理提供数据支撑，以极低的成本分析客户需求，对接供需，助力企业精准营销，为用户提供个性化服务。第四，精益化解决现代化产业体系融资难题，打通订单、制造、入库、结算等环节，帮助企业更好地获得金融机构服务。

5. 数字经济时代构建制造业现代化产业体系的时代价值

第一，可以有效应对全球竞争新格局。在全球经济一体化的背景下，中国制造业面临着来自发达国家和新兴经济体的激烈竞争，构建现代化产业体系是提升竞争力的关键。包括国际贸易环境的不确定性、国内经济下行压力等，这些都要求制造业现代化产业体系具有更强的适应性和创新能力。第二，更准确地适应经济结构调整需要。中国经济正从速度型增长转向质量型增长，这要求制造业升级为更加高效、高技术的产业结构。随着科技的迅速发展，尤其是数字技术、人工智能等领域的突破，制造业需要紧跟科技发展的步伐，实现创新驱动发展。第三，专注社会需求变化和环境保护约束。顺应社会对高质量生活的需求和对环境保护的关注，制造业现代化产业体系需要转型升级，提供更加绿色、健康的产品和服务。随着环境保护和可持续发展成为全球共识，中国制造业现代化产业体系需要探索更环保、更可持续的生产方式，如节能减排和循环经济模式。总体而言，在数字经济时代构建中国制造业现代化产业体系是一个综合性的战略，旨在通过技术升级、创新驱动、环境可持续性、市场适应性等多方面的努力，提升中国制造业产业体系的整体竞争力和可持续发展能力，从而服务于中国"制造强国"的战略目标。

（二）构建制造业现代化产业体系是世界经济大变局的应对之策

1. 制造业现代化产业体系是加强自主可控的必然选择

制造业现代化产业体系是产业全球化的经济逻辑。近年来，中美贸易摩擦特别是美国的霸权主义让我们认识到，制造业现代化产业体系中并不仅有经济规律在发挥作用，国家政策选择也会使经济规律失效、全球化受到严重阻碍。因此，在数字经济时代，我国必须要充分利用数字技术、数据要素等增强对制造业现代化产业体系关键环节的自主可控，在外国"断供"时，不至于因为找不到国际替代来源且国内无法生产而使我国产业链"断链"、产业生产陷入停顿。同时也要看到，由于资源的有限性和创新的不确定性，一个国家无法在所有领域做到世界最佳，因此，自主可控是在全球化大背景下增强制造业现代化产业体系的安全性。增强自主可控有两条路径：一是补齐少数关键环节的短板，至少做到自主可用，当"断供"发生时，虽然国产技术和产品不是最优的，但能够保障供应链不中断，产业生产能持续；二是锻造少数关键环节的长板，在少数关键技术和产品上做到世界最优、成为世界最主要的供应商，进一步强化与其他国家"你中有我、我中有你"的相互依赖关系，形成一种动态"威慑平衡"。

2. 制造业现代化产业体系是保持产业链完整的关键之举

制造业现代化产业体系是一个相对的概念，由于现代制造业高度复杂的特点，没有任何一个国家能够保持制造业产业体系的完整性，即完全不依赖其他国家的零部件、原材料、生产设备、科研仪器、工业软件等实现国内生产。20 世纪 80 年代以来，发达国家由于长期离岸外包，大量劳动密集型产业以及产业链、价值链的劳动密集型环节被转移到更低成本的发展中国家，导致出现了一定程度的"产业空心化"。而中国从劳动密集型产业起步开始工业化，经过改革开放 40 多年以来的"压缩型工业化"，在保持劳动密集型产业综合成本优势的同时，不断向产业链、价值链的高端环节攀升，产业配套体系不断完善，因此中国制造业体系相对比较完整。但由于生产成本持续上涨、美国加征关税等因素，中国经济已经出现"脱实向虚"问题，劳动密集型产业不断向国外转移。应该吸取发达国家"产业空心化"的教训，尽可能地延长劳动密集型产业的国际竞争力，至少要保持劳动密集型产业在生产、创新、升级等方面适度的产能或能力，在保障国内制造业现代化产业体系安全的同时也要加强对全球产业链价值链的控制力。

3. 制造业现代化产业体系是引领全球价值链攀升的重要保障

现代化国家必须有制造业现代化产业体系，制造业现代化产业体系必定要在全球价值链上表现为"高端""引领"，而不是"低端""从属"，而向全球价值链高端攀升必须首先擦亮一批"名片"产业。目前，我国高铁、航天、电力、工程机械、海洋装备、新能源汽车、新一代信息技术应用等产业已经具备国际领先的技术研发能力、产品制造能力、新应用开发能力和完善产业配套体系，在国内市场已经几乎没有外来竞争者。这些"名片"产业的高质量发展和全球化发展有助于改变国际市场对"中国制造"廉价低端的传统认识，开启"中国制造"向全球价值链高端攀升的新局面。我国是产业体系最完整的制造业第一大国，拥有 41 个工业大类、207 个工业中类、666 个工业小类，是全世界唯一拥有联合国产业分类中全部工业门类的国家①。我国制造业规模已经连续 13 年居世界第一，占全球的比重接近 30%。制造业体系完备和配套能力强，是我国产业体系的巨大优势，这个优势保证了我国能够有效应对外部环境变化等带来的供给冲击，彰显了我国的经济韧性。还要看到，世界百年未有之大变局深度演进，全球产业链供应链面临重组，我国传统制造业产业体系的完备性优势受到了冲击。一方面，一些企业开始向东南亚转移，存在产业链外移以及制造业配套能力受损的风险；另一方面，传统制造业产业面临转型升级的巨大压力，有些地方简单通过"一刀切"政策将传统制造业产业视为"低端产业"淘汰出局。

4. 制造业现代化产业体系是促进智能化、绿色化和融合化发展的重要举措

现代化是以现代科学技术的兴起、传播和应用为前提、动力和标志的，现代化产业体系要建立在先进的现代科学技术基础之上。当前，新一轮经济革命和产业变革加速演进，数字经济已经成为全球经济发展的新趋势。从技术创新发展方向看，数字技术、新能源、新材料、生物工程、绿色低碳技术等新兴技术正在重塑全球的技术版图、产业结构和竞争格局，数字经济与实体经济正在加速深度融合。从产业组织发展方向看，制造业和服务业也在深度融合，产业融合化发展代表着建设现代化产业体系的一个重要趋势。总体而言，建设具有先进性的现代化产业体系，应以数字经济为引领，体现制造业智能化、绿色化、融合化的发展方向。

制造业是技术创新活动最活跃、技术创新成果最丰富、技术创新应用最集中、技术创新溢出效应最强的产业，制造业的先进性是现代化产业体系先进性的主要体现。当前，我国在制造强国建设上取得了显著成就，例如，2022 年我国有 65 家制造业企业入围世界 500 强企业榜单，专精特新中小企业达到 7 万多家，高技术制造业占规模以上工业增加值比重为 15.5%，装备制造业占规模以上工业增加值比重为 31.8%，已培育 45 个国家先进制造业集群，新能源汽车、光伏产量连续多年保持全球第一②。但也要看到，我国制造业发展仍存在大而不强的问题，整体技术水平先进性还有待提高，制造业基础能力还不强，在核心基础零部件（元器件）、先进基础工艺、基础材料、基础技术、关键基础软件等方面还存在短板，一些核心技术还受制于人，产业链总体处于全球价值链中低端。因此，

---

① 资料来源：中国工业和信息化部。
② 黄群慧. 建设完整先进安全的现代化产业体系［N］. 经济日报，2023-08-08.

建设先进的现代化产业体系，必须紧抓数字经济发展机遇，加快建设制造强国、质量强国、航天强国、交通强国、网络强国、数字中国，推进我国制造业沿着智能化、绿色化和融合化的方向发展，实现从大到强的转变。

5. 制造业现代化产业体系是国家经济命脉所系

习近平总书记强调，"制造业是国家经济命脉所系"，"一定要把我国制造业搞上去，把实体经济搞上去，扎扎实实实现'两个一百年'奋斗目标"。这些论述深刻阐明了制造业在我国经济社会发展全局中的战略地位，擘画了制造强国建设的宏伟蓝图，为制造业高质量发展指明了前进方向、提供了根本遵循。

加快制造业现代化产业体系建设是服务中华民族伟大复兴战略全局的需要。制造业是国民经济的主体。纵观世界经济发展史，制造业兴，则经济兴，国家强；制造业衰，则经济衰，国家弱。我国经济取得今天的成就，同样立足于以制造业为重要基础的实体经济发展。经过 70 余年艰苦卓绝的奋斗，我国已成为全球第一制造大国，拥有全球规模最大、链条和配套最完善的制造业产业体系。建设社会主义现代化强国对制造业高质量发展提出了新的更高的要求，科技强国、质量强国、网络强国等都需要制造强国的支撑。因此，要实现中华民族伟大复兴的中国梦，必须加快制造业转型升级、提质增效，实现由大到强的跨越。

加快制造业现代化产业体系建设是应对世界百年未有之大变局的战略需要。当前，百年变局形势下，不稳定性、不确定性增加，单边主义、保护主义上升，全球产业链供应链面临重构。各国高度重视制造业发展，发达国家实施"再工业化"战略，新兴国家在低端行业追赶，对我国形成"双向挤压"。习近平总书记强调，"当今时代，数字技术、数字经济是世界科技革命和产业变革的先机，是新一轮国际竞争重点领域，我们一定要抓住先机、抢占未来发展制高点"。[①] 为此，应以数字经济引领加快制造业现代化产业体系建设，积极参与全球产业链竞争合作，形成新的比较优势。

（三）制造业现代化产业体系是中国高质量发展的必然趋势

1. 为实现中国式现代化筑牢经济基础

习近平总书记指出："现代化经济体系，是由社会经济活动各个环节、各个层面、各个领域的相互关系和内在联系构成的一个有机整体。"其中，制造业现

代化产业体系是建设现代化经济体系的物质基础和实践主体，对实现中国式现代化具有重要意义。

第一，制造业现代化产业体系是构建新发展格局的重要条件。构建新发展格局，从根本上说，就是要实现经济循环流转和产业关联畅通，既包括区域层面的关联畅通，也包括产业之间的关联畅通。前者有赖于形成科学合理的区域产业体系，后者则要形成融合、协同的现代化产业体系。只有加快推进产业转型升级，实现技术自立自强，发展更高水平的现代化产业体系，增强产业乃至整个经济的生存力、竞争力、发展力、持续力，才能更有效地提升经济循环发展水平，在激烈的国际竞争中占据有利地位。

第二，制造业现代化产业体系是积极顺应数字经济革命与国际竞争态势的重要战略选择。当今世界，数字经济革命正孕育新的重大突破，数字技术与产业发展的各个领域呈现深度融合态势，引发现有制造业产业体系的深刻变革。同时，国际竞争进一步加剧，我国制造业产业发展面临高端回流和中低端分流的"双向挤压"局面。中国只有加快打造自主可控、安全可靠、竞争力强的制造业现代化产业体系，才能有效地应对新一轮科技革命与激烈国际竞争的严峻挑战。

第三，制造业现代化产业体系是实现第二个百年奋斗目标的重要条件。实现高质量发展是实现第二个百年奋斗目标的首要任务。现阶段，我国要素比较优势和资源环境的约束条件等都发生了重大变化，现有制造业产业体系难以满足高质量发展的要求，必须通过建设制造业现代化产业体系，形成制造业发展新动力，培育制造业竞争新优势，为高质量发展提供强大动力，为实现第二个百年奋斗目标提供坚实支撑和动力驱动。

2. 制造业现代化产业体系是服务于高质量发展的实际需求

第一，制造业现代化产业体系是建设制造强国的战略目标。在当前错综复杂的国际局势中，中国迫切需要构建一个能够持续增强竞争力的制造业现代化产业体系，以服务于高质量发展的实际需求和制造强国的战略目标。面临美国等发达国家长期升级的技术封锁和出口管制措施，如2023年初美国政府联合荷兰、日本等国对中国的半导体设备实施出口管制，削减企业订单，并切断了中国华为公司的所有美国供应链厂商，全面限制对中国科技行业的投资，中国产业的"大而不强""全而不优"的问题越发凸显。中国的制造业产业体系仍是不平衡不充分的，处于关键的优化升级阶段。

第二，制造业现代化产业体系是核心技术和设备零部件的自主可控。构建制造业现代化产业体系面临理念、人才、资金、技术等方面的瓶颈，尤其是在传统行业的数字化转型和中小制造企业的数字化水平方面。在关键核心技术和设备零部件方面实现自主创新至关重要，同时需要确保产业链和供应链在整体及关键领域的安全可控。这不仅包括国际竞争激烈的芯片领域，也涉及至关重要的装备制造业领域中的技术装备和新材料领域。高度依赖进出口的制造业产业体系在面对外部冲击时将变得极其脆弱，对本土制造业的技术研发、成本控制、市场份额等方面带来负面影响，不利于国民经济稳定增长和社会就业，阻碍中国经济高质量发展进程。

第三，制造业现代化产业体系是保障产业链供应链安全的有力抓手。在以制造业变革为主导的"后工业化"时代，技术创新能力成为制造业部门和高技术产业层面推进高质量发展的关键。随着世界百年未有之大变局的加速演进，逆全球化、地缘政治危机等事件不断发生，全球产业链供应链的脆弱性显现。党的二十大报告提出，要确保中国重要产业链供应链安全，提高产业链供应链韧性和安全水平。当前，中国产业链供应链安全面临的国际环境十分严峻，大力发展数字经济，以数字化转型打造竞争新优势，是中国确保制造业产业链稳定安全的有力抓手，促进物联网、大数据、云计算、人工智能等数字技术服务于制造业现代化产业体系构建，助推中国制造业在全球供应链调整过程中占据更加积极有利的位置。

3. 制造业现代化产业体系是实现中国高质量发展的必然选择

第一，制造业现代化产业体系是实现发展方式转变的重要抓手。制造业现代化产业体系具有技术先进、知识密集、附加值大、成长性好、带动性强等特征。当前，全球已经进入数字经济时代，支撑制造业快速增长的成本优势日益弱化，能源资源和环境约束不断趋紧，传统粗放型发展模式难以为继，经济发展必须更多依靠技术进步，不断提高全要素生产率。加快发展制造业现代化产业体系，提高先进产能比例，能够推进制造业向价值链中高端跃升，促进发展模式向智能、绿色、集约方向转型，实现发展方式的根本性转变。

第二，制造业现代化产业体系是破解发展不平衡不充分问题的重要途径。我国制造业领域的结构性矛盾主要表现在低端供给过剩和高端供给不足。在一些行业产能严重过剩的同时，大量关键装备、核心技术、高端产品还不能满足需求。供给结构还不能适应需求的新变化，产业整体处于价值链中低端。制造业现代化产业体系不仅体现为产品技术上的先进，也体现为先进的生产模式和管理方式。

发展制造业现代化产业体系，能够强化创新的引领作用，优化要素配置，提升质量品牌附加值，扩大有效和中高端供给，提高供给体系的质量和效率，破解发展不平衡不充分问题，满足人民日益增长的美好生活需要。

第三，制造业现代化产业体系是建设现代化经济体系的重要支撑。建设现代化经济体系，必须把发展经济的着力点放在实体经济上。历史经验表明，大国经济必须依靠实体经济，而实体经济的核心是制造业。制造业从低端逐步向中高端升级迈进，是支撑大国经济实现工业化和现代化的根本力量。加快发展制造业现代化产业体系，能够促进实体经济、科技创新、现代金融、人力资源协同发展，更好顺应现代化发展潮流和赢得国际竞争主动，为实现经济发展、改善人民生活、参与国际竞争和保障国防安全的现代化经济体系提供强有力的支撑。

4. 汲取西方发达国家经验，构建制造业现代化产业体系

为了保障本国产业链供应链安全和应对全球产业链供应链的不稳定性，以美国为首的西方发达国家在推动本土制造业产业体系重塑过程中主要采取了以下三个方面的策略：

第一，积极推进产业链供应链的本土化生产。以芯片产业为例，欧盟在2023年1月通过了《欧洲芯片法案》，对半导体产业链供应链安全制定了近期、中期和长期的系统性规划。近期目标聚焦于解决欧盟内部因芯片短缺引起的供应链不稳定问题；中期目标旨在强化欧盟的半导体制造能力，以支持供应链的扩张和创新，减少对外依赖；长期目标则是提升和加强欧盟在高级芯片设计、制造、节能和封装等方面的创新能力、产业化能力和制造能力，以确立其作为全球半导体产业领导者的地位。类似地，2022年8月，美国通过《2022年芯片与科学法案》，计划在全国范围内进行数千亿美元的半导体投资，支持前沿工艺的研发和产业化，增强成熟和前沿芯片、新技术和特殊技术的创新制造能力，从而巩固美国在全球半导体产业中的领先地位和主导权。此外，日本采取了同时鼓励本土企业投资和吸引外资的策略，如推动丰田汽车、索尼、日本电气等巨头合资成立高端芯片公司，量产先进半导体芯片，同时通过财政援助鼓励吸引台积电、美光科技等芯片制造商在日本建厂。

第二，科学评估产业链供应链的实际风险。2021年6月8日，美国白宫发布《建立弹性供应链，振兴美国制造业，促进基础广泛增长：第14017号行政命令下的百日审查》报告，要求对半导体制造与先进封装、大容量电池、关键矿产和稀土等关键矿物、医药用品等重要产业的供应链进行风险和韧性评估，并提出解

决供应链薄弱环节的备选方案。2022 年 9 月，美国发布的《促进生物技术和生物制造创新，实现可持续、安全和有保障的美国生物经济》行政令要求各政府部门加快评估生物安全形势，并采取措施开发生物制造技术，以提高供应链的韧性及国家安全和经济安全。

第三，大力推进海外供应链的多元化升级。日本通过设立"海外供应链多元化项目"来支持保障战略医药物资与生活必需品的供应，并扩大参与该项目的企业范围，特别是在医疗、半导体、稀土等新材料领域以及汽车配件等全球供应链危机中受冲击较大的重点领域。韩国为增加汽车原料的储备，控制原料供应和价格风险，推动锂资源供应的多元化，在越南、印度等国寻找替代供应链，推动建立多元化的生产基地，以减少在核心材料和零部件领域的对外依赖。

中国可以借鉴这些国家的经验来提升制造业产业体系的产业链供应链韧性和安全水平，通过提高创新链与产业链供应链的融合协同水平、建立健全产业链安全评估与监测机制、构建多元发展的供应链体系来推动制造业现代化产业体系构建。

目　录

第一章 制造业现代化产业体系历史演进：理论逻辑

"中国制造"在全球经济贸易发展中占据重要地位，自 2010 年以来，我国制造业已连续 13 年位居世界第一，制造业大国的地位非常稳固。这些成就的取得在很大程度上是基于中国具有竞争力的、以制造业为基础的产业体系。发展完备的、系统的制造业现代化产业体系是保持这种竞争优势的必由之路，是中国未来制造业可持续科学发展的重要一环，也是谋求中国制造业现代化产业体系在未来有国际竞争力的关键所在，意义十分重大。考察中国制造业现代化产业体系的历史演进，从传统制造业现代化产业体系的发端、蜕变到最终形成出发，分析中国制造业现代化产业体系框架、演进逻辑和历程，对制造业产业体系的改革和政策的变更均具有重要的指导作用，有利于制造业现代化产业体系的调整与优化。

第一节 制造业现代化产业体系的理论溯源

一、传统制造业产业体系理论演进

（一）传统制造业产业体系的发端

"产业体系"一词只是中国语境下的一个概念，国外的诸多产业经济学研究中很难找到与之相对应的准确表述。产业体系是人类经济活动的载体，是人类创造并容纳一切经济活动且不断演进的大系统。迄今为止的产业体系主要指第一、第二与第三产业的构成，制造业产业体系则是对产业体系进一步的细化，更强调制造业体系建设（龚绍东，2010）。

传统制造业产业体系萌生于农业化转向工业化初期。在这一阶段，制造业产品品种几乎完全相同，但数量却在不断扩张，属于数量扩张时期。在传统工业化时代，制造业企业的生存状态以及产品市场的竞争以数量型为主。当数量竞争成为主流的制造业生存方式时，一旦某项技术被市场所认可，这项技术就会在市场占据优先地位并持续很久。制造业企业不需要改变技术，使用这一技术即可实现数量扩张和企业的生存与发展，缺少技术进步的动力（张耀辉，2010）。

传统制造业产业体系是制造业发展的初级阶段，其起点是低层次、重复性满足顾客数量需求，它引导了企业的数量竞争和资本竞争，诱导企业倾向于以成本控制为其核心竞争力，决定了技术稳定和产业关联关系稳定，也决定了以数量满足为主的生产服务产业的存在，决定了政府的主要定位是保证市场数量竞争的效率。

（二）传统制造业产业体系的蜕变

随着经济发展，人们收入水平的提高会形成需求的多样化，稳定的市场需求前提逐渐消失，这引起了传统制造业产业体系的蜕变。产品生命周期被大大缩短，产品转换频率加大，传统制造业产业体系赖以生存的需求不存在了。企业的生存方式和生产体系的性质从根本上改变，参与竞争企业的数量扩张会使市场利润趋于消解，从而迫使企业寻找新的竞争手段来增加自己的利润。这时，企业间的竞争就从产量竞争和价格竞争转向创新竞争。在新的竞争方式下，以稳定的技术连接为基础的传统产业体系开始解体。

产业体系蜕变指企业竞争方式的改变，使企业间的联系和企业对外部的要求也在发生着相应的改变。这种改变是渐进和互动的，是企业行为与产业联系和构成同步变化的结果。这种蜕变并非指传统产业的整体退出，而是包括传统产业在内所有产业以新的竞争手段维持着自己的生存。竞争手段的变化和对环境变化的要求，为新兴产业的进入创造了条件。所以，传统产业体系蜕变是一个新兴产业进入与传统产业改造的过程，也是社会生产体系重新构造的过程。

二、制造业现代化产业体系形成机制

制造业现代化产业体系萌生于传统制造业产业体系，相关的理论研究可追溯至费希尔的经济发展三阶段与三次产业划分理论、配第—克拉克定理、库兹涅茨法则、霍夫曼定理、罗斯托经济增长六阶段论、钱纳里工业化阶段理论等。制造业现代化产业体系的形成可以从两个层面出发：一是市场逐渐成熟的内生性演进机制；二是政府推进与组建的外生性构建机制。制造业现代化产业体系发展机理如图1-1所示。

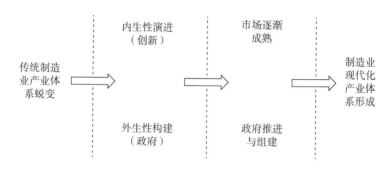

图1-1　制造业现代化产业体系发展机理

（一）市场逐渐成熟的内生性演进机制

制造业现代化产业体系的形成是一个市场自我演进的结果，存在"市场适应性"（张明哲，2010），是在企业创新竞争行为和外部保证创新的环境作用下不断形成和完善的。创新的竞争行为可以受到制造业现代化产业体系的激励，培育和积累自主创新能力是制造业现代化产业体系形成的根本动力，创新驱动的内生式路径是构建现代化产业体系的核心路径。影响产业形成和发展的因素是多方面的，制造业现代化产业体系与传统制造业产业体系的本质区别并不在于行业性质、产品属性、生产方式的新颖，而在于创新能力。

创新作为市场逐渐成熟的主要动力机制，对现代化产业体系的形成和发展起主导和决定性作用，主要体现于创新决定产业体系演进的速度和趋势，催化现代产业组织的变革和完善，以及促进产业结构优化升级等。创新对产业体系的演进作用表现为，创新使劳动工具、劳动对象、劳动力等生产要素发生改变；创新加速产业分化和整合，从而促进新兴产业形成；创新可以创造新的需求，通过需求引致新的产品和新的产业，一定程度缩短了产业结构演进周期，加速了产业结构优化升级。在资源投入、企业生产、产品消费的全过程中融入创新要素，使传统依赖资源消耗的线性经济增长模式，转变为依靠生态型资源循环发展的经济增长模式。从产业的微观主体——企业来讲，面对多样化的市场需求，企业难以通过简单的数量扩张获取市场利润，只有通过不断提升自主创新能力才能获得竞争优势。

（二）政府推进与组建的外生性构建机制

以政府为主导构建制造业现代化产业体系的主要机理为：地方政府间接鼓励、培育或扶持具有长远、全局意义的新兴产业；为主导产业发展提供信息指南和政策支持；抑制落后产业和衰退产业发展，鼓励产业创新和技术改造；通过搭建平台、信息咨询等为制造业现代化产业体系发展营造良好的外部环境。

政府作为产业配置的主导力量，拥有较高的战略眼光和较强的推动能力，政府通过政策鼓励或抑制某一产业在特定区域的发展，或通过间接诱导生产要素在不同产业之间进行流动和配置，可以起到改善区域产业结构、培育现代化产业体系的效应。这种政策效应往往会影响多个相关区域的产业体系构建。例如，中国鼓励沿海地区劳动密集型、资源型产业向中西部地区转移的政策，将会使沿海地区集中优质资源加快发展新兴产业，构建制造业现代化产业体系，而中西部地区通过引进尚处于比较优势的产业，在一定程度上加快了后发展地区产业结构升级和制造业现代化产业体系发展。

三、数字经济时代制造业现代化产业体系的形成框架

数字经济的发展推动以往中国制造业生产低附加值、低产出、高消耗的粗放型发展向高附加值、高端化、高产出、低耗能的发展局面转变，利用数字技术将分散或孤立的设备、产品、生产者、企业等以产业链、供应链、价值链等方式紧密连接起来，形成联动发展，推动制造业的智能化。制造业价值链、供应链、产业链"三链"水平的提升离不开数字经济的加持，将数字经济融入制造业现代化价值链、供应链、产业链是完善制造业现代化水平的重要手段，怎样从价值链、供应链、产业链三个维度构建数字经济时代制造业现代化产业体系决定了制造业未来发展的高度和地位。图1-2为数字经济时代制造业现代化产业体系形成框架，分析了互联网、大数据、人工智能等数字技术应用对产业链、供应链、价值链的作用机制。

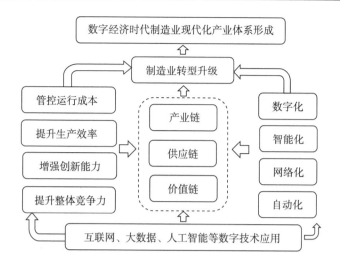

图1-2　数字经济时代制造业现代化产业体系形成框架

（一）数字经济制造业产业链形成逻辑

制造业产业链以优化经济技术耦合程度、提高产业层次水平效益和巩固增强产业发展动力为主要目标，各产业之间依据一定的经济技术逻辑及特有的时空布局关系而连接起来。制造业产业链形成是建立在劳动分工与协作的基础上的，它包含了产业上下游之间从原料到消费品的完整过程，上下游企业之间因技术关系和投入产出关系而相互连接。在宏观层面，产业链是不同区域相关产业环节构成的有机整体；在中观层面，产业链包括不同行业企业的连续追加价值活动的总体；在微观层面，产业链是若干企业价值活动的总和。

智能的制造业产业链是指将数据作为一种新型要素投入生产中，利用数字化改造，提升产业链的智能化程度。数字经济的蓬勃发展赋予生产力和生产关系新的内涵和活力，不仅在生产力方面推动了劳动工具数字化，而且在生产关系层面构建了以数字经济为基础的共享合作生产关系，促进了组织平台化、资源共享化和公共服务均等化，催生出共享经济等新业态、新模式，改变了传统的商品交换方式，提升了资源优化配置水平。制造业的智能化不仅要注重制造环节的智能化，更要注重研发、生产、供应、销售、服务等制造业全链条的全面智能化。从产业的产业链上下游来分析，中国智能制造行业的产业链上游行业主要为基础硬件、感知层次的相关硬件产品、智能制造装备和工业软件；而中游行业则是智能制造装备供应商和智能制造解决方案提供商等系统集成服务提供商；下游行业主要为市场需求方，包括交通装备、电子信息、生物医药等行业。

（二）数字经济制造业供应链形成逻辑

制造业供应链以科学管控运行成本、提高供给组织效率和确保循环周转顺畅为主要目标，企业围绕业务开展、产品制造或服务提供将供给方、需求方或上游、下游连接起来。制造业供应链管理就是指对整个制造业供应链系统进行计划、协调、操作、控制和优化的各种活动和过程，其目标是要将制造企业所需的正确的产品在正确的时间，按照正确的数量、正确的质量和正确的状态送到正确的地点，并使总成本达到最优。供应链实际上就是一个有效供应的过程。中国制造面向的是全球市场，融入全球供应链，世界工厂地位凸显。自 2001 年加入世界贸易组织以来，中国制造凭借着低廉的综合要素成本成为全世界制造业生产成本的价值洼地，吸引了发达国家制造业企业向中国的产业转移，很快一跃成为"世界工厂"。根据海关总署数据，我国的进出口总额从 2001 年的 4.2 万亿元增长到 2022 年的 42.1 万亿元，21 年间增长了 10 倍，贸易顺差从 2001 年的 1865亿元增长到 2022 年的 5.9 万亿元，21 年间增长了 30 多倍。国际贸易的快速增长证明中国制造彻底融入全球供应链，与世界经济紧密连接，"世界工厂"的核心地位难以撼动，体现了我国强劲的制造实力。

随着"互联网+"、物联网、云计算、大数据、区块链、5G、数字孪生、工业互联网、信息物理系统等现代数字技术带来的变革，全球已逐步进入数字时代，人类进入虚实结合的智能时代，这是时代变革的大趋势。在这一背景下，全球制造业供应链将顺应历史发展大潮，进入智慧供应链时代，通过与革命性的现代数字化技术结合，实现供应链的智能化、网络化和自动化，形成高效协同的智慧供应链体系。在数字化技术的驱动下，制造业供应链管理开始向动态、互联、实时共享的形态转变，由协同计划、动态履约、互联客户、智能工厂、智能供应、数字化开发等组成的数字化供应链将成为必然。

（三）数字经济制造业价值链形成逻辑

制造业价值链以提高生产运营效率、增强价值创造能力和提升整体竞争能力为主要目标，将企业的研发、设计、采购、生产、销售、交货、售后和后勤等各方面活动连接起来。制造业价值链管理的核心就是企业要与供应商、分销商、服务商、客户等通过价值增值形成利益共同体，不仅优化自身的业务流程，而且优化与供应链上其他企业间的业务流程，降低交易成本，提升竞争力。当前正处在以新能源、信息技术引领的新一轮科技周期中，制造业数字化、智能化程度不断提升，重构了全球价值链中制造环节的创新功能、增值能力和要素投入，制造环节在全球价值链中的地位也随之提升。我国在制造业全球价值链的多数领域占据生产主体地位，参与全球价值链的程度也在进一步加深。商务部统计数据显示，2013~2022 年，我国与"一带一路"沿线国家的贸易额也在大幅提升，从 1.04 万亿美元扩大到 2.07 万亿美元，占我国外贸总额的 32.9%；我国与沿线国家双向投资累计超过 2700 亿美元①，这些都为我国制造业"走出去"提供了广阔空间。

数字全球价值链以全球价值链的数字技术赋能为基础，改变了传统全球价值链的参与形态，同时新技术拓展了全球价值链的参与主体和覆盖范围，展现出巨大的优势。一方面，将数字技术应用于传统价值链，不仅大幅度降低了价值链供需双方的搜寻成本，提升了贸易网络的韧性，还促使企业摆脱中间商、代理商的控制，依靠自行构建的销售渠道，提升了价值链的覆盖范围，缓解了全球价值链面临的外源风险冲击。另一方面，数字全球价值链的信息搜寻成本消除效应、业务协调的高效和便利性、业务流程的优化设计和重构效应、客户体验的评价和反馈机制等特性，提升了全球价值链体系透明度，遏制了价值链内部风险传递。

四、中国式制造业现代化产业体系

（一）制造业现代化产业体系概念的背景分析

随着技术创新成为企业竞争的核心手段，所有倚重于技术不变的数量、价格、质量和服务的竞争转变为品种竞争和品质竞争时，传统制造业现代化产业体系才从根本上发生了动摇（贺俊、吕铁，2015）。当创新竞争成为主流和普遍的竞争手段时，为企业生存方式服务的产业自然会发生蜕变，制造业现代化产业体系逐渐代替了传统制造业产业体系。

从中国现代化产业体系的提出背景看，"现代化产业体系"的提出最初源于党和国家对现实经济发展导向的思考（张明哲，2010），而非产业经济学理论发展的内在逻辑结果。党的十七大报告提出"发展现代产业体系，大力推进信息化与工业化融合，促进工业由大变强，振兴装备制造业，淘汰落后生产能力"②。此后，各省级政府结合当地资源禀赋、产业基础、地理位置等，加快推进现代产

①　"一带一路"，从愿景到现实［R/OL］. 人民网，2023. http：//politics. people. com. cn/n1/2023/1011/c1001-40092604. html.

②　胡锦涛. 高举中国特色社会主义伟大旗帜，为夺取全面建设小康社会新胜利而奋斗——在中国共产党第十七次全国代表大会上的报告［N/OL］. 中国青年报，2007-10-15. http：//zqb. cyol. com/content/2007-10/25/content_1932631_12. htm.

业体系构建。党的十九大报告提出我国需要"贯彻新发展理念，建设现代化经济体系"的新要求。事实上，现代产业体系正是现代化经济体系的主要内涵和战略重点之一。党的十九届五中全会指出，我国应当"加快发展现代产业体系，推动经济体系优化升级。坚持把发展经济着力点放在实体经济上，坚定不移建设制造强国、质量强国、网络强国、数字中国，推进产业基础高级化、产业链现代化，提高经济质量效益和核心竞争力"。党的二十大报告中再次强调建设现代化产业体系，"坚持把发展经济的着力点放在实体经济上"，为中国在新发展阶段构建制造业现代化产业体系提供了重要指引。

（二）制造业现代化产业体系的本质内涵

现有经济学各学科理论以"产业"为核心的"现代化产业体系"概念应属中国产业结构理论及产业经济学的学科范畴。国外文献目前还检索不到有关"现代化产业体系"的著述，关于"制造业现代化产业体系"相关概念更是极少提及。国外对产业体系的研究主要集中在具体产业、行业、部门经济等中观层面，而极少从宏观层面研究包括三次产业的产业体系。中国的"现代化产业体系"概念的指向主要涵括三次产业的宏观经济层面。现代化产业体系一般是指现代元素比较显著的产业构成，主要指第一、第二与第三产业的构成，以高科技含量、高效益、低污染等为主要特征。中国相关学者分别从定量和定性角度研究了中国制造业现代化产业体系，主要从构建现代化产业体系的实证研究以及战略对策方面进行分析。张冀新（2012），刘明宇、芮明杰（2009），余川江（2012）等从实证、模型方面对这一体系进行了不同程度的定量研究；张明之（2009）、刘钊等（2011）、宋文玉（2008）等主要从构建现代化产业体系的关键——产业融合角度进行分析；黄蕊、侯丹（2017），聂子龙、李浩（2003），王丽纳、李玉山（2019）等主要从构建现代化产业体系的动力——技术创新进行总结；汪立峰（2011）、王琛等（2012）、刘光东等（2011）等则从构建现代化产业体系的重要载体——产业集群进行归纳。

中国制造业现代化产业体系在此概念基础上进行细化、升华，基于不同的角度对制造业现代化产业体系发展进行归纳总结：一是从三次产业融合角度，现代化工业和服务业相互渗透融合的产业网络系统就是现代化产业体系。二是从传统制造业现代化产业体系继承与发展角度，现代化产业体系具有多元化发展态势，产业边界日渐模糊，必将突破三次产业的规定划分。三是从制造业产业分工角度，从"企业—产业—产业间分工—产业内分工—产品内分工"的产业经济发展脉络引出制造业现代化产业体系，制造业现代化产业体系的形成是建立在产品内分工的基础上的。四是从知识创新角度，制造业现代化产业体系建设的核心在于知识生产与转化，以创新型企业及集群为载体，既包括市场经济推动形成的内生性演进机制，也包括政府推进与组建的外生性构建机制。五是从制造业产业发展的技术原动性角度，结合新产业革命的时代背景，从技术演进层面重新定义制造业现代化产业体系，为制造业现代化产业体系的构建提供全新的理论解释。

在现代产业网络化的发展过程中，产业被放在一个更大范围的产业组织体系中与其他产业建立密切的合作竞争关系，并据此提升产业的自身能力，实现可持续发展。可以说，制造业现代化产业体系的本质是建立在产业联动基础上的产业网络系统。

第二节　全球制造业现代化产业体系演进逻辑

一、制造业要素配置由"数量型"向"质量型"演进

制造业要素禀赋条件不断变化，在原有数量、规模、成本等优势逐步消退的同时，人力资源、创新技术、数字要素等方面在逐步进步，制造业要素质量和效率不断提升。

（一）人才队伍支撑作用逐步增强

从劳动者素质看，中国高等教育进入快速发展阶段，全球最大规模的高校毕业生成为促进经济社会发展的重要力量。2022 年，全国共有高等学校 3013 所，其中，普通本科学校 1239 所（含独立学院 164 所），本科层次职业学校 32 所，高职（专科）学校 1489 所，成人高等学校 253 所。另有培养研究生的科研机构 234 所。各种形式的高等教育在学总规模 4655 万人，比 2021 年增加 225 万人，成为大规模培养技术技能人才的重要来源①。各层次人才在加工制造、高速铁路、城市轨道交通运输、电子商务、现代物流等快速发展的行业中发挥重要

---

① 教育部. 2022 年全国教育事业发展统计公报［EB/OL］. http：//www.moe.gov.cn/jyb_sjzl/sjzl_fz-tjgb/202307/t20230705_1067278.html.

作用。

（二）创新技术引领作用日益强化

中国已经成为具有重要影响力的科技大国，科技创新能力显著提升，10年间，中国全社会研发投入从2012年的1.03万亿元增长到2022年的3.09万亿元，研发投入强度从1.91%增长到2.55%；基础研究投入从2012年的499亿元提高到2022年的约1951亿元，占全社会研发经费比重由4.8%提升至6.3%。研发人员总量从2012年的325万人/年提高到2022年的超过600万人/年，多年保持世界首位（谷业凯，2023）。科技创新的质量也在不断提高，一批重大科技创新成果竞相涌现，在超级计算、大数据、人工智能、基因组学、量子科技等领域处在全球领先水平。根据世界知识产权组织发布的全球创新指数排名，中国从2012年的第34位上升到2021年的第12位。

（三）数字经济成为制造业转型新要素

党的十九届四中全会首次提出将"数据"作为生产要素参与分配，为数据赋予了新的历史使命。随着供应端、生产端、销售端等产业链上下游全要素数据化进程持续加快，数据的基础赋能作用日益凸显，成为支撑制造业数字化转型的关键要素。2022年，我国网民规模达10.67亿人，互联网普及率达75.6%；移动电话用户总数达16.43亿户，其中5G移动电话用户达3.55亿户，约占全球的1/4；开通5G基站231.2万个，5G用户5.61亿户，全球占比超60%；移动物联网终端用户达18.45亿户。各项数字化基础指标均占据全球第一，构筑起了我国庞大数据要素市场规模的基础。到2022年底，我国数字经济规模达50.2万亿元，总量稳居世界第二，占GDP比重提升至41.5%。制造企业通过海量数据的显性化汇聚、可视化展示、智能化流动和资产化运营，能够以数据自动流动化解复杂产业系统的不确定性，全面提升技术流、资金流、人才流、物资流的协同水平和集成能力。例如，徐工集团利用大数据技术打造现代供应链，升级供应链上下游的信息交互模式，实现备品备件的计划、采购、库存、供销、追溯功能一体化，使分拣效率提升8%，库存周转率提高5%。

二、制造业供给结构由"失衡型"向"协调型"演进

制造业供给结构在不断优化，以往偏向于政府干预色彩的倾斜失衡型向协调型演进，工业企业、金融机构等市场协同作用逐渐体现，制造业供给结构趋于协调。

（一）工业企业主导地位不断增强

2022 年第一季度中国经济数据公布，代表科技创新的高技术产业增长较为突出，并成为疫情以来经济发展持续性的亮点所在。国家统计局公布的数据显示，2022 年规模以上高技术制造业和装备制造业增加值分别比上年增长 7.4% 和 5.6%，分别高于全部规模以上工业增加值增速 3.8 个百分点和 2 个百分点（黄鑫，2023）。同时，高端化方面，中国自主研发的高端装备纷纷上市，国产新能源汽车、国产液化天然气双燃料动力船、国产后道封测光刻机等一批高端装备交付客户。智能化方面，一批实时感知、数据驱动、柔性敏捷、网络协同的智能工厂项目抓紧建设，如理想汽车北京绿色智能工厂、小米北京智能工厂二期等。绿色化方面，一批钢铁、有色、石化等行业节能降碳技术改造项目启动，工业碳捕集利用与封存等项目投产。从世界范围看，中国已有一批企业处在全球科技创新前沿，如电子设备领域的华为、海康威视，制药领域的恒瑞医药，船舶领域的中国重工等。

（二）供应链金融产业协同制造业持续发展

针对制造业研发或升级改造投入大、回报周期长、缺少融资抵押物、金融服务需求多元化、传统信贷产品不匹配等导致的制造业融资"难贵繁"问题，通过优化供应链金融服务的流程机制，深化科技赋能，全面提升制造业金融服务的供给能力与水平。中国民营和中小微企业融资呈现"量增、面扩、价降"的良好态势。2022 年末，普惠小微贷款余额同比增长 23.8%，比各项贷款余额增速高 12.7 个百分点；普惠小微授信户数为 5652 万户，同比增长 26.8%①。以互联网为特征的金融创新在国内如火如荼，已经引领世界潮流，创新工具施用于供应链，全面拓宽了资金来源。按融资余额计量，国内供应链金融市场规模从 2015 年的 15 万亿元迅速增长至 2019 年的 23 万亿元，预计 2024 年中国供应链金融市场规模将达到 40.3 万亿元。目前，中国已经摘得全球供应链业务规模的桂冠，2022 年供应链金融资产规模较 2020 年增长 33% 左右，供应链金融的发展迎来爆发期②。

三、制造业价值链地位由"中低端"向"中高端"演进

在持续保持世界第一制造大国地位的同时，中国制造业从中低端迈向价值链

---

① 2022 年金融统计数据报告［R/OL］．中国人民银行网，2023．http：//www.pbc.gov.cn/diaocha-tongjisi/116219/116225/4761016/index.html．

② 供应链金融市场规模．2022 年供应链金融市场发展迅速［R/OL］．中国报告大厅网讯，2022．https：//m.chinabgao.com/freereport/83929.html．

中高端，初步构建起现代化产业体系。

（一）中国制造加速向中国创造迈进

20世纪90年代以来，通过廉价的生产要素吸引国际产业转移，中国制造大部分以来料加工、模仿跟随为主，因而长期停留在低端制造的阶段。近年来，我国逐渐从"制造大国"向"制造强国"转变，在我国制造业细分行业中，高技术制造业、装备制造业的比重快速增长。具体来看，光伏、新能源汽车、家电、智能手机等重点产业跻身世界前列，通信设备、高铁等领域的一批高端品牌走向全球。2022年，全部工业增加值突破了40万亿元大关，占GDP比重达到了33.2%，工业起到了宏观经济大盘的压舱石作用。其中制造业增加值占GDP比重为27.7%，制造业规模已经连续13年居世界首位。65家制造业企业入围了2022年世界500强企业榜单，专精特新中小企业达到了7万多家。[①] 中国制造加速向中国创造迈进，大国重器亮点纷呈："蛟龙"潜海、双龙探极、C919试飞、"嫦娥"揽月、"北斗"组网、"九章"问世。同时，工业产品供给量质齐飞，智能手机、智能电视、节能冰箱、全自动洗衣机、变频空调、汽车等中高端产品走进寻常百姓家，显著改善了人民生活品质。

（二）制造业全球价值链地位不断攀升

如同第一财经研究院的数据库显示的那样，在全球价值链的参与度上，中国已超越美国、德国、日本等传统制造业大国，成为全球第一制造业大国。同时中国也成为全球价值链上的核心环节，几乎所有行业都在一定程度上依存于中国。中国制造在全球产业链供应链中的影响力正持续攀升，从国际分工价值链的中低端向中高端迈进。麦肯锡研究院择取了20个基础产业和制造业，分析了全球各国对中国消费、生产和进出口的依存度。其研究发现，伴随着中国制造深度融入全球价值链，尤其是在电子、机械和设备制造领域，中国在全球价值链中既是"世界工厂"的供应方，也是"世界市场"的需求方。

四、制造业动力机制由"外生型"向"内生型"演进

制造业内生动力正在恢复，智能制造产业的发展速度进一步加快，数字产业化和产业数字化发展进入快车道。

① 国家统计局. 2022年国民经济顶住压力再上新台阶［EB/OL］.［2023-02-03］. http：//www.stats. gov. cn/sj/zxfb/202302/t20230203_1901709. html.

（一）智能制造应用快速增长

传统制造业要转型升级，首先就要加大企业智能化设备的应用，把智能制造、人工智能、大数据等融合进生产，才能提高传统制造企业的生产效率，真正实现新旧动能转换的目标。近年来，智能制造装备产业实现了快速的发展，并保持着非常快的增长速度。截至2021年底，中国智能制造装备的国内市场满足率超过50%，工业机器人、3D打印设备等智能制造装备产业规模不断增长。2015~2021年，中国工业机器人产量从3.3万套增长到36.6万套，实现了10倍的增长。2017~2021年，3D打印设备产业规模从44.5亿元增长到了129.4亿元，复合增长率达到30.6%。截至2023年，智能制造装备产业已经实现了万亿元的产值，中国机床数控化率持续提高，基本实现了航空产业、新能源汽车产业等重点领域战略性需求的稳定供应。

（二）制造业数字产业化和产业数字化水平提升

近年来，数字经济与实体经济融合发展，正在成为打造制造业发展新优势的重要路径。随着数字产业化和产业数字化的深入推进，数字经济正不断推进传统制造业转型升级，助力制造业高质量发展。据《中国数字经济主题报告（2022年）》统计，2022年，中国数字经济规模已经达到了45.5万亿元，同比增长16.2%，位居世界第二，成为经济增长新引擎。数字经济正在通过数字要素、数字技术、数字平台赋能实体经济等途径，驱动制造业高质量发展，且数字经济发展水平每提高1%，制造业高质量发展指数至少提高0.91%。数字经济发展规模与发展速度得到实质性提高，逐步具备了影响我国制造业发展的基础。同时，随着我国对产业链重视程度的不断提升和研发投入的增加，国内相关行业已取得一定突破和成就。

第三节 中国制造业现代化产业体系演进历程

产业体系的内涵和形态演进是个不断转型升级的历史过程，不同的发展阶段有不同的内涵和形态特征。中国制造业现代化产业体系在中华人民共和国成立后经历了一系列的演进推进，逐步形成如今以实体经济为引领的制造业现代化产业体系，在这个过程中涉及中国制造产业结构升级、中国整体经济发展壮大以及中国产业政策改革调整等。图 1-3 显示了中国制造业现代化产业体系演进历程。

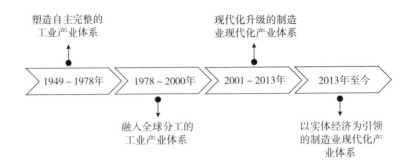

图 1-3 中国制造业现代化产业体系演进历程

资料来源：历年《中国统计年鉴》。

一、1949~1978 年塑造自主完整的工业产业体系

中华人民共和国成立后，针对遗留下来仅有的一点支离破碎的现代工业，尤其是重工业极为稀缺的现状，为尽快建立起独立完整的工业体系，迅速摆脱积贫积弱的落后面貌，中国选择了优先发展重工业的工业化道路。从"一五"计划到"四五"时期，中国发挥社会主义制度集中力量办大事的优势，通过抑制消费和以农补工、以轻补重等方式，集中优势资源完成了以 156 个重大项目、三线建设为代表的一批重大工程，在短短的二十几年内建立了四十多个工业门类，形成了独立的比较完整的工业体系，使中国从一个落后的农业国较快地步入了工业化国家行列。这些成就得益于快速建立起来的工业体系，中国经济实现了较快发展，产业结构发生显著变化。1949~1978 年，工农业总产值平均年增长 8.2%，工业超过农业成为国民经济的主导产业①。

二、1978~2000 年融入全球分工的工业产业体系

1978 年，党的十一届三中全会拉开了中国改革开放大幕，确定了以经济建设为中心的大政方针，对外开放、对内搞活成为最鲜明的两个主题。随着经济建设"拨乱反正"全面展开，对失衡的产业结构进行"纠偏"成为这个时期经济

① 资料来源：历年《中国统计年鉴》。

发展的重点任务。1978~2000 年，轻工业产值占全部工业的比重由 42.7% 上升到 50.3%，提高了 7.6 个百分点[1]。这个时期的产业结构呈现明显的优化升级特征，轻重工业结构失衡状况得到矫正，轻工业内部从食品、纺织等满足温饱型消费品工业为主向家电、汽车等耐用消费品工业转变，重工业从采掘工业、原料工业为主向加工程度较高的重制造工业转变。

三、2001~2013 年现代化升级的制造业现代化产业体系

改革开放后至 20 世纪 90 年代末，中国不断调整产业结构，扭转了轻重工业比例失调关系，但并不意味着中国重工业发展任务已经完成。因此，进入 21 世纪，在轻工业得到一定程度发展后，中国产业结构演变回归到正常轨道上来，即继续发展重化工业。2001~2010 年，中国重工业占工业总产值的比重由 51.3% 提高到 71.4%，10 年间提高了 20 多个百分点[2]。在占比持续提高的同时，重化工业内部结构也得到优化升级，表现为以原材料工业、电子信息制造业、汽车工业为代表的装备制造业发展明显加快。2003~2009 年，原材料工业产值占工业总产值的比重由 25.2% 提高到 31.2%，机械设备制造业比重由 14.6% 提高到 14.8%[3]。2010 年，中国制造业增加值占比位居世界第一，造就了中国全球第一制造业大国的地位。

四、2013 年至今以实体经济为引领的制造业现代化产业体系

2013 年前后，中国经济进入新常态，制造业产业发展条件和环境发生了深刻变化。根据新形势、新变化，中央提出了创新、协调、绿色、开放、共享新发展理念，以供给侧结构性改革为主线，加快推动新旧动能转换，着力构建现代化经济体系，促进经济高质量发展。在新发展理念的指导和供给侧结构性改革的作用下，中国产业结构升级取得明显进展，创新驱动、服务引领、制造升级的产业体系正在形成。从工业内部结构看，传统工业特别是以能源原材料为主的高耗能行业和采矿业比重下降，装备制造业和高技术制造业比重上升。在 41 个工业子行业中，33 个行业拥有 20 年完整数据。如表 1-1 所示，从 20 年的时间跨度看，制造业 33 个行业扩张倍数的均值是 10.45，中间值是 10.60。在细分行业中，通

① 黄汉权. 新中国产业结构发展演变历程及启示 [EB/OL]. 金融时报-中国金融新闻网，2019. https://www.financialnews.com.cn/zt/zl70n/201909/t20190916_167938.html.

②③ 资料来源：历年《中国统计年鉴》。

信设备、计算机及其他电子设备制造业，专用设备制造业，电气机械及器材制造
净资产值排在前列，且扩张倍数达到 15 左右，以实体经济为引领的制造业现代
化产业体系不断形成，新产业、新产品和新业态保持高速增长。

表 1-1　33 个工业行业 20 年扩张倍数

序号	行业	扩张倍数	2003 年净资产（亿元）	2022 年净资产（亿元）
1	黑色金属矿采选业	22.99	228	5230
2	通信设备、计算机及其他电子设备制造业	16.95	4606	78059
3	燃气生产和供应业	15.99	421	6730
4	专用设备制造业	15.75	1644	25893
5	电气机械及器材制造业	14.91	2926	43628
6	医药制造业	14.62	1987	29052
7	文教体育用品制造业	14.35	326	4677
8	有色金属冶炼及压延加工业	13.11	1428	18715
9	金属制品业	12.87	1279	16466
10	煤炭开采和洗选业	12.39	2321	28761
11	非金属矿采选业	12.37	308	3808
12	有色金属矿采选业	12.17	239	2909
13	非金属矿物制品业	11.82	2967	35077
14	仪器仪表及文化、办公用机械制造业	11.70	657	7689
15	家具制造业	11.24	271	3043
16	通用设备制造业	11.00	2399	26377
17	食品制造业	10.60	983	10420
18	农副食品加工业	10.02	1437	14403
19	化学原料及化学制品制造业	9.96	4541	45243
20	饮料制造业	9.01	1434	12914
21	水的生产和供应业	8.85	1212	10723
22	电力、热力的生产和供应业	8.75	9393	82202
23	石油加工、炼焦及核燃料加工业	7.57	1934	14639
24	木材加工及木、竹、藤、棕、草制品业	6.86	377	2586

续表

序号	行业	扩张倍数	2003 年净资产（亿元）	2022 年净资产（亿元）
25	化学纤维制造业	6.68	661	4419
26	皮革、毛皮、羽毛（绒）及其制品业	6.54	541	3539
27	印刷业和记录媒介的复制	6.17	647	3994
28	造纸及纸制品业	5.66	1236	6997
29	纺织服装、鞋、帽制造业	5.56	1008	5601
30	黑色金属冶炼及压延加工业	5.41	5040	27262
31	烟草制品业	5.36	1614	8651
32	石油和天然气开采业	4.23	3177	13445
33	纺织业	3.38	2873	9723

资料来源：国家统计局。

第四节　制造业现代化产业体系演进的主要特征

一、技术引领

随着物质技术条件改变、生产社会化与分工协作发展不断深化，科学技术水平不断提高，而科学技术的进步反过来又推动了专业化水平和社会分工的不断深化。特别是信息技术时代的到来，原有的较大的经济划分格局，由于技术进步而不断出现按照工艺、零部件以及协作功能的细分，新的产品与服务不断涌现，原有的产业被不断地分化、衍生，产业链条表现出显著的纵向延伸的趋势。

信息技术不仅仅代表先进的生产力，它已经渗入社会生活的各个角落。从制造业现代化产业体系角度来看，工业化和信息化结合，走新型工业化道路成为中国乃至世界工业发展的新型路径。机电一体化、实时监控、在线控制、电子设计等对于企业的发展、产品的创造和生产直接做出了贡献。与信息技术和管理技术、材料技术等先进技术的融合，能够直接催生新的产业，产生新的产品，更是培育新的产业增长点的重要基础。如美国的信息产业不仅自身成长迅速、规模不断扩大，而且与材料工业、光学技术以及生物技术等不断紧密结合，逐步形成规模庞大、门类众多的以信息技术为核心的高新技术产业群。

信息技术的进步也推动关键核心技术的形成。关键技术的产生和扩散可以改造提升原有的传统产业和催生出大量新兴产业，从而改变原有产业体系中的产业种类数量、产业技术水平、产业结构和产业间的关联方式，使原有产业体系中各产业之间的结构和比例关系失调，各类产业逐步在新的、更高的技术水平上形成新的结构和比例关系，实现以新的技术水平为基础的制造业现代化产业体系在产业技术升级的基础上向更高的阶段演化。

二、融合共进

建设制造业现代化经济体系是一个巨大的系统工程，需要诸多方面一起努力（马健，2006）。产业间分工日益细化、产业融合日益普遍是未来产业发展的大趋势，需加强产业融合互动。产业融合互动有许多组合，如农业与工业的融合互动、服务业与工业的融合互动、服务业与农业的融合互动，以及产业内各子部门、各业态的融合互动，等等。在当前，强调服务业与制造业的融合互动、服务业与农业的融合互动尤为重要。因为这样做，既可以借力服务业尤其是生产性服务业（Guerrieri & Meliciani，2004），做大做强现代工业和现代农业，夯实实体经济的基石，又可以避免服务业自我循环，为服务业的发展寻找新动能、开辟新空间，从而实现农业、工业和服务业的多赢格局，为建设现代化经济体系奠定坚实基础。

随着信息技术的快速发展，产业融合成为非常普遍的现象：一是信息通信产业之间的融合，如计算机、通信和媒体的融合，即所谓的"三网融合"；二是信息技术产业与其他产业之间的广泛渗透和融合；三是未来的生命和遗传工程产业与传统的农业、医药、化工及食品制造产业之间的融合。产业融合由于改变了企业的生产过程、生产方式以及人们的消费及需求方式，因而对现代经济运行产生了重要的影响。从微观角度来说，各产业实现业务融合可降低企业成本、增加企业的价值创造能力和提高企业的竞争水平，从而改善企业的盈利状况和使企业获得较高的成长性；从中观和宏观的角度来说，产业融合可使产业之间通过技术水平的提高、价值创造功能的增加和竞争状况的改善，使产业从低技术、低附加值、低成长状态向高技术、高附加值和高成长状态转变，从而推动产业优化与升级。而某个或某几个产业与多个其他产业相互融合的结果，可以使多个产业普遍获得产业升级效应，以此推动产业结构的演进和高级化，从而改进经济增长的质量。

三、动态演变

现代化产业体系是一个动态概念，它不是一成不变的，这与现代化的特征是匹配的（唐家龙，2010）。工业化不是现代化的终结，而是现代化的一个驿站。制造业现代化产业体系的当前特征将随着现代化进程的推进，尤其是科学技术的发展和人类需求的变化而不断演变。随着现代化进程的推进，人类消费需求逐渐多样化、个性化，市场需求也表现出越来越明显的多变性和动态性，制造业现代化产业体系必须不断适应消费结构和市场需求结构的上述发展趋势，使生产方式和生产组织形式更具有灵活性和动态适应性。

历史地看，产业体系经历了以农业为主向以工业为主，到重工业化的发展，在后工业化时期又经历了知识化、信息化和服务化的发展历程。制造业现代化产业体系的演进将在此基础上继续发生新的变化，如当前的下一代网络技术、新能源新材料技术和产业的蓬勃兴起，将为制造业现代化产业体系的演进提供一个崭新的舞台。动态性从截面上来说，反映的是国家和地区间产业发展的不平衡性。区域产业演进的态势有着明显的差异，不同国家在产业发展水平上也各有不同。此外，动态性同时反映了时代的需求，这一点在先进性中有着更明显的体现，主要体现为先进技术的涌现和使用。

四、数字驱动

从单一研究视角看，数字产业化通过信息通信产业发展带动产业结构升级，产业数字化通过推动传统产业技术升级和效率提升促进产业结构升级（Qureshi & Wan，2008）。从综合研究视角看，数字经济能够为经济社会发展带来新动能，推动制造业产业结构向技术含量更高、环境友好型的方向演进，是中国制造业向中高端迈进的重要驱动力。加快数字化发展，建设制造业现代化产业体系，是坚持以高质量发展为主题的必然要求，是建设现代化经济体系的自然逻辑。建设制造业现代化产业体系必须强化数字化引领，突出现代性特征，推动各领域数字化优化升级，着力提升全产业链水平，塑造新的竞争优势。

数字经济能有力地促进产业结构升级，加快构建制造业现代化产业体系，有其内在机理。历史经验表明，技术进步是产业结构升级的内在驱动力，同时会带来经济范式的变化。在新的经济范式下，新兴产业往往会超越传统产业逐渐成为产业体系中的主导产业，并通过产业关联、技术扩散等效应带动传统产业转型升级，从而使产业结构向更高水平升级。就数字经济而言，其以数据为最重要的生产要素，数据的高效清洁、低成本、可复制以及可海量获取等特点弥补了传统生产要素的固有缺陷，且能有效解决工业经济时代边际报酬递减等问题，是能够引领产业结构升级的新动能。在实践中，相较于农业和服务业，制造业是与数字经济融合发展的主要领域。

五、创新发展

制造业现代化产业体系作为适应现代产业发展趋势的产业组织形式与传统产业体系最根本的区别不在于行业的性质、产品的生产形式和功能，而在于创新能力。创新性是制造业现代化产业体系的根本属性，制造业现代化产业体系是一个综合集成的开放系统，创新有效地推动现代化产业体系的发展（周叔莲、王伟光，2001）。创新与产业动态的具体形式密切联系，同时创新也受到系统内的其他要素的影响和制约。完善的创新系统包含并整合知识、技术、制度等诸多要素的创新，通过多维度的创新构建发展制造业现代化产业体系。根据经济增长理论，创新要素在增长因素分析中愈加重要，创新要素独立性及其对其他要素的渗透性愈加明显，创新在现实生产力发展中的作用愈加突出。国家创新系统理论、区域创新系统理论、创业孵化器研究、产学研结合理论以及技术扩散理论等，为创新驱动产业体系升级提供了理论支持。

制造业现代化产业体系升级关键在于从主要依赖物质要素驱动过渡到主要依靠创新要素驱动。构建现代产业发展新体系需要全方位、多元化的创新驱动，包含技术、产品（服务）、融合、组织、制度以及机制等多个层面的复合创新，以形成叠加效应。国家需要深化对创新驱动能力培育的认识，在创新要素激励和创新资源配置上进行调整优化，为创新活动提供短效和长效相结合的激励方式与机制，重构适应产业竞争新趋势的创新驱动逻辑体系。在当前的信息化、网络化和智能化发展新周期，新一轮的技术革新、需求升级、组织演变都将推动产业系统的新型化发展，产业间关系的生态化特征将愈加突出。

第二章　制造强国数字经济与制造业现代化产业体系经验借鉴：实践诉求

第一节　制造强国制造业现代化产业体系发展的实践与总结

一、美国制造业现代化产业体系变迁

美国制造业现代化产业体系变迁经历从农业国到工业国、工业化前期到后期然后达到全球领先地位的水平，图 2-1 显示了美国的制造业现代化产业体系变迁。

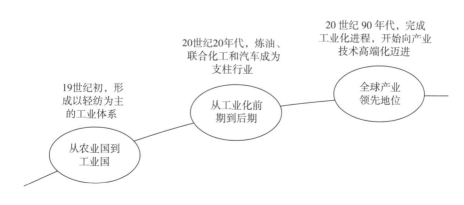

图 2-1　美国制造业现代化产业体系变迁

（一）从农业国到工业国

在第一次工业革命影响下，美国加强技术引进并进行创新，创造性地提出"可互换零部件"和"持续制造过程"的理念，使工业的标准化和流水线生产得以实现。19 世纪初，水力机械开始大范围应用，极大地提高了美国纺织工业的效率。截至 1886 年南北战争爆发，美国基本建立了以轻纺工业为主体的工业体系（包含棉纺织、毛纺织、生铁冶炼、机器制造和日用品制造等部门），并形成东北部轻纺工业、南部棉花生产和中西部粮食生产的地域分工格局。19 世纪 50 年代初，美国投资银行家登上历史舞台，通过资本在产业间高效配置，有效地促进了产业发展。

（二）从工业化前期到后期

在技术创新实力不断增强的情况下，美国强化对发明专利的立法保护，实现技术引进吸收向自主创新的转变（汪斌、韩菁，2002）。同时，大型投资机构的出现使大量金融资本投向铁路建设、采矿冶炼以及制造业发展等领域，有效解决了实体经济发展的资金需求。1862 年，《莫里尔赠地法案》使州立大学数量快速增长，培养出的大批研究生，为美国成为世界电力技术革命领导者奠定了科技人才基础。20 世纪 20 年代，炼油、钢铁和通用机械成为绝对资本规模最大的三个工业部门，而炼油、联合化工和汽车则成为对工业增长贡献度最大的支柱行业。通过本轮工业发展，美国基本上完成了从准工业国向标准工业国的转变。

（三）确立全球产业领先地位

"二战"后，美国逐步完成工业化进程并开始向产业技术高端化迈进（景跃军，2006）。特别是在一些关键领域产生了从军事应用到民事应用的技术"溢出效应"，取得了大量的技术创新重大突破。同期，形成了以高度发达的资本市场为主、以灵活的银行信贷为辅的金融支持体系。20 世纪 90 年代开始，美国进入了新经济发展时期，尽管经历了 2008 年全球金融危机，但产业高端化趋势仍然稳健。

二、德国制造业现代化产业体系变迁

德国制造业现代化产业体系变迁首先由农业国发展到工业国，接着重点发展重工业，20 世纪 90 年代初，高技术产业快速发展。图 2-2 显示了德国的制造业现代化产业体系变迁。

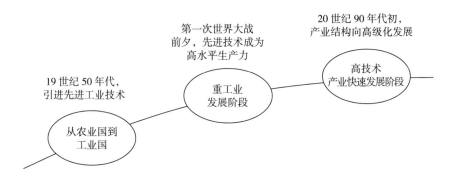

图 2-2　德国制造业现代化产业体系变迁

（一）从农业国到工业国

19 世纪 50 年代，德国不断模仿英国，引进先进工业技术，提高自主创新能力，加大对教育和科研的投入。同时，通过产业结构调整带动银行业高速发展。综合银行、合作银行、储蓄银行、抵押银行等随之陆续出现，为工业化过程提供了资金支持。教育体系逐步完善，义务教育为产业结构调整准备了基本人才，高等教育为产业发展培养了所需的专门人才，以技术大学为代表的职业教育培养了大批的工程师和工厂主。多元化的教育体系为工业化提供了人才支持和保证。

（二）重工业发展阶段

德国经济迅速发展，到第一次世界大战前夕已成为欧洲最强大的工业国。德国加大了高规格科研机构建设，如国立物理研究所，引进了先进技术并凭借已有实力很快消化、吸收、创新，使之成为高水平的生产力。此外，德国还将技术成就和水平极高的军事工业转为民品生产。德国银行服务体系不断完善，服务对象按规模与领域进行具体划分，不同类型的银行为德国工业化进程提供了资金支持。

（三）高技术产业快速发展阶段

自 20 世纪六七十年代开始，德国的投资重点转向科研领域。20 世纪 70 年代，德国"双元制"职业教育体系逐渐形成，劳动力素质和劳动生产率全面提高。80 年代末 90 年代初，德国加大对计算机、信息技术、空中客车、生物技术等重点行业的研发投入，采取新旧技术融合的方式，形成生产率高、附加价值大的高技术产业群，由此推动产业结构向高级化发展。《联邦研究与创新报告2020》最新数据显示，2018 年德国政府和经济界在研发领域投入约 1050 亿欧元，占 GDP 比重已达 3.13%。德国目标是 2025 年将科研投入占 GDP 比例提高至 3.5%[①]。

三、日本制造业现代化产业体系变迁

日本制造业现代化产业体系变迁开始处于以轻工业和农业为主阶段，资本密集型产业接着逐步发展起来，最后以知识技术密集型产业为主。图 2-3 显示了日本的制造业现代化产业体系变迁。

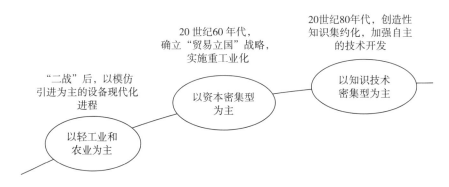

图 2-3　日本制造业现代化产业体系变迁

（一）以轻工业和农业为主转换阶段

"二战"后，日本开启了以模仿引进为主的设备现代化进程。20 世纪 50 年代初期，日本政府制定了"产业合理化政策"，提出以钢铁、煤炭、电力和造船四大产业为重点，通过设备更新和技术进步来降低基础工业成本，大力刺激民间企业对现代化设备的投资，技术设备现代化取得显著进展。银行在分配运转资金过程中，优先供给重要且紧急的部门与产业，为重点产业发展提供了有力保障。同时，日本迎来第一个生育高峰，人口出生率一度超过 34‰。此外，政府将六年制义务教育改为九年制义务教育，使基础教育得到迅速普及，为日本提供了大量的基础人力资本。

（二）以资本密集型产业为主转换阶段

日本的技术引进规模持续扩大，引进内容层级不断深入，除大型成套生产设

---

①　德国科研投入占 GDP 比例升至 3.13%［EB/OL］．新华网，2020. http：//www.xinhuanet.com/world/2020-05/15/c_1125989050. htm.

备外，新商品、新技术、新材料等的引进也急剧增加，促使生产率显著提高，产品国际竞争力日益增强。20 世纪 60 年代开始，日本政府以追赶欧美发达国家为指导思想，确立了"贸易立国"战略，对工业部门实施重工业化和化学工业化，产业政策的思想是推进重化工业化。经过"二战"后的恢复和发展，基础人力资本已经无法满足产业需要。

（三）以知识技术密集型产业为主转换阶段

20 世纪 80 年代，日本产业政策理念是创造性知识集约化，重点是加强自主的技术开发。通过发展半导体、精密机械、核能等产业，推动产业结构向知识技术密集型方向发展。日本政府在《80 年代通商产业政策构想》中提出了"技术立国"的方针，一方面，加大科技投入，给予计算机、电子等知识技术密集型产业政策支持和大量政府专项资金投入；另一方面，引进国外专家进行先进领域的研究开发，不断加强新技术、新产品的自主研发。

四、中国制造业现代化产业体系变迁

中国的制造业现代化产业体系变迁较发达国家起步晚，20 世纪 80 年代主要以劳动力优势为主，接下来资本条件逐步改善，近年来，创新追赶速度不断加快。图 2-4 显示了中国的制造业现代化产业体系变迁。

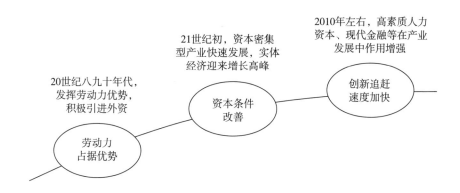

图 2-4 中国制造业现代化产业体系变迁

（一）劳动力优势开始释放阶段

技术和资本是工业化过程中至关重要的两个因素。通过发挥劳动力等低成本要素优势，中国积极引进国外资本和技术，促进了纺织服装、家电电子、机械加

"]

工等实体领域的快速发展。20 世纪 80 年代，轻工业占全部工业总产值的比重上升到 51.5%，超过了重工业。进入 90 年代，消费品工业保持快速增长、投资不断高涨，拉动装备机械工业快速增长。

（二）资本条件改善发展阶段

2000~2010 年，中国在上一阶段积累的资本优势逐步释放，促进了资本密集型产业快速发展，实体经济迎来新一轮增长高峰。最突出的表现是机械电子类产业和能源原材料类产业迅速发展，在经济中的主导地位进一步增强。随着资本条件的逐步改善，实体经济与资本要素的协同程度不断提高。根据社会融资规模存量增速分析，2003~2011 年年均增长 21.58%，特别是 2007~2010 年年均增速都在 20% 以上，最高的 2009 年增长达 34.8%[①]。

（三）创新追赶速度加快阶段

在劳动力和资本之后，创新成为工业化后期经济迈向高质量发展的关键因素（杨高举等，2014）。中国在 2010 年左右进入工业化后期阶段，这一时期，一般劳动力等初级要素的增长红利开始消退，高素质人力资本、现代金融等在产业发展中的作用进一步增强。从要素支撑看，技术创新的重要性进一步增加，而其瓶颈制约作用也更加凸显。为适应这种形势变化，中国研发创新投入力度持续加大。目前，中国已成为仅次于美国的世界第二大研发经费投入国和第二大知识产出国。同时，技术和产业创新需要金融创新支撑，中国多层次资本市场初步建立起来，适应科技创新需求的金融产品日趋丰富、供给能力不断增强。

五、制造业现代化产业体系变迁案例分析——辽宁省

辽宁省位于中国的东北部，是东北三省重要的战略要地，由于地理位置和资源优势，曾在我国的历史进程中起着重要的作用。

（一）辽宁省的传统制造业体系

辽宁省在装备制造、石化、冶金三大领域的传统产业优势明显，是制造业现代化产业体系高质量发展的重中之重。

1. 装备制造业

在辽宁省的制造业中，装备制造占据重要地位，这些大型装备不仅见证了中

---

① 2011 年社会融资规模统计数据报告［R/OL］. 中国人民银行网，2012. https://www.gov.cn/gzdt/2012-01/18/content_2048111.htm.

国工业的起步与发展，对于其他制造业的发展也至关重要。2022年发布的《辽宁省先进装备制造业"十四五"发展规划》表示，辽宁将围绕国家五大安全战略，发挥实体经济支撑作用，维护国防安全、产业安全、能源安全等，优先发展航空装备、高技术船舶及海工装备、高档数控机床、集成电路装备、能源装备五大战略型先进装备制造产业；围绕辽宁传统优势，助推产业提质增效，重点发展重大成套装备、机器人及智能装备、先进轨道交通装备、节能与新能源汽车四个主导型先进装备制造产业；围绕新经济、新技术、新业态，超前培育健康医疗装备、氢能装备、冰雪装备三个未来型先进装备制造产业（见表2-1）。未来加快建成万亿级先进装备制造产业基地，建设自主可控工业母机产业基地，重点建设船舶与海工装备、轨道交通、电力装备等优势产业集群。

表2-1　辽宁省先进装备制造业"十四五"发展规划

先进装备产业体系	具体产业	发展依据
五大战略型先进装备制造产业	航空装备、高技术船舶及海工装备、高档数控机床、集成电路装备、能源装备	围绕国家五大安全战略，发挥实体经济支撑作用，维护国防安全、产业安全、能源安全等
四个主导型先进装备制造产业	重大成套装备、机器人及智能装备、先进轨道交通装备、节能与新能源汽车	围绕辽宁省传统优势，助推产业提质增效
三个未来型先进装备制造产业	健康医疗装备、氢能装备、冰雪装备	围绕新经济、新技术、新业态，超前培育

资料来源：笔者整理。

2. 石化产业

辽宁省是中国石油和化工大省，是全国最早的石化工业基地之一，具有良好的石化工业基础。自中华人民共和国成立到改革开放初期，辽宁省石油和化工行业创造了多个全国第一，对国民经济和社会发展做出了重要贡献。数据显示，辽宁省炼油能力达到每年1.6亿吨，在2020年之前一直排名全国第一。辽宁省拥有规模以上石化企业14家，其中，中石油旗下有7家炼油企业，分别是大连石化、大连西太平洋石化、锦州石化、葫芦岛石化、盘锦石化、辽阳石化、抚顺石化。此外，盘锦华锦属于中国兵器工业集团，沈阳蜡化是中化集团所属炼厂，其余五家为民营企业。

3. 冶金行业

辽宁省作为"共和国的装备军",是中国核心的钢材生产基地,其中矿山、炼铁、炼钢、轧钢产业在国内居领先地位。辽宁省铁矿石资源丰富,重工业发展较为先进,2021年钢材产量也位居全国第四。鞍山钢铁本钢集团有限公司、东北特钢集团等领先龙头企业,成为辽宁省乃至全国的钢铁产业中流砥柱。将建成万亿级冶金新材料产业基地,实施"基石计划",建设国家级综合性钢铁产业基地,建设菱镁深加工、高品质钢铁材料、先进有色金属材料三个重点产业集群。

(二)辽宁省的制造业现代化产业体系

2021年,辽宁省全省R&D经费(全社会研究与试验发展经费)支出600亿元左右,比2012年提高35.4%;高新技术企业数量达到8100多家,是2012年的近8倍。全省技术合同成交额是2012年的2.3倍,2020年以来科技型中小企业数量年均增长34.5%。沈阳材料科学国家研究中心、国家机器人创新中心、能源催化转化全国重点实验室等"国字号"创新平台在辽宁省布局。这些数字充分展示了辽宁省在发展制造业现代化产业体系中所做的努力,也体现了辽宁省制造业现代化产业体系的不断变迁。辽宁省作为东北振兴最核心的成员,承接制造业高质量发展的重要任务,制造业现代化产业体系建设体现在以下五个方面:

1. 总体建设方面

辽宁省在培育汽车、装备制造等行业龙头,形成数十个融合应用示范模式,其中重点推进华晨宝马、赛轮等15个高标准智能工厂建设。智能工厂、智能车间、智能生产线达52家,企业上云突破200家,打造"双千兆"示范产业园区。抢滩布局新一代信息技术、新能源汽车、生物医药、新材料等战略性新兴产业。利用宝马新工厂建设契机,加快培育和发展新能源汽车产业,目前,引进本特勒产业园、德国宝适等近40家宝马配套商落户园区,形成了一个总投资80亿欧元的汽车产业集群。引进北方生物医药谷、博泰制药、伟嘉生物医药基地等,打造千亿元级的生物医药产业集群。

2. 创新能力方面

辽宁省培育了多层次的科技型企业梯队,为科技型中小企业、高新技术企业和雏鹰企业、瞪羚企业、独角兽企业提供更有针对性的精准服务,并进一步加大力度培育了一系列具有核心竞争力的单项冠军企业和专精特新"小巨人"

企业。政府部门推行创新攻关的"揭榜挂帅"制度，打造合作开放的产业创新体系，着重高端装备制造、新材料等关键技术攻关和成果转化，分层次、分领域、分环节组织高端装备、关键材料、核心零部件、核心软件、数字技术融合等领域攻关计划。

3. 融合发展方面

服务型制造是制造强省建设的必由之路，也是制造业转型升级的重要方向，是建设制造业现代化产业体系的关键一步。辽宁省积极推进服务型制造发展，开展"服务型制造万里行""服务型制造进千企"等系列宣传贯彻活动，多次组织省级服务型制造示范遴选，推选了一大批优秀的服务型制造示范企业。截至2023年，辽宁省遴选认定省级服务型制造示范284家、省级工业设计中心62家，其中国家级服务型制造示范41家，总数排全国第五位；国家级工业设计中心7家（唐晓瑭，2023）。全省服务型制造培育行动计划，全力推动先进制造业和现代服务业深度融合，加快制造业转型升级和高质量发展，促进制造业企业提质增效、构建制造业现代化产业体系。

4. 品牌效应方面

辽宁省制造业品牌价值体现聚焦能源化工、机械设备制造、冶金有色等全省重点产业和重点产品，除重视这类常规企业品牌价值外，围绕石化产业链重点企业、地理标志产品、"老字号"品牌和"一市一域、一县一品"等重点区域及企业，都有相对应的品牌价值评价体系。品牌价值超过百亿元的包括恒力石化（大连）有限公司、长春化工（盘锦）有限公司等三个企业品牌，瓦房店轴承、海城菱镁新材料、东港草莓、盘山河蟹四个区域品牌，盘锦大米、盘锦河蟹两个地理标志产品品牌。

5. 绿色集约方面

辽宁省制造业发展在能耗"双控"向碳排放"双控"转变过程中不断谋划高质量发展。辽宁省围绕碳达峰碳中和目标，以降碳、减污、扩绿、增长为总抓手，推进生产方式向"绿"转型，绿色发展按下"快进键"，跑出"加速度"。2022年上半年，全省规模以上工业综合能源消费量同比下降4.9%；高技术制造业增加值同比增长12.3%，高于全省15.3个百分点。构建绿色制造体系，培育国家级绿色制造单位93家，培育省级绿色制造单位334家；构建清洁低碳能源体系，非化石能源装机占比从2015年的29.5%提升至2020年的36.9%。

第二节　制造强国的数字经济与制造业现代化产业体系发展战略比较

一、制造强国制造业产业发展现状对比

对比德国、美国、日本和中国在制造业发展方面的数据，产业分工方面，德国、美国专注高端制造业，中国高端制造业仍薄弱。根据中国工程院等发布的《2020 中国制造强国发展指数报告》，从规模、质量、结构等多个指标综合看，中国制造业整体水平处于全球第 4 位，在美国、德国、日本之后；分项指标看，规模指标列第 1 位，但质量及结构指标仅列第 7 位和第 4 位。表 2-2 中 2021 年美国、德国、日本、中国主要制造业细分行业的增加值概况数据显示，从制造业细分行业增加值维度看，德国运输设备、机械、电气和光学设备等中高端制造业在整体制造业中占比较大，且主要由外需拉动，如德国运输设备制造业占整体制造业比重为 22.0%，机械制造业占整体制造业比重为 17.6%。而中国运输设备制造业占整体制造业比重为 8.3%，机械制造业占比为 7.9%，中高端制造业在整体制造业中占比相对较低。从工业制成品出口角度看，2021 年，欧美在机械和运输设备、化学行业的出口占比较高，中国服装和纺织行业出口份额占比较高，但机械和运输设备、化学行业相较纺织、服装行业出口占比有所收缩。

表 2-2　2021 年美国、德国、日本、中国主要制造业细分行业的增加值概况

国家	制造业占比前 5 细分行业	该行业占制造业行业的比重（%）	该行业国内消费所占比重（%）	该行业占全球的比重（%）	该行业全球份额排名
德国	运输设备	22.0	16.9	10.4	3
	机械	17.6	14.7	10.0	3
	电气和光学设备	12.8	12.7	4.6	6
	基本金属和金属制品	11.2	24.7	4.0	5
	化学制品	10.5	21.3	3.9	6

续表

国家	制造业占比前5细分行业	该行业占制造业行业的比重（%）	该行业国内消费所占比重（%）	该行业占全球的比重（%）	该行业全球份额排名
美国	纸制品及印刷	15.7	78.4	39.1	1
	化学制品	15.0	68.1	20.8	2
	电气和光学设备	14.0	65.1	19.2	2
	食品饮料烟酒	10.6	84.6	14.8	2
	运输设备	10.4	68.0	18.8	2
日本	食品饮料烟酒	15.7	94.6	6.6	3
	电气和光学设备	14.4	29.4	6.0	5
	基本金属和金属制品	12.7	40.8	5.2	3
	运输设备	11.8	34.3	6.5	4
	化学制品	9.5	42.2	4.0	5
中国	基本金属和金属制品	16.7	72.3	37.3	1
	电气和光学设备	12.0	49.1	27.3	1
	化学制品	11.9	71.3	27.5	1
	食品饮料烟酒	11.2	87.7	25.9	1
	其他非金属矿物	9.3	88.1	49.8	1

资料来源：RIGVC UIBE，海通证券研究所整理。

制造环节在全球价值链中的地位提升，各国政府重视制造业发展。当前正处在以新能源、信息技术引领的新一轮科技周期中，制造业数字化、智能化程度不断提升，重构了全球价值链中制造环节的创新功能、增值能力和要素投入，制造环节在全球价值链中的地位也随之提升。在此背景下，发达国家已开始重视制造环节，支持制造业回流的政策不断出台。例如，2019年12月德国为稳固并重振德国经济和科技水平，发布了《国家工业战略2030》，其中提出深化工业4.0战略，推动德国工业全方位升级，保持德国工业在欧洲和全球竞争中的领先地位。2022年2月美国众议院通过了《2022年美国竞争法案》，为半导体产业提供520亿美元的资金支持，其中包括加强美国芯片制造等方面的能力。

二、制造强国数字经济和产业体系发展战略及特征分析

（一）科技创新成为核心动力

从美、德、日三国的产业体系发展演进历程看，其科技创新都经历了技术引进吸收到自主创新的过程，最终依靠相应核心技术形成了与之配套的重点优势产业（李远，2006）。美国是从引进英、德工业技术，到以实用主义为出发点的应用型研究和技术引进吸收，再到目前重视基础研究。德国"二战"后有选择性地进行高新技术自主研发，加速了其核心技术发展。日本首先通过设备的引进满足当时工业对先进技术的需求，然后投入大量资金并出台产业政策对高技术产业进行扶持，实现技术跨越式发展。此外，军事技术向民用领域的转化对三国科研水平的提升和相应产业的发展都发挥了重要的助推作用。

（二）现代金融作为重要保障

从美、德、日三国金融支持产业发展的经验看，虽然三国现代金融体系的形式、服务实体经济和产业发展的方式不同，但无论是美国高度发达的多层次资本市场，德国以全能银行为主的金融体系，还是日本的政策金融体系，都是不断适应实体经济和重点产业发展与提升的需要，为之提供了充足的资金支持，保证了产业体系向现代化的演进。

（三）人力资源成为关键支撑

从美、德、日三国人力资源发展的经验看，人力资源的积累是产业发展的重要基础，劳动力素质的提升和高端人才的储备是产业转型升级的关键支撑，加大教育投入、培育和引进高技术人才是在核心技术上取得率先突破的必要条件。三国从人口红利到基础性人才，再到专业技术人才和工程师团队以至于高端人才，不断适应不同产业发展阶段的劳动力需求，最终通过基础教育、高等教育、职业教育形成了多元化劳动力队伍，有力地支撑了产业体系的现代化进程。

总体上看，发达经济体在实现产业现代化过程中，均以科技创新、金融服务和人力资源作为核心要素制定相关政策，并特别强调与实体经济的协同发展。具体到美、德、日经验，在产业体系不断向现代化发展演进的过程中，科技创新发挥了至关重要的作用，是实体经济发展和产业转型升级的核心动力；现代金融服务为实体经济和产业体系发展提供了资金保障；人力资源是形成现代化产业体系的基本支撑。科技创新、现代金融、人力资源相辅相成构成了实现现代化产业体系的动因机制。

三、制造强国数字经济和产业体系发展战略的政策环境分析

政府在该国现代化产业体系的形成和演化过程中发挥着引导者、支持者、推动者的作用，现代化产业体系是一个国家综合实力和国家经济安全的基础，发达

国家在推进本国工业化、城镇化过程中，以及在本国经济高速发展的过程中，纷纷通过发挥政府在法律法规、资金、外贸、军事等方面的主导作用，大力发展本国的现代化产业体系，以现代化产业体系促进传统产业的淘汰升级和新兴产业的不断更替，并以技术创新和制度创新不断促进现代化产业体系内产业结构的合理化和高度化，促进现代化产业体系不断向更高的阶段演化。表2-3梳理了近年来美国、德国、日本制造业政策，这些国家都将科学技术列为重点支持对象，包括芯片制造、数据基础设施建设、AI和量子等战略前沿领域。

表2-3　近年来美国、德国、日本制造业政策梳理

国家	时间	出台政策	主要内容和重点支持领域
美国	2022年2月	《2022年美国竞争法案》	为半导体产业提供520亿美元的资金支持，其中包括加强美国芯片制造等方面的能力
	2022年10月	《国家先进制造业战略》	提出美国先进制造业战略的三个目标：开发和实施先进制造技术，发展先进制造业劳动力，加强制造业供应链韧性
德国	2019年11月	《国家工业战略2030》	改善工业基地的框架条件、加强新技术研发和调动私人资本、在全球范围内维护德国工业的技术主权
	2021年1月	《联邦政府数据战略》	提出加强数据基础设施、促进数据创新并负责任地使用数据等四大行动领域
日本	2020年4月	"经济刺激计划"	"改革供应链"项目中，2200亿日元将用于资助日本企业将产业线迁回日本本土，235亿日元将用于资助日本公司将工厂转移至其他国家
	2022年6月	《综合创新战略2022》	强化大学基金、综合振兴政策以及人才培养，推进新的AI和量子战略等先进科学技术，构筑创新成果应用的社会生态系统

资料来源：华盛顿邮报。

以日本的制造业现代化产业体系发展战略作为典型。日本作为一个后起的发达国家，其成功很大程度上就是依靠政府适时适度的干预（马云泽，2005）。"二战"后，日本根据自己所处的环境和条件，分阶段制定了不同的战略和政策：1946年，日本政府提出了以"倾斜生产方式"为主的产业复兴政策；20世纪60年代开始，日本政府以追赶欧美发达国家为指导思想，确立了"贸易立国"战略，对工业部门实施重工业化和化学工业化，产业政策的思想是推进重化工业

化；20 世纪 80 年代日本产业政策理念是创造性知识集约化，重点是加强自主的技术开发，日本政府在《80 年代通商产业政策构想》中提出了"技术立国"的方针；1999 年又提出了"产业技术产业创新基本战略"。这些战略和政策的拟定和实施，为国内企业的发展指明了方向，有效地协调了政府、企业和科研机构之间的关系。

日本政府还对扶持某一产业采取了一些较为具体的政策措施。如日本政府为推动产业结构实现重化学工业化，采取了以下政策措施：一是利用进口数量限制措施优先进口化学工业所需的原材料和燃料，限制化学工业产品和生活消费品的进口；二是通过限制外国资本投资日本国内市场，隔绝本国企业与国外企业竞争的渠道；三是鼓励和支持技术引进；四是利用政策性融资、特别租税措施及关税等扶持主要产业的发展；五是出口鼓励（薛敬孝、白雪洁，2002）。这些政策的制定和实施为日本国内企业获取西方先进技术、获取政府资金支持、扩大生产规模等发挥了积极的作用，在最短的时间内促进了国内生产力的发展和产业结构的优化升级，促进了日本国内制造业现代化产业体系的不断完善和向前演进。

英国、美国、德国在制造业现代化产业体系的发展过程中也曾经采用过或一直在采用政府推动的方法，如英国在发展制造业现代化产业体系的过程中就充分发挥了政府的推动作用，在产业链的各个环节都渗透着政府干预的影子，如"为了摆脱对外依赖、发展自己完整的产业链，英国于伊丽莎白一世时期开始在南部各个郡种植靛蓝作物"。为了扶持毛纺织业的发展，英国政府先后出台了多项法令或政策，如英国在都铎王朝时代总共"约有 250 个法令涉及经济问题，其中有关呢绒的生产、销售、工资和价格等方面的法令占有突出的地位"。这些制造强国对制造业发展采取的各种政策措施，表明政府干预在其中的重要作用，为中国构建适合本国国情的制造业现代化产业体系提供了重要参考。

四、制造强国数字经济和产业体系发展战略对全球制造业的影响

（一）大国竞争趋势更为明显

推动全球产业链重构的成本、效率和技术逻辑依然发挥着基础性作用，但具有大国竞争的政治化、逆全球化的加速化、全球经济治理体系的碎片化和反"雁型模式"等新特点，不确定性显著增加。全球产业链重构将更加重视产业链安全稳定、更易受到国家政治力量推动，出现政治化、本地化、就近化、多元化、分散化等有限全球化趋势。

（二）新兴经济体外围国家崛起

新兴国家经济发展迅猛，在全球产业链中的地位和作用举足轻重（万钢，2010）。随着中国提出"共商、共建、共享"的治理理念以及在全球产业链的地位和作用的有效发挥，传统"中心—外围"世界经济秩序将发生结构性裂变，中国正在由"外围"走向"中心"，未来形成"双中心""多中心""多元化"的全球经济治理体系，将是全球经济治理体系变革的趋势和方向。

（三）全球经济治理规则重构

第四次全球产业链重构不仅仅是物理空间的调整和重构，更是全球经济治理规则的重构；既是全球产业链重构的必然要求，也是全球产业链重构的客观结果。例如，服务业的现代化发展推动其向一个新的领域拓展；数字技术广泛运用将大数据跨境输出和交易规则、电子商务的跨境交易规则和全球数字贸易规则制定提上议事日程；各种国内规则、环境、卫生、技术、劳工标准、关于知识产权的保护、竞争政策乃至监管方式和执法规范等内容宽泛的议题正在取代传统的关税减让和市场准入，成为规则博弈的重点。规则之争背后是利益之争，谁能取得利大于弊的收获则有赖于该国软硬实力和策略的综合较量。

第三节 制造强国数字经济和制造业现代化产业体系发展战略对中国的启示

一、数字经济时代中国制造业现代化产业体系发展的战略机遇

（一）制造业现代化产业体系日臻完善

通过几十年持续不断地推进工业化，我国已经建成了门类齐全、独立完整的制造业生产体系，拥有世界上最为复杂完整的各类制造产业链条，是全世界制造业规模第一的大国。制造业一直在我国经济增长中起到发动机的作用，同时中国作为"世界工厂"，强大的"中国制造"也为全世界人民提供了丰富的物质产品。特别是在工业和制造业领域，中国拥有《国民经济行业分类》中所有 41 个工业大类、207 个中类、666 个小类，是全世界唯一拥有联合国产业分类中全部工业门类的国家，建成了一批规模化、集群化的先进制造业基地，拥有全球最大

的工业生产能力，在 500 余种主要工业品中，中国有 220 多种产量位居世界第一，制造业规模连续多年稳居世界第一。

（二）制造业产业结构优化升级

先进制造业和现代服务业领航产业发展"十三五"时期，在新发展理念指导和供给侧结构性改革推动下，中国产业结构升级取得明显进展，以先进制造业和现代服务业为引领的产业高质量发展格局正在形成。我国产业升级发展势头不减，技术含量较高、附加值较高的高技术制造业持续保持较快增长，进一步壮大了实体经济发展根基。最新统计数据显示，中国高技术制造业、装备制造业占规模以上工业增加值比重分别从 2012 年的 9.4% 和 28.0% 提高到 2022 年的 15.5% 和 31.8%。新能源汽车、光伏产量连续多年保持全球第一，有力支撑着中国经济平稳运行。传统产业改造提升步伐加快，柔性制造、智能制造、离散制造、共享制造等新型制造方式快速发展；新产业、新动能加快形成，顺应消费升级的新产业、新产品和新业态保持高速增长。

（三）创新能力加快提升

部分领域处于世界领跑地位，创新是引领发展的第一动力。随着创新驱动发展战略的持续深入推进，中国产业创新能力明显提升。从研发投入看，中国科技研发经费大幅增加，研发支出持续增加是科技创新的能量和动力源泉。2022 年，我国研发经费首次突破 3 万亿元，达到 3.09 万亿元，总量仅次于美国。我国的研发支出（R&D）占 GDP 比重从 1997 年起逐年抬升，从 1996 年的 0.51% 上升至 2022 年的 2.55%；从趋势上看，中国研发支出占比上升的势头非常明显，但从数值上看，中国研发支出占 GDP 比重与美日德等发达国家还有一定差距，未来研发投入强度仍有很大潜力。构建全方位研发投入增长机制，保障研发经费投入的持续增长，推动经费投入结构优化调整，有助于科技创新能力以及产业竞争力的不断提升，对我国制造业以及经济社会的高质量发展形成重要支撑。

（四）制造业区域布局持续优化

一是重点产业生产力布局加快优势地区集中集聚，理顺区域分工协作关系，避免了同质化建设和低水平竞争，推动形成彰显优势、集约高效的生产空间，如钢铁、石化产业加快向沿海、临港地区集中，能源化工、有色金属、新材料等产业向内蒙古、宁夏、新疆、湖南、江西等中西部矿产资源丰富地区布局，等等。二是产业梯度转移有序推进，中西部地区一批承接产业转移示范区建设取得积极进展，优势互补、联动发展的区域发展格局正在逐步形成，共建产业链、共创供应链、共享价值链的协作新体系正在加快构建，既有力地带动了中西部经济社会发展，也提高了中国产业链的根植性以及供应链的韧性和弹性。

（五）制造业集群化发展

在新兴产业领域，集群化发展的趋势越来越明显，融合化集群化是产业发展的新模式，也是新型工业化的新趋势。在新一代信息技术、人工智能、生物技术、新能源、新材料、高端装备、绿色环保等领域打造一批具有国际竞争力的先进产业集群，构建一批各具特色、优势互补、结构合理的新增长引擎。如新一代信息技术领域形成了深圳电子信息产业集群、武汉"芯屏端网"产业集群、合肥智能语音产业集群等典型制造业集群，高端装备领域形成了西安航空产业集群、长沙工程机械产业集群、株洲轨道交通产业集群等典型制造业集群，生物医药领域形成了上海张江生物医药产业集群、江苏泰州生物医药产业集群等典型制造业集群。

二、数字经济时代中国制造业现代化产业体系发展的矛盾与困境

（一）制造业占比持续下滑，过度去工业化

近年来，受税费、劳动力、能源、原材料、运费、物流等成本轮番上涨和中美经贸摩擦等外部因素影响，中国制造业企业经营状况恶化，盈利能力大幅下降。例如，我国侧重向企业征税，税收结构以增值税、企业所得税和消费税为主，无形中抬高了企业运营成本，压缩了企业的利润空间。无论从全部工业增加值、规模以上工业增加值，还是从出口交货值看，中国制造业产值均呈现较为明显的下行态势。从三次产业占国家 GDP 的比重来看，近年来中国经济发展去工业化趋势明显。根据国家统计局数据显示，中国第二产业占比从 2006 年的最高点 47.6%，持续下降到 2021 年的 38% 左右，下降趋势明显。从工业的占比来看，工业占全国 GDP 比重从 2006 年的 42% 下降到 2021 年的 32.5%。

（二）关键产业核心技术缺失，深受"卡脖子"之痛

中国高端制造业在核心技术领域与欧、美、日等发达国家有着较大差距，制造业整体发展质量不高，屡遭"专利天花板""技术封锁线"，严重阻碍了制造业自主创新能力的提升。从"芯片禁令"到美日荷三国协定、美日韩台"四方芯片联盟"，美国大搞"筑墙设垒"、拉拢其盟友强推"脱钩断链"，企图以"卡脖子""脱钩"和联合"围剿"的方式，将中国高科技发展的道路完全"堵死"，将中国制造业打回到"血汗工厂"。在核心工业软件领域：CAD 研发设计类软件

市场，被法国、德国、美国公司占据达 90% 以上。CAE 仿真软件市场领域，被美国公司占据了几乎全部市场份额。即使技术含量较低的生产管理类工业软件领域，高端市场被德国 SAP 与美国 ORACEL 公司垄断 90% 以上。由于核心技术的辐射性强且不可替代，所以核心技术的缺失往往意味着产业链条的不可控，不仅影响国家的经济发展，一些制造企业也深受"卡脖子"之痛。

(三)产业链供应链不稳定，产业发展风险较高

全球产业链供应链正在重构，在新冠疫情和国际经贸摩擦的影响下，中国产业链供应链不强不稳不安全的隐患慢慢凸显出来，体现在对国外企业和技术过多依赖、国内产业供给能力不足等方面。同时，全球产业链供应链的分散化、不确定性（张辉，2004），也加剧了中国产业链供应链不稳定的挑战。在全球产业分工体系中，中国产业以劳动力成本优势嵌入全球价值链，但主要被锁定在加工组装环节。根据 OECDBTDIXE 双边贸易数据显示，在全球制造业进出口中，中间品占 80% 左右，而中国制造业则以中间品贸易为主。在事关国家产业安全的芯片等关键零部件上，中国产业链供应链的国际可替代性和市场可替代性不高，一旦发达国家"断供"，国内生产流程就难以运转，产业发展风险较高。

(四)工业互联网发展起步晚，存在数字化转型门槛

工业互联网能够连接人、机、物，使互联网"脱虚向实"实现结构性转变，支撑制造业数字化转型，但对很多企业存在门槛效应。一方面，发达国家制造业依靠原始积累，率先发展工业互联网，生产成本不断降低，科技含量不断提高，致使中国制造业国际竞争力相对较弱，在全球价值链中存在"低端锁定"风险；另一方面，工业互联网所适配的软件具有专一性和特殊性，而制造业企业的数字化水平参差不齐，尤其中小微企业信息化和网络化水平过低。根据中国电子技术标准化研究院发布的《中小企业数字化转型分析报告（2021）》数据，79% 的中小企业仍处于数字化转型的初步探索阶段，12% 的企业处于应用践行阶段，达到深度应用阶段的企业仅占 9%。在多重影响叠加之下，工业互联网适配性较低。

(五)国内经济循环不畅，产业结构性问题尚待解决

当前，超大规模的国内市场已经成为中国经济运行的一个重要特征，但尚存在的若干明显堵点导致其超大规模优势并未能完全释放，产业发展存在结构性问题。就生产端而言，地方保护主义下的"以邻为壑"现象依然存在，不同地区产业存在同质化竞争和投资的浪费，厂商也难以通过国内大市场的规模优势降低创新成本，这直接抑制了企业的创新意愿。同时，大量资本、人力等生产要素拥

挤在制造和应用环节，出现了低端产品过剩、中高端产品供给不足的局面，导致高精密芯片、动力曲轴、CPU 等核心零部件和导航通信仪器、高档数控机床等中高端产品严重依赖进口，而煤炭、钢铁、水泥和光伏等劳动密集型、资本密集型行业领域产能结构性过剩。从消费端来看，中国城乡区域间居民收入差距虽显著缩小，但发展不平衡不充分问题仍然突出，分配结构的不合理导致内需市场的超大规模优势不能完全释放，同样影响制造业现代化产业体系的构建。

三、数字经济时代制造业现代化产业体系发展对中国的重要启示

当今世界正逢百年未有之大变局，新一轮科技革命和产业变革深入发展，数字经济时代构建制造业现代化产业体系新优势已成为中国新发展阶段制造业振兴发展的重中之重。

（一）加强制造业产业链自主可控

各国纷纷开始呼吁产业回归以推动产业链本土化、就近化布局来维护本国产业链的稳定发展。全球产业链本土化、多元化发展对中国产业链发展既有警醒作用，也有倒逼作用，倒逼中国加快实施自主创新驱动发展战略，推动中国产业链按照自主可控的原则加快转型升级。中国国内对关键零部件和技术的迫切需求，将推动国内企业的自主创新投入，促进新产品的迭代升级。国内产业链上下游的互相协作也为中国高科技产品提供了持续改进、完善的市场空间。中国立足于本国的科技创新驱动战略，将使国内产业链在未来的发展中逐渐摆脱"内生"的技术依赖陷阱，推动产业链现代化升级。

（二）坚持创新驱动发展战略

深入实施创新驱动发展战略，推动科技创新、产业创新、企业创新、市场创新、产品创新、业态创新、管理创新等，加快形成以创新为主要引领和支撑的经济体系和发展模式。加大对世界科技前沿，具有前瞻性、引领性的基础研究科技创新的支持力度，加快推进新技术转化为现实生产力，加强新技术产品的品牌建设和知识产权保护，为各类市场主体营造公平开放透明的竞争环境，建立有利于企业自主创新的激励机制。发挥新型举国体制优势，组织各层面优势创新资源，推动产学研一体化，针对一些共性技术、关键技术、核心技术进行集中突破，着力解决"卡脖子"问题。

（三）优先发展先进制造业

制造业在国民经济发展中有着至关重要的地位，世界上几乎所有的经济大国

均是制造业强国。制造业作为技术进步的基础载体，能够不断改造第一产业和第三产业，从而带动整个国民经济的生产组织方式和资源利用方式的改进，使技术进步取代要素投入成为经济增长的核心动力。先进制造业实质上是工业和服务业的融合发展，是将高新技术成果综合应用于产品的研发、设计、制造、检测、销售、服务、回收全过程。我国要建设现代化经济体系，必须抓住制造业这个"牛鼻子"，将发展制造业放到国家发展战略的核心位置，促进传统制造业向先进制造业升级。

（四）重塑全球治理体系

对中国而言，作为多边贸易体系的受益者，在国际贸易领域发挥着越来越重要的作用，此时利用自身在全球治理体系中的地位积极参与全球治理体系的重构，将是提升中国全球治理体系主导权的新机遇，有望带动中国产业链实现高端化升级，从而打破"中低端锁定"。经济全球化的繁荣与发展，离不开贸易投资自由化制度在全球范围内推行所提供的保障作用。坚持共建"一带一路"发展道路，并且致力于打造开放型合作平台，参与全球治理和公共产品供给，构建利益共同体。

（五）推动制造业数字化转型

新一轮科技革命和产业变革正在深刻改变人们的生产生活方式，数字化转型成为产业发展的大势所趋。通过推动产业数字化、数字产业化，促进数字经济与实体经济深度融合，增强数字经济的赋能作用。在一定程度上补齐芯片、工业软件等短板领域，减轻对高科技产品的进口依赖。推进数字经济与实体经济深度融合，让数字经济成为中国实体经济优化升级增效的新动能。要发挥好政府的引导作用，加快提升公共基础设施的数字化水平，为数字化产品和服务的广泛应用创造良好的条件和环境，促进形成传统产业数字化转型的良性循环。

第三章　数字经济和制造业现代化产业体系的融合发展

融合发展是数字经济时代的显著特征。随着数字经济的发展，各种数字技术广泛渗透于制造业中，产业之间的界限越来越模糊，融合发展成为现代经济新常态。构建数字经济时代的制造业现代化产业体系，要把工业化和信息化相融合，将数字经济和制造业相融合。通过融合发展，释放制造业增长潜力，推动中国制造业高质量发展。

第一节　数字经济与制造业现代化产业体系融合的理论逻辑

一、数字经济与制造业现代化产业体系的理论共通性

（一）制造业结构高级化与数字经济的理论共通性

我国现行产业体系中依然存在较为严重的低端产业过剩、高端产业不足的产业结构失衡问题，数字经济为我国制造业从低端走向中高端的高质量发展创造了新的机遇。构建制造业现代化产业体系的关键就是抓住数字经济发展的契机，促进新旧动能接续转换，化解制造业内部结构矛盾。对于一部分产品市场需求衰退、技术落后、附加值低、高污染高能耗的行业，应逐渐减少、关停或者改造，并且提高战略性新兴产业、知识密集型产业、技术密集型产业在制造业产业体系中的比重。

数字经济推动制造业结构高级化主要有两种方式：一是数字产业自身的发展推动制造业结构高级化，以新一代信息技术、新能源、新材料等为代表的新一轮科技革命和产业变革在全球范围内蓬勃兴起，其中，云计算、大数据、物联网、移动互联网、人工智能、区块链、虚拟现实/增强现实、量子计算等数字技术成为技术创新和产业转化最活跃的领域，这些数字技术的不断创新和产业转化正在对全球各国经济体系和全球范围内价值链分布产生广泛而深刻的影响。二是数字经济具有强大的融合性，通过赋能制造业，促进制造业结构高级化。新一代信息技术作为一种通用技术，通过与制造业融合，帮助制造业增进效率和提高质量，缓解生产成本压力，减少物料和能源消耗，降低污染物排放，提高生产柔性化程度，推动制造业发展的智能化、绿色化、服务化，从而推动制造业结构高级化。

（二）科技革命与制造业现代化产业体系的理论共通性

历史实践证明，人类社会的每次重大技术革命必然导致产业的跨越式发展，使产业体系发生重大变化。产生于18世纪的以蒸汽机技术为代表的第一次工业革命，产生于20世纪初的以电气技术、内燃机技术为代表的第二次工业革命，都曾使全球范围内的产业体系和产业分工发生重大变化。

当前，以数字经济为代表的科技革命为我国重构制造业现代化产业体系提供了战略机遇期：第一，新一轮科技革命和产业变革深入发展，颠覆性的科技创新不断涌现，如人工智能、物联网、云计算、虚拟现实等广泛应用型技术，以及智能装备制造技术、嵌入式智能系统与软件控制技术等专用性应用技术，这些颠覆性的科技创新又催生出大量的新技术、新产业、新业态和新模式，成为构建制造业现代化产业体系的重要引擎。第二，世界各国均高度重视发展数字经济，纷纷出台各自国家战略规划促进数字经济发展，采取各种措施打造数字经济时代竞争新优势，力求抢占数字经济时代国际竞争的制高点。第三，数据要素成为构建制造业现代化产业体系核心生产要素。数据对制造业提质增效的乘数作用不断凸显，成为最具时代特征的生产要素。数据的爆发增长、海量集聚蕴藏了巨大的价值，为制造业高质量发展带来了新的机遇，切实用好数据要素，将为构建制造业现代化产业体系带来强劲动力。

（三）数字经济时代消费需求与制造业现代化产业体系的理论共通性

数字经济所催生的新产品、新技术、新业态、新模式，都是对人类当前消费需求或者未来消费需求的满足，而消费者的消费需求与消费习惯也会引导技术的进步与模式创新，这二者之间的互动成为推动制造业现代化产业体系动态演化的重要力量。随着数字经济的深入发展，人们的消费理念、消费习惯也发生了巨大的变化，这些消费的变化具体体现在三个方面：消费需求的个性化、集成化与便利化：

一是个性化消费，个性化消费是指消费者消费为自己个人定制的产品与服务。伴随着互联网与智能生产服务系统的技术发展，个性化消费成为可能，每个消费者特殊的消费需求数据可以被收集，进而由云计算进行数据处理，再由柔性化的智能生产系统完成个性化生产。二是集成化消费，集成化消费是对消费者分散的消费需求集中满足。随着信息技术、网络技术和数据分析技术的发展，企业的集成制造能力得到了提升，对消费者的服务在分工以后又出现集成与融合的趋势。三是便利化消费，便利化消费是指为消费者提供有效率、更方便的消费，由于信息技术与智能互联服务系统等技术的进步，企业能便捷地获取消费者商品与服务的需求信息，并且迅速响应，为消费者提供高效、便捷的商品和服务。现行制造业产业体系更多的是大规模标准化生产，已经不再适应今天消费者需求模式和需求习惯的变化，亟须向智能制造生产方式演进，变得更加柔性化、敏捷化（芮明杰，2018）。这样的转变对制造业来说是紧迫的，需要与数字经济相互配合，合力构建制造业现代化产业体系，以满足个性化、集成化和便利化的消费需求（见图3-1）。

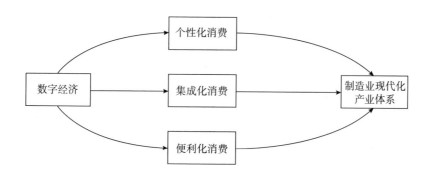

图3-1 数字经济时代消费需求

二、数字经济对制造业现代化产业体系构建的影响机理分析

（一）数字经济影响制造业现代化产业体系的动力机理

经济发展新动能是指在新的时代下推进制造业高质量发展的一种新的驱动

力，它与传统的驱动力相区别，是驱动制造业高质量发展的新动力、新能量。在我国经济高速增长阶段，制造业产业体系发展模式主要是以要素驱动、资源依赖为特征，但随着要素成本的逐步提高以及资源环境的约束日益趋紧，传统的制造业产业体系发展模式难以为继，无法持续稳定地推进我国制造业发展（任保平、李培伟，2022）。数字经济时代，我国制造业要想实现高质量发展，必须构建以创新为驱动力的制造业现代化产业体系。数字经济领域颠覆性的科技创新不断涌现，垂直创新和水平创新两种模式相互结合，为我国制造业高质量发展赋能，一方面推动了战略性新兴产业不断加速成长，另一方面也推动传统产业转型升级改造，有效地缓解了我国经济高速增长阶段所带来的制造业结构矛盾，深化了制造业供给侧结构性改革，有利于实现我国制造业高质量发展。

（二）数字经济影响制造业现代化产业体系的效率机理

根据美国经济学家萨缪尔森的观点，效率是指在特定技术条件下，经济资源的利用得到了最大程度的回报，那么就认为这是一种有效率的经济运行状态①。在传统制造业体系中，企业通过改变生产要素的投入数量和配置比例来实现规模扩张和规模经济，但这种模式也带来了产能过剩等问题，并由此造成了高端供给不足和低端供给过剩的矛盾。然而在数字经济时代，以创新驱动作为发展模式，以数字信息技术作为发展载体，与传统的经济发展模式相比，已经有了本质上的不同。企业可以借助大数据、云计算等技术获取消费者的需求偏好信息，并将其作为生产和服务的导向。此外，消费者也扮演生产者的少部分角色，参与到产品和服务的设计和制造过程中，通过数字技术实现需求端和供给端的有机结合。在产品生产的全生命周期中，实现智能化设计和生产、网络化协同制造、个性化定制和智能化服务。这一发展模式有效解决了供需失衡和产业结构失衡等问题，减少了生产要素的浪费，优化了资源配置效率，从而极大地提高了制造业现代化产业体系的运行效率。

（三）数字经济影响制造业现代化产业体系的质量机理

在数字经济背景下，工业互联网以边缘计算架构为基础设施，实现了海量工业数据的泛在连接和边缘管理。它促进了数据在系统间的快速流动，加速了行业机理模型和数据模型的沉淀与分析，深度释放了工业数据的价值，借助工业互联

---

① ［美］保罗·A. 萨缪尔森，威廉·D. 诺德豪斯. 微观经济学［M］. 萧琛，译. 北京：人民邮电出版社，2012.

网，为企业的生产流程自动化和管理智能化提供了有效的数据支持。同时，新一代信息技术发展也催生了"平台+新技术"的模式，将人工智能、数字孪生、虚拟现实等技术与工业互联网平台进行融合创新，为企业的科学决策和智能控制提供了数字技术基础，在生产过程中实现了质量的提升。借助大数据和工业互联网等新技术，企业形成了创新驱动的发展模式，并有效推动了供给侧结构性改革，提升了产品供给质量，增加了社会有效供给和中高端供给，满足了人民群众对美好生活的需求，推动经济向更高质量的发展迈进（任保平、李培伟，2022）。图3-2为数字经济对制造业现代化产业体系构建的影响机理。

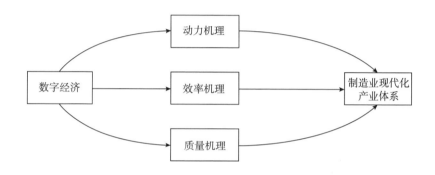

图 3-2　数字经济对制造业现代化产业体系构建的影响机理

三、制造业现代化产业体系对数字经济时代发展的影响机制分析

（一）制造业超大规模性为数字经济发展提供优质土壤

中国是全世界唯一拥有联合国产业分类目录中列举的所有工业门类制造能力的国家，包括 41 个工业大类、207 个中类、666 个小类，已经建成了门类齐全、独立完整的工业生产体系，制造业规模居于全球首位。在 500 种主要工业产品中，中国有 200 多种产品产量居世界第一位，中国生产了全世界超过 50%的钢铁、电解铝，60%的家电，70%的手机和计算机，是全球最大的汽车生产国（黄汉权、盛朝迅，2023）。我国制造业的超大规模性，在要素供给、市场容量、生产制造等方面有着突出的规模优势，对创新具有开放性、包容性和接纳性，充分满足了数字经济新技术、新业态的各类场景需求，为数字经济从萌芽到茁壮成长提供了适宜的土壤环境（国务院发展研究中心课题组等，2020）。

（二）新基建为数字经济发展创造新机遇

当前，中国各地也纷纷加速推进新型基础设施建设工作。未来一段时间，中国将重点加强第5代通信技术、数据中心、机器人、充电桩等经济社会新型基础设施建设，为新一轮产业变革提供高可用性、高可靠性、高创新性的技术底座支持，同时也为中国数字经济的发展创造重大机遇。相较于传统基础设施建设，新基建不仅刺激短期有效需求，还培育长期升级需求；不仅从功能层，更是从基础层实现对数字经济相关基础设施的整合与优化，完善数字经济产业生态，更好地服务和支撑制造业向网络化、数字化、智能化的方向延伸和拓展，推动制造业产业体系的优化。

（三）制造业供给侧结构性改革推动数字经济和制造业融合

深入推进供给侧结构性改革，不仅是推动中国经济向高质量转型的主线与切入点，同时也是实现中国制造业产业体系优化的先决条件。推动供给侧结构性改革有利于从生产端催生出更多新的市场机遇，促进生产要素快速有序流向先进制造业，推动制造业向数字化、绿色化、服务化方向演进，从总体上提高中国制造业供给体系的质量和效率。在供给侧结构性改革的有力助推下，数字经济与制造业正在走向有机、高效的融合，推动数字经济生产要素在实体经济各个领域的应用，这不仅为数字经济打造了真正落地的实体支撑，对推动传统产业转型升级也有帮助，还能提高数字产业规模，延长数字产业链，实现数字经济和实体经济的互补共赢（左鹏飞、陈静，2021）。

第二节　数字经济与制造业现代化产业体系融合的实践表征

一、制造业现代化产业体系构建内涵与数字经济的实践属性融合

（一）数字经济培育制造业发展新动能

数字经济以"虚"促"实"，是制造业数字化、智能化和可视化的有力推动力：一是为制造业的发展开辟了新的发展空间。产业数字化对产业分工协作的格局进行了重塑，平台化的产业新生态正在快速兴起，新模式和新业态正在蓬勃发

展，这已经成为制造业发展的新蓝海。二是智能化，使企业的生产、服务更加高效。数字技术能够解决制造业运作过程中的生产、经营、流通、服务等对接问题，使数字化资源配置得到持续扩大，从而提升了全社会、全产业、全要素资源的配置效率，并改善了价值创造模式，从而有效地提升了生产和服务的效率。总的来说，数字经济的发展，使制造业获得了新的机遇，并能够更加高效地进行生产和服务，为制造业赋予了新的竞争优势和动力。

（二）数字经济引领科技创新生态

一是数字技术为创新活动由地理空间集聚向数字空间集聚提供契机。数字技术形成了产品与组织的松散耦合系统，使产品和服务的创新更加柔性灵活，创新链不同环节上沟通协调成本降低，可以突破时空的界限，引起了组织的去中心化（陈晓红等，2022）。二是数字经济提升创新效率。数字化有效降低创新要素流动过程中的交易成本，推动创新要素高效流动，引发创新要素和创新主体在数字空间的整合和重构，推进科技创新资源的合理化配置，提升协同创新水平和区域创新效率。三是数字技术缩短创新周期。数字技术不仅为不同的创新主体之间进行知识分享和合作创造了便利的条件，而且为企业实施产品开发、优化生产布局、预测市场趋势提供了新的工具，企业发布的新产品、新服务能够迅速让用户进行体验测试，进而快速获得反馈并持续改进创新，产品和服务的创新具有了快速迭代的特征（Lakhani & Panetta，2007；Goldfarb & Tucker，2019）。四是数字经济的发展推动了创新过程的融合。数字经济的发展使创新过程摆脱了从知识积累、研发设计到实践应用的线式链条规律，创新各阶段的边界逐渐模糊化，各阶段相互作用并逐渐融为一体（Bailey et al.，2012；Dougherty & Dunne，2012；Nambisan et al.，2017）。

（三）数字经济催生现代金融新变革

数字技术已经深入到金融的各个领域：①支付端的数字化。包括电子支付、网上银行、手机银行、移动金融等形式，这些都是金融数字化的直接表现。通过数字化的支付方式，银行业务不再受时间和空间的限制，无人银行和线上银行已经成为现实。②供给与需求端的数字化。数字化提升了金融市场的配置效率，可以有效地缓解和克服在金融业务中，银行与企业之间的信息不对称、风险大等问题，这有助于打通产业链、供应链，通过多种方式支持先进制造企业的发展。③监管端的数字化。运用数字技术来促进金融监管的创新，提升金融监管效能，为数字金融创造了一个良好的发展环境。数字化的监管手段能够更加精确地监测和控制风险，提供更高效的监管服务，助推数字金融更好地服务于制造业企业的发展（姜兴、张贵，2022）。

二、制造业现代化产业体系发展目标与数字经济的战略性融合

（一）微观企业层面目标：提升企业效率和价值

制造企业的数字化转型是全方位的变革，设计组织方式、生产方式、商业模式等多个流程和角度。借助数字技术的连接能力、仿真能力等，制造企业可显著提高其利润和效率：一是以泛在连接助力模式创新。依托互联网广泛的连接能力，制造企业通过连接设备、用户、产业链上下游等，可实现商业模式的创新和变革。例如，借助微信，制造企业能够强化用户和产品的连接，实现营销、服务更广泛灵活地触达用户，并在卖产品的基础上增加卖服务、卖体验的价值。二是以技术融合驱动场景涌现。基于大数据、人工智能、数字孪生、区块链等数字技术沉淀，互联网能够为制造企业提供数字化转型的技术底座，并与制造业技术融合形成新型的数字化工具，促进生产效率和质量的提升。例如，基于游戏引擎的工业数字孪生，基于人工智能的质量检测等（腾讯云、腾讯研究院，2023）。此外，还能借助数字技术提升供应链运行效率。企业可以利用数字技术及时发现市场需求变化和需求波动，准确掌握供应链上下游企业的信息，缩短流通时间，降低流通成本，减少无效生产和库存（陈雨露，2023）。

（二）中观产业发展层面目标：驱动制造业高质量发展

在资源配置效率层面，数字经济能极大地提高产业发展过程中的资源配置效率。数字经济时代，数据要素成为驱动发展的核心生产要素，能够渗透到产业链中的每一个环节，并实现产业链不同环节之间的有效衔接，通过数据自动传输、大数据分析以及人工智能等数字技术，实现产业链不同环节之间的协同联动。此外，数据要素还能够与其他生产要素有机结合，如劳动要素、资本要素等，促进传统生产要素嵌入产业链各个环节的价值创造不断扩大。在产业绿色发展方面，构建绿色低碳的制造业现代化产业体系，需要借助于数字经济的发展：一是数字经济本身是环境友好型产业，污染排放较少，数字经济的发展能在一定程度上挤压传统落后制造业，优化制造业产业结构，从而在总体上达到降低污染排放的效果。二是数字经济的强扩散性，使数字化、智能化技术能够快速与传统制造业融合，提高了经济效率，降低了对原料、能源等要素的投入和使用，减少了资源消耗。三是信息技术的发达，使环境监测的科技力量更加强劲，政府的监察力度更强，整个社会的环境保护意识也随之提升。在产业安全层面，由于传统产业链各个主体信息与知识的封闭性，存在一定的信息孤岛效应，同时各个主体协同联动成本较高，因此导致传统产业链抗风险能力弱、韧性差。而在数字经济时代，通过产业链整体的数字化，企业可通过线上线下协同的方式开展协同创新或者开放式创新，且能够快速获取和及时预判产业链上下游的相关风险信息，有效提升了产业链的柔性程度。在遭遇不确定事件冲击时，基于数字技术，产业链上的核心企业能够迅速重新组建新链，联合不同主体开展资源重新配置，传统的单一链式结构被柔性化、网络化结构所替代，有效增强了产业链韧性和抗风险能力（曲永义，2022）。

（三）宏观经济运行层面目标：服务双循环发展格局

从数字经济所表现出的技术优势和应用能效来看，以数字经济为助推器构建中国制造业现代化产业体系，将成为构建双循环新发展格局的重要力量。一方面，数字经济助推国内超大规模市场建设。在目前阶段，中国的超大规模市场优势尚未充分发挥，存在市场分割、扭曲和壁垒等问题。然而，数字经济的快速发展为打破地区和产业之间的物理壁垒提供了机会，促进了数据、技术、资金和人才等资源要素的流动，推动了各类生产要素的高效集聚和精准对接。同时，数字经济也强化了区域协同联动和产业跨界融合，推动了统一开放、竞争有序的现代市场体系建设，进一步培育和提升了超大规模市场优势的整体效应。另一方面，数字经济对于重塑中国在国际合作和竞争中的优势具有积极作用。通过广泛应用信息通信技术，数字贸易的发展使贸易活动更加自由便利，有助于中国的中小企业更深入地参与国际贸易，有机会融入全球价值链体系。这将提升中国在全球贸易体系中的引领地位，加快实现从贸易大国向贸易强国的转变（左鹏飞、陈静，2021）。

三、制造业现代化产业体系实践过程与数字经济的拓展性融合

数字经济的核心内涵为数字产业化和产业数字化两方面。数字经济包括一定的外延拓展，数字经济的外延拓展包括由于数字经济发展所引起的一系列经济模式、社会环境等的变革。一方面，从经济维度上看，主要包括数字经济背景下的组织架构、创新体系、市场竞争与合作方式、贸易规则等方面；另一方面，从社会维度上看，主要包括数字经济时代的社会治理模式、教育体系等社会环境方面。而这些数字经济的外延拓展性，与制造业现代化产业体系实践过程相融合，推动了制造业高效发展。

（一）数字经济时代的经济发展模式对制造业发展的革新性

在数字技术的作用下，产业发展的传统经济模式被不断突破，催生出一系列新的经济模式，这些新的经济模式增加了制造业发展效益，提升了制造业发展质量：一是企业内部管理模式的扁平化。数字技术的应用，使企业能够不断地跨越沟通边界、拓宽管理边界、超越能力边界、突破创新边界，形成扁平化的管理架构，进而提升组织的运行效率（阿里云研究院等，2022）。二是科技创新体系的云协同化。数字技术消除了企业、科研机构、高校等不同的科研主体之间的壁垒，不同创新主体在平台上实现了集聚，形成了开放包容的创新体系，有利于不同创新主体之间的知识、技术的扩散，促进了产学研的协同。三是产业链上不同企业之间关系的蜂巢化。工业互联网平台给企业提供了更多的供给和需求信息，企业在选择供应商和客户时拥有了更大的自由度，此时企业之间的关系由一对一变成了多对多。通过机器学习算法，将大量、异构、高维度的数据按照不同的规则进行匹配，重构产业链内部的联系，产业链上不同企业由线性连接转化为平面连接，再逐渐演变成蜂巢式连接（蔡呈伟、戚聿东，2021）。

（二）数字经济时代社会治理模式对制造业发展的支撑性

数字经济时代的社会治理模式伴随着数字经济的发展，是一种全新的社会治理模式，其主要从数据治理、人才培育和可持续发展三个方面与制造业现代化产业体系的实践过程相融合：一是数据治理。数字经济时代，海量的数据蕴含巨大的价值，已成为制造业发展的核心生产要素。在世界数字经济组织重塑全球合作背景下，需要从数据确权制度、数据安全与保护制度、数字产权交易制度、数据跨境流动制度等多个方面对数据进行治理，不断完善相应的法律、规章，为制造业安全高效发展提供保障。二是人才培育。在数字经济背景下，复合型工科人才需求倍增，要通过学校教育的改革以及在岗员工的培训，推动社会人才结构性转变，为制造业发展提供支撑。三是可持续发展。新型数字基础设施降低了社会的经济成本，数字化平台实现了社会资源共享，减少了浪费，数字化产业生态打破了传统的产业链供应链界限，这一系列社会环境的改善推动了制造业的可持续发展（祝合良、王春娟，2021）。

第三节　数字经济和制造业现代化产业体系的融合方式

一、数字经济产业化

（一）快速推进数字产业化

以互联网、大数据、人工智能等为代表的新一代信息技术加速融合应用，正在引发系统性、革命性、群体性的技术突破和产业变革，数字经济对制造业现代化产业体系的赋能作用越来越突出。快速推进数字产业化，是数字经济时代构建制造业现代化产业体系的基础工程：第一，要强产业，做强做大我国数字产业。聚焦传感器、量子信息、网络通信、集成电路、关键软件、大数据、人工智能、区块链、新材料等战略性前瞻性领域，增强数字产业竞争力，占领科技制高点。第二，要强技术，强化关键产品自我供给能力。突破高端芯片、操作系统、工业软件、核心算法等一系列关键核心技术，增强数字产业关键核心技术自给保障能力。

（二）培育新业态、新模式

数字经济时代出现了各种数字化平台，这些平台将生产、流通、服务和消费等环节整合到一起，促进了线上线下资源的有机结合。通过这些平台，产品、内容和其他资源的信息可以整合和共享，引发了许多新的商业模式和业态，形成了平台经济（Hukal et al.，2020）。平台经济是一种开放、共享和共生的产业生态系统。它通过整合不同产业的资源和需求，推动了产业之间的融合和协调联动（Sandberg et al.，2020）。制造业也受益于平台经济的发展，被注入了新的活力。制造业企业应借助平台经济的力量，发挥平台经济的优势，加强与其他行业的合作，共享资源和知识，拓展市场和渠道，推动业务发展，实现创新和转型，更好地适应市场变化。

（三）加强数字基础设施建设

历史上每一次"技术—经济范式"的变迁，基础设施的建设都是重要前提。数字经济和制造业现代化产业体系融合，必须加强相应的基础设施建设（陈雨露，2023）。一方面，对于传统基础设施要加快数字化改革，积极利用新一代数字信息技术对传统基础设施实现智能改造，提高运行效率和产业服务效能；另一方面，要建设高速泛在、天地一体、云网融合、智能敏捷、绿色低碳、安全可控的智能化综合性数字信息基础设施，为制造业现代化产业体系构建提供好技术设施接触。要打通数字基础设施大动脉，加快 5G 网络与千兆光网协同建设，深入推进 IPv6 部署和应用，推进移动物联网全面发展。系统优化算力基础设施布局，推动东中西部算力有效互补和协同联动，推动数据中心、超算中心、智能计算中心、边缘数据中心等合理梯次布局（国务院，2022）。

（四）完善数字经济治理体系

数字经济发展，需要坚持发展和监管两手抓：一是要加快建立全方位、多层次、立体化监管体系，强化以信用为基础的数字经济市场监管。二是要加强数据产权保护，划清数据产权边界，打击数据盗用等违法行为，确保数据安全。三是要完善治理规则，为了应对新业态的快速变化和创新多样性的特点，更好发挥行业公约、标准规范等功能，使之成为法律法规体系的重要补充。推动数字平台反垄断监管常态化发展，将企业的"二选一"、大数据杀熟、屏蔽封杀等不正当行为纳入常态化监管，促进行业规范有序健康发展。四是要加强数字技术在治理中的应用，利用大数据、云计算、人工智能、区块链、工信大数据平台等数字技术提升治理效能，降低治理成本，提高治理效率（中国信息通信研究院，2022）。

二、制造业数字化

（一）产品数字化

一方面，可以积极利用新一代数字信息技术，如大数据、云计算和人工智能，以满足消费者个性化需求和偏好。通过利用云平台等工具，鼓励消费者参与产品设计，实现制造业生产的定制化、柔性化和多样化。这不仅能有效减少产能过剩，还能提高要素配置效率和供需匹配效率，实现长期可持续的规模经济、范围经济和长尾效应。另一方面，制造业企业还应借助数字化技术拓展产品的价值链，提升产品附加值，增强产品的差异化和个性化，从而提高产品竞争力和企业利润。

（二）技术数字化

首先，制造业企业应以工业互联网为基础，利用虚拟现实的仿真系统生成三维图像，并实时分析和优化生产的各个环节。同时，积极发展远程辅助故障诊断、多工种、多企业、多行业协作生产等新模式。这意味着借助数字化技术，制造业企业能够更好地监测和管理生产过程。其次，企业需要加强数字孪生技术和工业大数据的整合应用。这包括全面集成生产机理、机器设备、生产数据和模型等元素，从而实现对实体产品全生命周期的智能控制、智能服务和智能决策。这种综合集成能够提高生产管理的效能和效果。最后，企业还需加大对人工智能和工业互联网技术的应用和覆盖。人工智能所带来的智能化生产以及工业互联网所带来的网络化生产，可以优化生产的各个环节。通过实现机器之间、生产厂商之间以及生产上下游之间的实时智能交互，可以及时调整要素匹配机制和生产决策，从而提高企业的生产效率和全要素生产率。综上所述，将工业互联网、虚拟仿真技术、数字孪生、工业大数据和人工智能等技术应用于制造业中，能够实现智能化生产和网络化生产，进而实现智能制造模式的落地，提升企业的生产效率和竞争力（任保平、李培伟，2022）。

三、数字经济与制造业融合发展

（一）企业内全领域的数字经济与制造业融合

企业规模的增大会带来更复杂的内部组织结构。在制造业中，企业通常包括行政、财务、投资、战略、生产经营、研发、人力资源等各种不同的职能部门。此外，企业可能还有多个车间和工厂，这些生产设施分布在不同的地点。产品制造过程涉及许多活动，包括进货、出货、仓储、基础设施管理（如水电气热）以及生产人员的管理等。德国的工业 4.0 概念提出了制造业的纵向集成，即将企业内部的机器设备、供应链系统、生产系统、运营系统等流程进行连接，实现信息的实时沟通和共享。数字经济与制造业的融合涵盖了更广泛的活动。数字技术可以渗透到制造企业的各个方面，包括不同部门和业务流程之间的紧密联系，实现数据交换、指令响应、操作执行等活动的数字化和自动化。这种数字化转型可以带来许多收益，例如，提高生产效率、优化供应链管理、降低成本、提升产品质量等。然而，它也带来了新的挑战，如网络安全风险、数据隐私保护、技术集成等。因此，企业在数字化转型过程中需要综合考虑技术、组织和管理等方面的因素，以确保顺利实施并取得预期的效果（李晓华，2022）。

（二）价值链全周期的数字经济与制造业融合

从价值创造的角度来看，企业的生产经营活动涵盖了产品生命周期的各个阶段。从产品的创意开始，经过开发设计、加工制造，再到产品分销、运营服务，最后到回收处理，构成了产品完整的生命周期。德国工业 4.0 将产品全生命周期的数字化、智能化过程称为"端到端集成"。这意味着通过数字技术和智能化系统，将整个价值链的各个环节连接起来，实现信息的实时传递和共享。数字经济与制造业的融合涵盖了整个价值链的全周期。这种融合可以发生在整个价值链的完整周期，也可以发生在价值链的特定环节。例如，通过数字化和智能化技术，可以在产品开发设计阶段进行虚拟仿真和优化；在加工制造阶段实现自动化和智能化生产；在产品分销和运营服务阶段实现供应链的实时协调和客户需求的个性化响应；在回收处理阶段实现资源回收和循环利用等。这种数字经济与制造业的融合能够提高整个价值链的效率和灵活性，促进创新和价值增值（李晓华，2022）。

例如，上海昌强重工机械有限公司独立自主研发的数字化智能工厂管理系统（CIS），集成了整套设计、生产、制造、管理、物流、财务、人事等企业经营管理模块，采用多种实时传感系统、测控设备、实验室数据采集技术、3D 可视化技术、大吨位上下料机械手、锻件自动测温等智能装备，形成"有高度（战略）、有深度（现场）、有宽度（全方位）"多维度集成的数字化管理模式。随着透明工厂前期积累数据的不断深化应用，产品一次质量合格率从 86.0% 提升到93.7%；订单的按期交付率提升 7.3%；订单的平均交付周期从 58 天缩短至 40天，能源利用率提升 2.9%①。

（三）供应链全生态的数字经济与制造业融合

现代制造企业在社会分工细化条件下，不再像过去那样高度一体化，而是需要参与到全国乃至全球的产业循环和分工中。这意味着企业的生产经营活动需要依靠商业生态系统的支持。对于制造业而言，商业生态系统包括上游原材料和零部件供应商，下游分销商和零售商，供应链、金融和信息基础设施等其他生产性服务提供商，还包括开源平台、众包平台以及极客、创客、领先用户和用户社区等参与者。德国工业 4.0 将企业与其合作伙伴、公司与公司之间、公司与用户之间的互联网络称为横向集成。这意味着通过数字化技术和信息系统，企业可以与合作伙伴、供应商和客户之间建立紧密的联系和协作。数字经济与制造业的融合不仅涉及企业内部的数字化转型，也包括企业所处的商业生态范围。数字技术可以在商业生态系统的各个组成单元之间实现连接和协同。例如，通过供应链的数

① 昌强重工：数联智造构建重型装备锻造透明工厂［EB/OL］．（2023-03-17）［2023-12-09］. https：//mp.weixin.qq.com/s/TYm5-DxyyqyzUIS2-La0TA.

字化和智能化管理，可以实现供应商和制造商之间的实时协调和物流优化。通过开源平台和用户社区，企业可以与用户进行更紧密的合作和创新。在供应链全生态的数字经济与制造业融合中，企业的竞争力与其所处的商业生态密切相关。通过积极参与商业生态系统，企业可以获取更广阔的市场机会，提高生产效率，降低成本，并实现更加可持续的发展。然而，在参与商业生态系统时，企业也需要考虑合作伙伴管理、知识产权保护、数据安全等方面的挑战（李晓华，2022）。图 3-3 为数字经济与制造业融合。

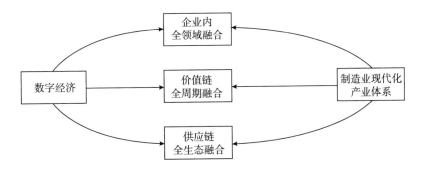

图 3-3 数字经济与制造业融合

第四章 数字经济时代制造业现代化产业体系内涵及特征

数字经济进入了黄金发展时期，数字经济以信息通信技术、信息网络和数据要素为触角，向制造业不断渗透，对中国制造业从总体产业、子行业到各区域产生了全方位影响，为中国制造业现代化产业体系的发展奠定了基础。随着数字技术红利的大规模释放和新时代经济发展理念的重要转变，大力发展数字经济新优势已经成为实现制造业高质量发展的有力保障。因此，深入研究分析数字经济时代制造业现代化产业体系的内涵及特征，如何利用数字经济发展助推制造业现代化产业体系建设变得至关重要。

第一节 数字经济时代催生制造业现代化产业体系新内涵

一、现代化产业体系的演化进程

中国共产党领导下的现代化产业体系创建，是从 1927 年建立农村革命根据地开始的。中国共产党从单个产业或多个产业的培育起步，逐步领导产业演进形成现代化产业体系。百年来中国共产党领导下的产业体系变迁可分为四个阶段①。

---

① 张申，李正图. 中国共产党领导下产业体系百年变迁［J］. 上海经济研究，2021（6）：5-17.

（一）1921～1949 年，服务战争需要的产业体系创建

在此阶段，中国共产党领导下的产业体系立足于根据地，并随着根据地由小到大逐步成长。基于消除内乱、推翻帝国主义压迫和实现中华民族完全独立的奋斗目标，以及从土地革命战争，到抗日战争，再到解放战争的民族民主革命历程，中国共产党将产业体系的建设实践与新民主主义的革命实践结合起来，形成了中国共产党领导下服务战争需要的产业体系。

（二）1949～1978 年，计划经济体制下的产业体系开创：以建立独立完整工业体系为核心

中华人民共和国成立后，经过国民经济恢复和三大改造，社会主义计划经济体制逐步建成，与此同时，社会主义制度下的工业化成为中国共产党领导下的产业体系变迁方向①。特别是在此期间，我国既遭受贸易封锁和战争侵扰，同时也具有巩固民族独立、保护国土安全的内在需求，所以在“一穷二白”的基础之上建立独立的完整的工业体系，尤其是“首先集中主要力量发展重工业”，成为新中国成立以来创建和完善产业体系的首要任务和战略取向。

（三）1978～2012 年，经济体制改革下的产业体系转型发展：以融入世界经济体系为核心

20 世纪 70 年代末以来，国际经济秩序发生重大变化，生产体系的全球化日益兴盛，全球贸易与生产随之扩张。中国产业体系整体水平不高且存在结构性失衡，经济效益低下，促使中国共产党领导产业体系变迁的指导思想发生了改变。在此背景下，党的十一届三中全会提出“解放思想，实事求是”的思想路线，标志着中国进入了改革开放时代。在经济体制改革的推动下，中国的产业体系经历了从产业结构到空间布局等方面的调整和演进。至 1987 年党的十三大提出“三步走”战略目标，中国产业体系不仅形成了 20 世纪内的基本变迁框架，即“工业主要领域在技术方面大体接近经济发达国家七八十年代的水平，农业和其他产业部门的技术水平也将有较大提高”，而且为 21 世纪后产业体系进一步面向中国特色社会主义现代化建设的高效、协调、稳定发展，奠定了良好基础。

（四）2012 年至今，全面深化改革过程中的产业体系高质量发展：以构建现代化产业体系为核心

进入新时代，中国产业体系的发展已由高速度发展转变为高质量发展。党的

---

① 毛泽东. 共产党是要努力于中国的工业化的 [M] //毛泽东文集（第三卷）. 北京：人民出版社，1996.

十九大指出，中国已进入新时代，中国特色社会主义迎来了新的历史方位。党的十九大报告对新时代做出了明确的划分，指出中国将分为两个阶段进行规划：到2035年，基本实现社会主义现代化；到21世纪中叶，建成富强、民主、文明、和谐、美丽的社会主义现代化强国。同时，中国还面临着人民不断增长的美好生活需要和不平衡不充分发展之间的新的社会主要矛盾①。基于上述背景要求，党中央提出推动高质量发展、建设现代化经济体系的重要思想。作为现代化经济体系的一项核心内容，构建现代化产业体系的要求由此形成，这也构成了产业体系在全面建设社会主义现代化国家、实现第二个百年奋斗目标进程中的新的变迁方向。

二、制造业现代化产业体系的演化进程

（一）现代化产业体系的内涵

所谓现代化产业体系，就是能够通过有效条件、支撑和保障，研发、制造、经营比较普遍的优质或高附加值产品的产业体系（芮明杰，2018）。这一概括深刻揭示了现代化产业体系的内涵，指出了其核心要素和主要标志，符合产业的发展规律，也符合中国经济发展的实际。以往，我国对产业体系建设的表述通常按照三大产业进行分类，党的十九大报告对产业体系建设做出了新表述，指出要"着力加快建设实体经济、科技创新、现代金融、人力资源协同发展的产业体系，着重强调必须把发展经济的着力点放在实体经济上，提出加快发展先进制造业，加快建设制造强国的历史重任"。可以看出新时代对我国产业体系建设做出了新的表述和部署，突破了过去单纯追求目标或任务导向的意识，更加注重以实体经济为核心，强调解决实际问题，反映了当前我国产业体系建设正进入一个崭新的时代。

（二）制造业现代化产业体系的新内涵

制造业现代化产业体系是指在继承与拓展传统产业结构的基础上，适应了数字经济发展方向，以创新驱动、智能制造、需求主导、产业融合、绿色低碳等为依托的现代化生产模式和组织运行系统。对传统制造业产业结构的批判性继承是制造业现代化产业体系得以发展的基本前提。因此，我们总结了数字经济时代制

① 习近平．决胜全面建成小康社会 夺取新时代中国特色社会主义伟大胜利——在中国共产党第十九次全国代表大会上的报告［EB/OL］．［2007-10-27］．http：//www.gov.cn/zhuanti/2017-10/27/content_5234876.htm.

·58·

造业现代化产业体系具有显著不同于传统制造业产业体系的新内涵，至少体现为以下几个方面（杜宇玮，2019），如表4-1所示：

表4-1　传统制造业产业体系与制造业现代化产业体系的比较

指标	传统制造业产业体系	制造业现代化产业体系
战略导向	快速增长偏向	高质量发展导向
发展方式	要素驱动、"扬长避短"的非均衡发展	创新驱动、"扬长补短"的均衡发展
产业内容	以低技术含量、低附加值和弱创新能力的传统制造业为主	以高技术含量、高附加值和强创新能力的先进制造业和高新技术产业为主
产业形态	价值链中低端、工厂集聚的产业集群	价值链中高端、创新要素集聚的创新集群
要素资源配置方式	物质资本、政府主导	人力资本、市场主导
市场需求类型	满足同质化、规模化需求	满足多样化、个性化需求
市场竞争手段	数量竞争、价格竞争	创新竞争
产业政策	选择性产业政策，行政命令手段	功能性产业政策，制度性引导手段

资料来源：笔者根据资料整理。

一是在战略导向和发展方式上，传统制造业产业体系倾向于追求快速经济增长，注重要素驱动下的"扬长避短"，即立足外生的静态要素禀赋优势，回避了在土地、资源、环境、内需等方面的约束以及空间均衡发展的要求。而制造业现代化产业体系应是强调以高质量发展为导向，注重创新驱动下的"扬长补短"，即塑造和培育基于数据要素的内生动态比较优势，补齐增长动力、产业结构、区域发展、收入分配、资源环境等方面的短板，从而实现均衡发展。

二是在产业内容上，传统制造业产业体系以低技术含量、低附加值和弱创新能力的传统制造业为主，产业之间关联程度低。相比而言，制造业现代化产业体系应以高技术含量、高附加值和强创新能力的先进制造业和高新技术产业为主，是人工智能、大数据等信息技术与实体产业的深度融合，以实现智能化生产方式为主导的现代化产业体系。

三是在产业形态上，传统制造业产业体系中的产业往往处于价值链中低端，集群形态主要体现为一批从事加工生产制造的工厂在某一地理空间内集聚的产业集群。而制造业现代化产业体系中的产业则处于价值链中高端，集群形态主要表现为创新要素集聚的创新集群。

四是在要素资源的配置方式上，传统制造业产业体系是由物质资本支配的，资源配置通常由政府主导，要素配置效率较低。而在制造业现代化产业体系中，人力资本应起到支配作用，体现为市场主导下的资源要素配置效率较高。

五是在市场需求类型和竞争手段上，传统制造业产业体系主要是为了满足同质化、规模化需求，市场竞争手段主要是数量竞争和价格竞争。而制造业现代化产业体系则是为了满足多样化、个性化需求，市场竞争的主要手段是创新竞争。

六是在产业政策上，传统制造业产业体系通常倾向于采用选择性产业政策，即政府直接干预微观经济，选择并主导特定产业和企业发展的政策模式。这类政策往往注重产业规模扩张和产出数量增长，而忽视提高产业附加值和提高产出效率的问题。制造业现代化产业体系则主要采取功能性产业政策，这种政策主张中性竞争，以环保、安全等标准为基础来实施负面清单管理。此外，还采用制度性引导手段，如知识产权市场发展和科技创新服务体系建设等，以构建有利于维护市场公平竞争、促进企业自主创新和提高产业竞争力的创新政策体系。

第二节　数字经济时代催生制造业现代化产业体系新特征

构建制造业现代化产业体系是现代化产业体系的战略重点，也是中国经济高质量发展的内在要求。数字经济通过产业数字化和数字产业化引领制造业产业变革，催生出制造业现代化产业体系新特征，主要体现在历史和实践两个维度上（王一钦，2022）。

一、历史维度上

数字经济时代制造业现代化产业体系的内涵赋予其特征的复杂性和多元性。从历史维度来看，制造业现代化产业体系是在长期动态发展演进中形成的体现数字经济时代发展的产业系统，其呈现出以下特征：

一是系统性。在传统产品分工模式、技术生产方式和物质流通形式下，制造业产业发展规律体现出不断的分解性和分化性，但在新的数字经济时代下，制造业现代化产业体系更加表现为系统性。新的智能化生产模式使制造业现代化产业体系更加注重产业系统内部各组成要素之间的相互关系和整体的不可分割性。进一步强调了制造业现代化产业体系的结构对于创新、协同和效率的基础作用，为制造业的转型升级提供了新的思路和方法。

二是动态性。制造业现代化产业体系是在技术、制度、市场供求、全球生产网络等诸多因素的综合作用下内生形成的制造业产业基本架构，任何一个因素都会对制造业产业的发展形成冲击、带来影响。制造业现代化产业体系正是对产业体系结构进行全面系统的革新，并使其与全球技术浪潮兴起、国际分工格局重组、国内经济发展阶段转换等经济社会变迁背景相匹配。

三是时代性。制造业现代化产业体系中的"现代化"一词，是由科学技术、数字经济、经济社会发展演进的相对过程所体现的具有历史逻辑的概念，故"现代化"是制造业产业体系在一定历史时期所表现出的时代性特征，其建立在对未来科技变革趋势及技术经济范式演化方向的基本判断之上。

四是长期性。制造业现代化产业体系构成的复杂性、关联的多维性、分工演化的渐进性是制造业产业体系呈现长期性的内部原因，而科技创新发生的周期性、供需结构调整的滞后性以及制造业产业生产模式的路径依赖性则是外部原因。

二、实践维度上

在实践上，制造业现代化产业体系与传统制造业产业体系在生产方式、分工方式及产业组织方式等方面存在显著差异，它是在数字经济发展阶段及未来产业发展在技术、结构、模式等方面的典型体现，并呈现出以下特征：

一是创新性。熊彼特理论认为创新是产业系统演化的根本动力，制造业现代化产业体系的核心本质即创新性，具体表现形式为创新形式多元化、创新深度加强化以及创新扩散广泛化。

二是融合性。生产方式的数字化、网络化、智能化、服务化使产业融合成为制造业现代化产业体系的基本特征。制造业现代化产业体系的融合既包括高新前沿技术和信息化对各次产业的渗透融合，也包括不同产业间产业链互补联结的延伸融合以及产业内部的重组融合。

三是开放性。制造业现代化产业体系的构建是建立在国际分工和资源禀赋格局的基础上的。一方面，该产业体系能够充分利用全球产业技术革命下的创新扩散效应，实现要素重新配置的效应；另一方面，该产业体系也必须面对全球经济体的激烈竞争，争夺创新制高点和核心要素。在此背景下，以开放性面对分工、创新和竞争的全球化是构建制造业现代化产业体系的基本前提。

四是需求导向性。相较于传统制造业产业体系，制造业现代化产业体系强调以高端化、个性化、智能化、服务化的供给满足市场的异质性需求。这一点体现在制造业产业链的不同环节，如研发、生产、销售和服务等方面。该产业体系采用供需双向同步的策略来提升供给灵活性和供需匹配度，最大限度地减少无效供给并增加有效供给。

第三节　数字经济时代制造业现代化产业体系的定位分析

一、创新主体定位

数字经济通过产品创新、业态创新、商业模式创新等创新赋能，为传统制造业产业创造价值增值的空间，发掘现有资源的创新利用，探索可持续发展的机制，促进传统制造业产业转型升级，打造制造业现代化产业体系的创新主体定位（Chou et al.，2014）。一是制造业产品创新主体定位，将数字化科技应用于传统制造业，赋予其更高的附加值和衍生价值。智能化产品不仅创造超额利润，还为企业收集了丰富的数据资源，助力产品衍生、业态裂变和价值增值的持续推进。二是制造业业态创新主体定位，传统制造业的各类业态和服务在产业体系内有明确的边界，而数字经济的兴起则推动了跨业态、多元化和虚实结合的发展。这使产业生态变得更加灵活和创新，从而带来了更丰富的价值回报和增值潜力。三是制造业模式创新主体定位，通过数字平台和工具的便捷性、易传播性和低成本，产生了线上线下融合、社交媒体、网络直播等新兴商业模式，不断地为传统制造业赋能。

二、结构升级定位

产业竞争的比较优势体现在产品和产业结构的升级能力上。高端产业竞争力能够持续生产出符合消费者需求的产品，并获得经济和社会效益。同时，还需要具备培育创新潜力和持续发展的能力。数字经济从三个方面提高制造业竞争力：一是新一代信息技术的应用整合了生产、流通和管理环节，提高了劳动生产率，通过产业内部分工节约人力和物力成本，以提高产业经济效益和竞争优势，来持续获得制造业国际分工的利益。二是大数据体系的建立利用消费活动产生的海量数据资源反映制造业需求变动。挖掘消费者的价值需求和潜在用户，并以消费者导向为基础，促进制造企业在产品和服务上的改进和创新，以提供差异化的产品或服务来满足用户的需求，从而提高制造业的社会效益。三是数字经济围绕制造业产业供需链进行核心技术创新，通过集成创新能力推动新技术或新知识在产业内部的产生、流动、更新和转化。这种技术融合现象在多个产业中高度渗透，实现了数字经济和制造业的相互融合，为制造业现代化产业体系建设提供有效支撑（荆文君、孙宝文，2019）。

三、市场竞争定位

制造业现代化产业体系建设的根本目的是实现资源配置优化，以更好地满足人们对于各方面的需要。既然市场机制能够有效调节资源的配置，那么市场必然在推进制造业现代化产业体系建设中发挥基础性作用。数字经济条件下市场机制通过竞争规律对制造业现代化产业体系的建设产生影响。要清楚地认识到，竞争机制在产业体系变动中的作用，市场经济本质上就是一种相对自由的经济，这种自由是为了促进市场竞争。在制造业产业体系调整过程中，各个制造产业能否在市场竞争中维持生存和发展，重点在于它们是否具备较强的竞争优势。制造产业部门在区域内为了在市场上获得竞争优势而避免被淘汰，一定会采取各种手段。例如，利用数字经济的发展机遇，积极开展技术研发活动，以降低生产成本或提高产品质量。所以，市场竞争的最终结果是使各个制造产业按照产业技术的先进水平依次出现兴起和衰落的交替，推动制造业产业体系朝着现代化产业体系的方向演进。

四、政府功能定位

政府可以通过制定和实施强有力的产业政策来加快制造业现代化产业体系的调整和优化。例如，在日本和韩国等发达国家的现代化产业体系建设经验中，建立完整的现代化产业体系需要制定一系列的产业政策，将有限的资源用于产业体系的建设和完善，特别是对于发展起步较晚的国家。在制造业现代化产业体系的建设过程中，政府调控作用的发挥主要体现在：一是政府作为市场制度的制定者和执行者，对于维持公平竞争的市场制度起着关键作用。通过制定和执行能够反映当地要素禀赋充裕程度的市场制度，政府能够影响要素的相对价格，从而对制造企业的生产决策和产业技术的升级产生影响。二是政府还通过出台创新政策来影响产业技术创新主体的积极性。鉴于产业技术进步具有外部经济性的特征，政府为了确保制造企业的研发活动来满足产业发展的需求，需要给予从事创新活动的企业补贴。三是制造业现代化产业体系的空间布局需要政府的引导。在传统产业体系中，各个产业在区域内根据自身需求进行布局。而在制造业现代化产业体系中，为了发挥各产业体系发展的协同效应，政府需要合理规划整个区域内的产业布局。

五、产业链重构定位

新一代数字技术推进了传统实体经济的数字化改造，随着数据成为产业链上的流通媒介，制造业产业链将会发生解构与重构，乃至全面变革（陈晓东、杨晓霞，2022）：一是数字化推动产业链模式转换。在数字经济时代，大数据、物联网等技术的应用促进了信息自由传递和要素自由流动。时空限制不再是影响产业链构造的主要因素，企业能够同时扮演多个分工角色，产业链拓展为复杂的拓扑网络结构。这种转变使制造业的产业链条呈现出更为复杂、多样化的形态，并促进了产业链条上企业的角色转换。二是数字化深化产业链的协同发展。制造业生产过程涉及原料供应、生产制造和市场销售等多个关联企业的密切合作。数字技术为这些关联企业在整个产业链上赋予了全过程的能力。数字化技术的应用不仅降低了企业间的外部交易成本，提高了协同效率，延长了企业的产业价值链，而且使制造业的业务变得更加多元化，获得了更多的价值倍增效应。三是数字化重塑产业链的竞争格局。数字化转型中企业边界被拓展，产业链上下游企业融合为新的价值创造主体，产业链企业间的协同运营和共享机制形成战略一体的新型合作关系和整体的产业链系统，重构新型制造业现代化产业体系。

第五章　数字经济时代中国制造业现代化产业体系评价指标体系

从第四章对数字经济时代制造业现代化产业体系的相关研究不难看出，制造业现代化产业体系的构建已迫在眉睫。第四章在对制造业现代化产业体系内涵不断延伸和深化的基础上，构建了更具有多元化的制造业现代化产业体系评价指标体系来进行多方面的探究。鉴于此，本章根据研究目标需要且基于对既有文献的参考与借鉴，构建一套尽可能反映数字经济时代制造业现代化产业体系内涵多重信息的综合评价指标体系。在此基础上，本章对测算制造业现代化产业体系将要采用的研究方法进行详尽介绍与说明，并进行进一步的测度分析。

第一节　评价指标体系的整体框架

一、评价体系构建的必要性

评价制造业现代化产业体系的前提和关键是构建科学合理、能够反映制造业发展趋势与规律的指标体系，每个指标间互相关联的同时也能够反映问题的不同方面，使指标体系具备综合评价功能。第四章已经阐述了数字经济时代制造业现代化产业体系的内涵和特征，因此对其进行量化测度和评价需要建立一个多维度、深层次的宏观系统性评价体系。为了对一个国家或地区的制造业现代化产业体系进行全面、客观和系统性的评价，需要根据一定的原则建立一个综合性评价指标体系。

在 2019 年世界制造业大会上，习近平总书记强调"把推动制造业高质量发展作为构建现代化经济体系的重要一环"。党的二十大报告强调"建设现代化产业体系，坚持把发展经济的着力点放在实体经济上，推进新型工业化，加快建设制造强国、质量强国、航天强国、交通强国、网络强国、数字中国"。由此可见，构建制造业现代化产业体系是党中央对我国经济和产业发展做出的重大战略部署，是培育和推动制造业迈向中高端，打造和提升制造业国际市场竞争优势，实现中国经济高质量发展的重要战略选择。因此，在高质量发展成为时代主题、根本要求和总体战略的背景下，构建一套符合数字经济时代发展要求的制造业现代化产业体系评价指标体系，就具有重大而迫切的现实意义。构建评价指标，对数字经济时代理念的落实成效进行监测评价，科学反映新常态、新理念、新发展成果，发现现行制造业现代化产业体系短板和问题所在，既可为各级政府部门深入贯彻新发展理念提供参考标准和指标尺度，也有利于促进新决策导向的加快形成，推动制造业协调发展。

二、评价体系构建的原则

在构建评价指标体系之前，需要明确其应该遵循的一些基本原则。本书则是在参考胡洪曙（2017）、彭张林等（2017）、曹飞（2017）等在构建评价指标体系时遵循的基本原则的基础上，确定了以下几个契合本书研究内容的基本原则：

（一）科学性原则

评价指标体系构建必须建立在科学性基础上，力求全面、准确和系统地反映制造业现代化产业体系的内涵特征。也就是说，所构建的指标体系理应具有理论层面的支撑，需符合应有的规律客观性、实践导向性和内容系统性等逻辑，不仅应能经得起来自不同声音的论证、质疑和历史的推敲，也应能受得住实践的检验。

（二）客观性原则

构建的指标体系应力求满足客观性的需要。在设计指标体系时，必须基于客观事实，并遵循现代化产业体系发展变化的规律，避免受到过多主观臆断或判断因素的干扰。具体而言，选定的指标应具备明确的概念或术语，并在量化时使用可靠的数据，最好是来源于国家、各省份统计部门或相关机构发布的权威且相对可靠的统计数据。

（三）可获得性原则

在指标的选取过程中，有必要遵循数据的可获得性。虽然制造业现代化产业体系某些方面或某些特征的确很重要，或者某一指标能够很好地反映其部分特征，但是若存在无法获得相关数据或者存在口径不一致且难以调整的情形，则该指标是无法统计量化的，对此，本章均不将其列入构建的指标体系中。

（四）可比性原则

科学合理的指标体系必须具有可比性。就本章所构建的制造业现代化产业体系评价指标体系来说，其中为了保证指标数据容易理解、易于操作并能够广泛适用于中国各省份的制造业不同阶段的发展，选取的指标必须确保具有可比性。此外，不同地方所使用的指标数据必须具有相同的口径，必要时需要对不同类型的数据进行转化处理，以获得具有可比性的指数性数据或评价得分，实现具有横向和纵向的可比性。

（五）系统性原则

所构建的制造业现代化产业体系评价指标体系是集多维度子系统于一体的系统工程，内部子系统之间及子系统各要素之间互为联系、互为补充、互为影响，不仅要能够反映制造业现代化产业体系的整体性架构，也要避免各子系统所含测度指标信息的过度相互重叠。也就是说，不同指标反映的应是制造业现代化产业体系的不同方面，避免更多信息的重复交叉。

三、评价体系构建思路

在遵循评价指标体系构建基本原则的基础上，要先对近年来制造业现代化产业体系相关评价指标进行梳理，为一级指标的确定提供理论依据；然后对数字经济与制造业现代化产业体系融合的相关评价指标进行梳理，为构建数字经济时代制造业现代化产业体系评价指标体系提供合理保障。

（一）制造业现代化产业体系的相关评价指标

对于制造业现代化产业体系相关评价指标，主要参考关于现代化产业体系有关评价维度，可总结为以下两个方面：

第一，遵循党的十九大报告设定指标。党的十九大报告提出"着力加快建设实体经济、科技创新、现代金融、人力资源协同发展的产业体系"，一些学者按照这四个方面构建现代化产业体系。例如，邵汉华等（2019）通过构建现代产业体系四位协同度指标体系，运用耦合协同模型、核密度、基尼系数、马尔可夫链等分析方法，对现代产业体系四位协同度进行系统测度，对其地区差距和动态演进过程进行科学预测。同时，郭诣遂和于鸣燕（2020）、刘冰和王安（2020）分别以江苏省、山东省为例，对现代产业体系进行实证评估。

第二，遵循内涵特征设定指标。例如，张冀新（2012）从协调度、集聚度和竞争度三个维度，运用熵值法对我国长三角、珠三角、京津冀三大城市群现代产业体系状况进行测度。随后，张晓宁和顾颖（2015）从集聚度、融合度和竞争度三个维度，对陕西省现代产业体系进行构建与测度，以及陈展图（2015）运用熵值法对我国省会城市，从创新、协调、集聚、开放、融合、支撑和生态七个维度进行测度评价。范合君和何思锦（2021）将三次产业与现代化水平进行有效结合，关注到产业体系发展的长期性，最终构建了包含发展环境、农业现代化、工业现代化、服务业现代化、产业可持续发展五个维度的现代产业体系圆环模型，并采用主成分分析法测度分析了我国各省份各维度发展情况。

（二）数字经济与制造业现代化产业体系融合的相关评价指标

对于数字经济与制造业现代化产业体系融合的相关评价指标，主要可以总结为以下五个方面的维度：

第一，经济指标[①]。经济指标反映制造业的经济创造能力，主要从产值、利润、效率和市场四个方面衡量。其中，产值指标反映制造业的规模水平和对国民经济的贡献；利润指标反映制造业企业的利润总量和人均利润率；效率指标反映制造业企业的劳动生产效率；市场指标反映制造业产品已实现销售情况及制造业产品满足社会需求的程度。

第二，创新指标[②]。创新指标反映数字经济时代制造业的科技创新能力，主要从 R&D、产品开发、专利和技术转化四个方面衡量。其中，R&D 指标反映制造业企业研发活动的总支出和支出强度；产品开发指标反映制造业企业在新产品开发上的投入和力度；专利指标反映制造业企业科技创新活动的活跃程度和产出情况；技术转化指标反映制造业企业技术转化能力和技术应用能力。

第三，智能化指标[③]。智能化指标反映数字经济与制造业现代化产业体系融

---

① 苏永伟. 中部地区制造业高质量发展评价研究：基于 2007-2018 年的数据分析 [J]. 经济问题, 2020（9）：85-91.

② 江小国，何建波，方蕾. 制造业高质量发展水平测度、区域差异与提升路径 [J]. 上海经济研究, 2019（7）：70-78.

③ 李健旋. 中国制造业智能化程度评价及其影响因素研究 [J]. 中国软科学, 2020（1）：154-163.

合程度。企业智能化水平通常可以从智能基础、智能应用和智能效益三个方面衡量。其中，智能化产品的生产主要依赖电子及通信设备制造业。为了衡量制造业的智能基础、智能应用和智能效益，通常会选取一些指标来评估。例如，可以选取企业信息化及电子商务水平、电子及通信设备制造业专利申请数和电子及通信设备制造业利润来评估。

第四，数字化指标[①]。数字化指标是数字经济与制造业现代化产业体系融合的体现。数字化指标基于数据，涵盖了数据收集、存储、处理和预测等功能。实现数字化主要依靠软件和信息服务业与制造业的深度融合。因此，我们可以选取一些指标来表示数字化从业人员、数字化软件应用和数字化设备投入。例如，可以选择软件和信息技术服务业的从业人数、软件业务收入，以及软件和信息技术服务业的固定资产投资额等数据来反映这些方面的情况。

第五，环境指标。环境指标反映制造业现代化产业体系的环境保护能力，主要从废水、废气、固体废物、"三废"综合利用产品产值四个方面衡量。其中，废水指标反映废水排放总量和废水排放强度；废气指标反映废气排放总量和废气排放强度；固体废物指标反映固体废物排放总量和固体废物排放强度；"三废"综合利用产品产值反映制造业综合利用"三废"的能力。

（三）数字经济时代制造业现代化产业体系评价指标体系构建[②]

本书从数字经济时代制造业现代化产业体系的内涵出发，综合以上部门现代化产业体系相关评价指标及数字经济和制造业现代化产业体系融合相关评价指标，结合数据的可获得性，认为制造业现代化产业体系的构建要充分考虑新业态、新模式的产业发展要求，要以创新为核心驱动力，以绿色低碳循环发展为目标，形成一种基于新技术、具备长期国际竞争优势、动态、可持续发展的现代化产业体系。依循上述指标体系的基本原则及本书设计思路，按照由上而下、逐层分解的方法尝试构建了一套适用于省级区划之间制造业现代化产业体系评价的指标体系。该指标体系主要由四个层级组成，具体包括：

第一层级为目标层，即制造业现代化产业体系总指数，用于考察制造业现代

---

① 罗序斌，黄亮. 中国制造业高质量转型升级水平测度与省际比较：基于"四化"并进视角 [J].
经济问题，2020（12）：43-52.

② 该部分为本书的阶段性研究成果，具体内容略有不同，请参见唐晓华和李静雯在 2022 年发表于《西南民族大学学报（人文社会科学版）》中的《中国制造业现代产业体系的测度及时空演变特征研究》一文。

化产业体系总体能力，方便比较各地区的制造业现代化产业体系状况；第二层级为准则层，结合制造业现代化产业体系演进过程，基于"产业环境""创新能力""经济效益""绿色低碳"四维视角全面评价制造业现代化产业体系，将这四重维度作为制造业现代化产业体系的重要组成部分；第三层级是基于第二层级进一步划分的子准则层，其中产业环境对应产业基础、产业结构、产业配套和产业合作四个子准则层，创新能力对应创新主体、创新投入、创新产出和协同创新四个子准则层，经济效益对应风险管控、产业效益和盈利能力三个子准则层，绿色低碳对应节能、减排和治理三个子准则层；第四层级是指标层，是基于第三层级进一步分解出来的可测度、可量化、可收集的具体评价指标。另外，还对四级指标的驱动方向加以明确，主要分为正向和逆向指标两大类，分别用"+"和"-"来表示。表5-1详细报告了所构建的制造业现代化产业体系评价指标体系。

表5-1　制造业现代化产业体系评价指标体系构建

一级指标	二级指标	三级指标	四级指标	指标属性
制造业现代化产业体系	产业环境	产业基础	资产总计	+
			企业单位数	+
			从业人员年平均数	+
			产业韧性	+
		产业结构	有 R&D 活动企业数占比	+
			国有控股工业企业数占比	+
		产业配套	人均互联网宽带接入端口数	+
			人均铁路营运里程数	+
			财政性教育经费支出占比	+
		产业合作	单位销售产值对外直接投资净额	+
			单位销售产值实际使用外资金额	+
			外商投资企业数占比	+
	创新能力	创新主体	高等院校数量	+
			科研机构数量	+
			高新技术企业数占比	+
		创新投入	R&D 经费占工业销售产值比例	+
			R&D 人员全时当量	+

续表

一级指标	二级指标	三级指标	四级指标	指标属性
制造业现代化产业体系	创新能力	创新产出	发明申请量占比	+
			高技术产业主营业务收入占比	+
			工业机器人安装密度	+
		协同创新	技术水平	+
			R&D 产学结合度	+
			专利价值度	+
	经济效益	风险管控	供应链风险管控能力	+
			信用风险管控能力	+
		产业效益	全员劳动生产率	+
			主营业务收入利润率	+
			成本费用利润率	+
		盈利能力	制造业总资产利润率	+
			制造业销售利润率	+
			制造业成本利润率	+
	绿色低碳	节能	电力消费量占工业增加值比重	−
			用水量占工业增加值比重	−
			工业能源消耗总量占工业增加值比重	−
		减排	单位增加值废水排放量	−
			单位增加值废气排放量	−
			单位增加值固体废弃物排放量	−
		治理	工业固体废弃物综合利用率	+
			工业污染治理投资强度	+

资料来源：笔者根据资料整理。

第二节　数字经济时代制造业现代化产业体系测度方法

一、熵权—TOPSIS 法

本书采用熵权—TOPSIS 法将制造业现代化产业体系评价指标体系中各子指

标整合得到一个综合指标，以此来把握我国制造业现代化产业体系的总体水平。具体计算如下：

第一步，对指标数据进行标准化处理。为了保障数据的可比性，运用极差法对原始数据进行无量纲化处理，以保障不同指标具备一致的数量级和量纲，计算公式为：

$$Y_{ij}=\begin{cases}\dfrac{X_{ij}-\min\ (X_{ij})}{\max\ (X_{ij})\ -\min\ (X_{ij})},\ X_{ij}\ 为正项指标\\[2ex]\dfrac{\max\ (X_{ij})\ -X_{ij}}{\max\ (X_{ij})\ -\min\ (X_{ij})},\ X_{ij}\ 为负项指标\end{cases} \tag{5-1}$$

其中，i 表示省份（$i=1,2,\cdots,30$）；j 表示指标（$j=1,2,\cdots,m$）；X_{ij} 和 Y_{ij} 分别表示原始和标准化处理后的指标值；$\max\ (X_{ij})$ 和 $\min\ (X_{ij})$ 分别表示指标 X_{ij} 的最大值和最小值。

第二步，对指标进行归一化处理，以计算第 i 省份第 j 指标的比重，即 $y_{ij}=\dfrac{Y_{ij}}{\sum\limits_{i=1}^{n}Y_{ij}}$。

第三步，计算制造业现代化产业体系的信息熵 E_j：

$$E_j=-\ln\frac{1}{n}\sum_{j=1}^{n}(y_{ij}\times\ln y_{ij})0\leqslant E_j\leqslant 1 \tag{5-2}$$

第四步，计算制造业现代化产业体系的权重 W_j：

$$W_j=\frac{(1-E_j)}{\sum\limits_{j=1}^{m}(1-E_j)} \tag{5-3}$$

第五步，对制造业现代化产业体系中各测度指标进行加权计算，得到制造业现代化产业体系综合指数，计算公式为：

$$D_i=\sum_{j=1}^{m}d_{ij}W_j \tag{5-4}$$

二、Dagum 基尼系数及其分解法

本书采用 Dagum 基尼系数法，运用 Matlab 软件对中国制造业现代化产业体系的相对区域差异进行测算和分解，并对这些差距进行深层次分析。Dagum 基尼系数中总体基尼系数满足关系式：$G=G_w$（区域内差异贡献）$+G_{nb}$（区域间差异

贡献）$+G_t$（超变密度贡献）。具体计算公式为：

$$G = \frac{\sum_{j=1}^{k}\sum_{h=1}^{k}\sum_{i=1}^{n_j}\sum_{r=1}^{n_h}|y_{ji}-y_{hr}|}{2n^2\mu} \qquad (5-5)$$

$$G_{jj} = \frac{1}{2\mu_j n_j^2}\sum_{i=1}^{n_j}\sum_{r=1}^{n_j}|y_{ji}-y_{jr}| \qquad (5-6)$$

$$G_w = \sum_{j=1}^{k} G_{jj}p_j s_j \qquad (5-7)$$

$$G_{jh} = \frac{\sum_{i=1}^{n_j}\sum_{r=1}^{n_h}|y_{ji}-y_{hr}|}{n_j n_h(\mu_j+\mu_h)} \qquad (5-8)$$

$$G_{nb} = \sum_{j=2}^{k}\sum_{h=1}^{j-1} G_{jh}(p_j s_h+p_h s_j)D_{jh} \qquad (5-9)$$

$$G_t = \sum_{j=2}^{k}\sum_{h=1}^{j-1} G_{jh}(p_j s_h+p_h s_j)(1-D_{jh}) \qquad (5-10)$$

$$D_{jh} = \frac{d_{jh}-p_{jh}}{d_{jh}+p_{jh}} \qquad (5-11)$$

$$d_{jh} = \int_0^{\infty}\mathrm{d}F_j(y)\int_0^{y}(y-x)\mathrm{d}F_h(x) \qquad (5-12)$$

$$p_{jh} = \int_0^{\infty}\mathrm{d}F_h(y)\int_0^{y}(y-x)\mathrm{d}F_j(x) \qquad (5-13)$$

其中，j、h 和 i、r 分别表示不同区域和不同省份下标，k 表示划分的区域个数，n 为省份个数；n_j（n_h）表示第 j（h）区域中省份个数；y_{ji}（y_{hr}）表示第 j（h）区域中省份 i（r）制造业现代化产业体系水平，μ 表示所有区域制造业现代化产业体系平均水平；G_{jj} 和 G_{jh} 分别表示区域内和区域间的基尼系数；D_{jh} 表示区域 j 和 h 间制造业现代化产业体系水平的相对影响，d_{jh} 表示区域 j 和 h 间产业体系水平差值，p_{jh} 表示区域 j 和 h 中超变一阶矩；$F_j(y)$ 和 $F_h(x)$ 表示第 j（h）区域制造业现代化产业体系的累计密度分布函数。

三、核密度估计法

核密度估计法是从数据样本本身出发研究样本分布特征的一种非参数检验方法。为明晰我国制造业现代化产业体系动态分布特征及演进规律，本书采用核密度估计法来分析我国制造业现代化产业体系的分布位置、分布形态、分布延展性等动态特征。假设随机变量 x 的密度函数为 $f(x)$，计算公式为：

$$f(x) = \frac{1}{Nh} \sum_{i=1}^{N} K\left(\frac{X_i - \bar{x}}{h}\right) \tag{5-14}$$

$$K(x) = \frac{1}{\sqrt{2\pi}} \exp\left(-\frac{x^2}{2}\right) \tag{5-15}$$

其中，$K(x)$ 为核函数，常用的核函数类型包括三角核、四角核、高斯核等，本书选取常用的高斯核函数进行分析；X_i 为观测值，$\bar{x}$ 为均值，N 为观测值个数；h 为带宽，它决定了核密度图的平滑度及核密度估计精度，带宽越大，核密度曲线越平滑，但估计偏差越大；相反，带宽越小，核密度曲线越不平滑，估计偏差越小。因此，为提高估计精确度，应尽量选取较小带宽。

四、Markov 链

Markov 链是一组具有马尔科夫性质的离散随机变量的组合，反映的是一个随机过程。假设制造业现代化产业体系的转移概率只与状态 i 和 j 有关，与 n 无关，就能得到齐次的 Markov 链，计算公式为：

$$P\{X_{n+1}=j | X_0=i_0, X_1=i_1\cdots, X_{n-1}=i_{n-1}, X_n=i_n\} = P\{X_{n+1}=j | X_n=i\} \tag{5-16}$$

如果把我国制造业现代化产业体系划分为 N 种类型，那么通过 Markov 链就可以构造一个 N×N 维的制造业现代化产业体系的状态转移概率矩阵 P。通过分析 P 中的每一种状态转移概率 P_{ij}，考察由制造业现代化产业体系水平状态 i 转变成状态 j 的概率水平，最终确定长期 Markov 链区域的平稳分布。

五、时空收敛法

将进一步采用 σ 和 β 收敛模型分析中国制造业现代化产业体系区域差异的演变趋势。其中，σ 收敛反映不同地区制造业现代化产业体系指数的离差随时间推移不断降低的态势，若不同地区制造业现代化产业体系的标准差随时间变化而缩小，制造业现代化产业体系则表现为 σ 收敛。本书用省份对数化处理后的制造业现代化产业体系指数标准差反映其变化趋势，具体公式为：

$$\sigma_t = \sqrt{\frac{\sum_i (\ln MANU_{i,t} - \ln MANU_t)^2}{N}} \tag{5-17}$$

其中，$\ln MANU_{i,t}$ 为 i 省份在 t 时期制造业现代化产业体系指数的对数值，N 为区域数量。

β 收敛包括绝对 β 收敛和条件 β 收敛，绝对 β 收敛不考虑外界因素干扰，所有区域的制造业现代化产业体系指数会随着时间推移收敛于相同水平；而条件 β 收敛是考虑外界因素情况下，不同区域的制造业现代化产业体系指数会收敛于各自的稳定水平。根据 Barro 和 Sala-I-Martin（1992）的研究，绝对 β 收敛模型形式为：

$$\ln\left(\frac{MANU_{i,t+1}}{MANU_{i,t}}\right) = \alpha + \beta\ln\ (MANU_{i,t})\ + \mu_{i,t} \tag{5-18}$$

其中，$\ln\left(\dfrac{MANU_{i,t+1}}{MANU_{i,t}}\right)$ 为 i 区域制造业现代化产业体系指数在 t 时期的增长量，β 为收敛系数，当制造业现代化产业体系指数存在绝对收敛时，则 $\beta<0$，此时收敛速度 $v=\dfrac{-\ln(1+\beta)}{T}$，收敛的半生命周期 $\tau=\dfrac{\ln(2)}{v}$；当制造业现代化产业体系指数存在发散趋势时，则 $\beta>0$。$\mu_{i,t}$ 为随机误差项。

条件 β 收敛是在绝对 β 收敛模型基础上加入控制变量，具体模型形式为：

$$\ln\left(\frac{MANU_{i,\ t+1}}{MANU_{i,\ t}}\right) = \alpha + \beta\ln(MANU_{i,\ t}) + \mu\ln \tag{5-19}$$

六、空间演化分析

（一）探索性空间数据分析法

探索性空间数据分析（ESDA）是一组空间数据分析技术和方法的集合，旨在描述事物的空间分布规律和地理数据的空间结构，以及揭示事物之间的空间相互作用机制（韩增林等，2021）。本节主要运用局域空间 Getis-Ord Gi * 指数分析我国制造业现代化产业体系的空间关联性。

局域关联 Getis-OrdGi * 指数主要用于探测局部空间某一地理观测值在距离 d 范围内与其他观测值之间的空间依赖程度，是一种可以用来识别局部空间内的高值簇和低值簇的经典空间分析方法（王亚楠等，2021）。通过聚焦于特定地理要素揭示地理现象的冷热点区域及其分布规律。因此，在地理信息科学和空间分析领域，这种方法是非常常用和重要的。计算公式为：

$$G_i^* = \frac{\left(\sum_i w_{ij(d)} \times x_i\right)}{\sum_j x_j} \tag{5-20}$$

其中，x_i、x_j 分别表示 i 区域和 j 区域体系评价值，w_{ij} 表示空间权重矩阵，如果空间位置 j 在 i 的距离 d 以内，则 $w_{ij} = 1$，否则 $w_{ij} = 0$。Getis-Ord Gi* 指数在标准化后得到统计 Z 值，Z 值越大，则为高值热点区；Z 值越小，则为低值冷点区；若 Z 值趋于 0，则表示该区域空间集聚特征不显著（马斌斌等，2020）。

（二）标准差椭圆分析法

标准差椭圆法（SDE）是一种用于探究地理要素空间分布方向性、离散度及集中趋势的空间分析方法（陈郁青，2019）。目前，标准差椭圆已被嵌入 Arcgis 空间统计分析模块，本书借助 Arcgis10.2 计算出标准差椭圆方位角 α、长轴（y）、短轴（x）和扁率（e）四个主要参数，其计算公式为：

$$\tan\alpha = \frac{\left(\sum_{i=1}^{n} x^2 - \sum_{i=1}^{n} y^2 \right) + \sqrt{\left(\sum_{i=1}^{n} x^2 - \sum_{i=1}^{n} y^2 \right)^2 + 4\left(\sum_{i=1}^{n} xy \right)^2}}{2 \sum_{i=1}^{n} xy} \tag{5-21}$$

$$SD_x = \sqrt{\frac{\sum_{i=1}^{n} (x\cos\alpha - y\sin\alpha)^2}{n}} \tag{5-22}$$

$$SD_y = \sqrt{\frac{\sum_{i=1}^{n} (x\sin\alpha - y\cos\alpha)^2}{n}} \tag{5-23}$$

$$e = \frac{SD_y}{SD_x} \tag{5-24}$$

其中，α 为标准差椭圆方位角，SD_x、SD_y 分别为标准差椭圆短轴和长轴标准差，e 为标准差椭圆的扁率，n 为研究区总数。

第三节　数字经济时代制造业现代化产业体系评价指标体系测度

一、基于熵权—TOPSIS 法的综合测算

根据式（5-1）~式（5-4）对中国 30 个省份制造业现代化产业体系指数进

行测算，并参照李金铠等（2020）八大经济区的划分标准测度，结果如表5-2所示。可以发现，各区域制造业现代化产业体系指数呈现"东高西低""沿海优于内陆"的空间分布态势。在整体层面上，中国制造业现代化产业体系指数呈现逐年递增的趋势，从2008年的0.247上升到2019年的0.288，年均增长率为1.4%，这表明我国制造业现代化产业体系水平趋势向好。

表5-2　2008~2019年中国制造业现代化产业体系指数测算结果

地区	2008年	2009年	2010年	2011年	2012年	2013年	2014年	2015年	2016年	2017年	2018年	2019年
辽宁	0.231	0.252	0.254	0.255	0.246	0.256	0.244	0.244	0.244	0.254	0.256	0.253
吉林	0.200	0.236	0.226	0.218	0.234	0.237	0.228	0.210	0.218	0.211	0.198	0.209
黑龙江	0.212	0.235	0.234	0.233	0.214	0.235	0.235	0.227	0.225	0.201	0.185	0.198
东北地区	0.214	0.241	0.238	0.235	0.231	0.242	0.236	0.227	0.229	0.222	0.213	0.220
北京	0.497	0.499	0.500	0.512	0.505	0.526	0.521	0.541	0.522	0.514	0.514	0.526
天津	0.318	0.309	0.316	0.314	0.306	0.310	0.306	0.316	0.313	0.281	0.301	0.316
河北	0.194	0.212	0.212	0.216	0.219	0.228	0.241	0.240	0.227	0.245	0.230	0.240
山东	0.314	0.355	0.354	0.367	0.362	0.367	0.373	0.369	0.362	0.375	0.353	0.334
北部沿海	0.331	0.344	0.345	0.352	0.348	0.358	0.360	0.367	0.356	0.354	0.349	0.354
上海	0.446	0.445	0.462	0.458	0.459	0.462	0.467	0.476	0.478	0.479	0.479	0.483
江苏	0.468	0.470	0.494	0.513	0.497	0.494	0.478	0.484	0.480	0.481	0.475	0.480
浙江	0.323	0.347	0.351	0.34	0.344	0.349	0.356	0.360	0.360	0.376	0.373	0.388
东部沿海	0.412	0.421	0.436	0.437	0.433	0.435	0.433	0.440	0.439	0.445	0.442	0.450
福建	0.277	0.279	0.301	0.294	0.299	0.289	0.286	0.290	0.285	0.281	0.291	0.294
广东	0.500	0.532	0.544	0.540	0.528	0.527	0.514	0.525	0.529	0.564	0.596	0.617
海南	0.305	0.330	0.295	0.295	0.321	0.308	0.309	0.326	0.333	0.313	0.342	0.302
南部沿海	0.361	0.380	0.380	0.376	0.383	0.375	0.370	0.380	0.382	0.386	0.410	0.405
山西	0.158	0.193	0.186	0.188	0.183	0.194	0.194	0.196	0.184	0.234	0.226	0.212
内蒙古	0.156	0.203	0.212	0.214	0.204	0.229	0.212	0.215	0.200	0.223	0.224	0.195
河南	0.226	0.247	0.256	0.260	0.260	0.286	0.298	0.297	0.294	0.297	0.299	0.282
陕西	0.225	0.233	0.279	0.271	0.273	0.279	0.277	0.289	0.280	0.273	0.265	0.274
黄河中游	0.191	0.219	0.233	0.233	0.230	0.247	0.245	0.249	0.239	0.257	0.254	0.241
安徽	0.193	0.209	0.220	0.233	0.240	0.251	0.251	0.262	0.268	0.286	0.290	0.296
江西	0.184	0.204	0.221	0.223	0.221	0.220	0.229	0.224	0.225	0.228	0.243	0.251
湖北	0.228	0.253	0.262	0.248	0.255	0.273	0.278	0.279	0.288	0.288	0.290	0.293

地区	2008 年	2009 年	2010 年	2011 年	2012 年	2013 年	2014 年	2015 年	2016 年	2017 年	2018 年	2019 年
湖南	0.203	0.238	0.241	0.234	0.251	0.264	0.264	0.268	0.267	0.273	0.262	0.274
长江中游	0.202	0.226	0.236	0.234	0.242	0.252	0.255	0.258	0.262	0.269	0.271	0.278
广西	0.170	0.190	0.199	0.199	0.204	0.214	0.214	0.214	0.218	0.207	0.208	0.210
重庆	0.205	0.211	0.224	0.228	0.249	0.275	0.281	0.286	0.276	0.287	0.275	0.282
四川	0.228	0.225	0.214	0.239	0.239	0.253	0.260	0.265	0.264	0.281	0.278	0.298
贵州	0.165	0.195	0.192	0.196	0.198	0.199	0.214	0.214	0.216	0.220	0.214	0.220
云南	0.178	0.162	0.180	0.182	0.178	0.188	0.184	0.199	0.182	0.186	0.179	0.200
西南地区	0.189	0.197	0.202	0.209	0.213	0.226	0.231	0.236	0.231	0.236	0.231	0.242
甘肃	0.143	0.170	0.169	0.156	0.176	0.158	0.169	0.149	0.167	0.186	0.181	0.193
青海	0.156	0.166	0.140	0.161	0.133	0.128	0.126	0.172	0.171	0.131	0.140	0.166
宁夏	0.152	0.158	0.151	0.142	0.151	0.166	0.181	0.166	0.181	0.164	0.172	0.174
新疆	0.156	0.194	0.181	0.161	0.158	0.159	0.180	0.181	0.162	0.157	0.184	0.179
西北地区	0.152	0.172	0.160	0.155	0.155	0.152	0.164	0.167	0.171	0.159	0.169	0.178
全国	0.247	0.265	0.269	0.270	0.270	0.277	0.279	0.283	0.281	0.283	0.284	0.288

资料来源：笔者整理。

从各经济区制造业现代化产业体系变化趋势来看（见图 5-1），东部、南部和北部沿海地区均值均位于全国平均水平之上，黄河中游、长江中游、东北地区、西南地区和西北地区均值均位于全国平均水平以下。从变动幅度来看，各经济区制造业现代化产业体系指数均值波动幅度不大，大体呈现缓慢上升态势。其中，长江中游、西南、黄河中游地区制造业现代化产业体系提升幅度较大，东北地区年均增长率最低。东部沿海地区的制造业现代化产业体系的指数均值在 0.4 以上，始终处于全国最高水平，西北地区制造业现代化产业体系指数始终低于 0.2，处于全国最低水平，但总体呈上升趋势。产生这种差异的原因可能在于各地区经济基础和资源禀赋的差异，东部沿海地区第二产业占据主导地位，是改革开放以来率先致富的地区，其经济发展、政治文化、社会生态等方面都显著优于其他地区，是最具影响力的多功能的制造业中心；南部沿海与北部沿海地区同样是改革开放后的先富地区，作为最具实力的高新技术研发和制造中心，其制造业现代化产业体系水平也高于全国平均水平；其他中西部地区多处内陆，与东部地区相比经济发展差距较大，尽管实施了东北老工业基地全面振兴、中部崛起、西部大开发等战略，但中西部地区制造业现代化产业体系水平仍不高，明显低于东部地区。在国家相继提出供给侧结构性改革和高质量发展等战略背景下，东北地区作为以重型装备和设备为主导的传统制造业基地，受制于产业结构转型升级的压力，其制造业现代化产业体系建设水平呈现下降趋势。

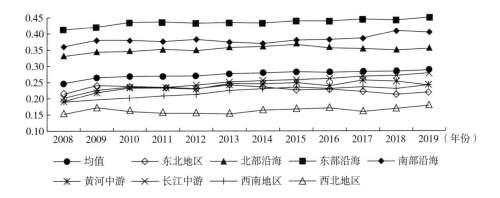

图 5-1　2008～2019 年全国及八大经济区制造业现代化产业体系变动趋势

资料来源：唐晓华，李静雯. 中国制造业现代产业体系的测度及时空演变特征研究〔J〕. 西南民族大学学报（人文社会科学版），2022，43（11）：109-120.

从各省份制造业现代化产业体系情况来看，除天津、黑龙江和海南外，其余地区制造业现代化产业体系年均增长率均为正，说明整体趋势向好。从年均增长率排名来看，排名前五位的地区分别为安徽、重庆、江西、湖南、甘肃，排名后五位的地区分别为吉林、江苏、天津、海南、黑龙江。综合来看，我国均值排名处于中上游位置地区的年均增长率相对较低，排名处于中下游位置地区的年均增长率相对较高，说明我国制造业现代化产业体系发展水平呈现落后地区逐渐追赶的态势，呈现差距逐渐缩小趋势。

二、基于 Dagum 基尼系数的区域差异性分析

（一）总体及区域内差异

图 5-2 展示了全国及八大经济区制造业现代化产业体系的基尼系数及其演变趋势。从全国范围来看，观测期内制造业现代化产业体系发展水平的总体差异呈现震荡下降趋势，基尼系数为 0.193～0.215，2019 年总体差异为 0.193，年均增长率为-0.96%。全国八大经济区域制造业现代化产业体系基尼系数值均小于全

国总体水平,这意味着区域间差异构成了总体内部差异的重要来源。具体来看,东部沿海、长江中游、东北地区、西南地区制造业现代化产业体系水平的基尼系数呈现波动下降趋势,年均下降率分别为0.99%、0.69%、4.54%、1.83%,区域内差异呈现缩小态势。北部沿海、南部沿海、黄河中游、西北地区制造业现代化产业体系水平的基尼系数呈波动上升趋势,区域内差异逐渐扩大,年均增长率分别为2.36%、0.66%、6.58%、4.87%。可以看出,黄河中游和西北地区内差异增速较高,而东北地区内差异缩小的速度较快,这意味着中国八大经济区域内制造业现代化产业体系呈现非均衡发展趋势。

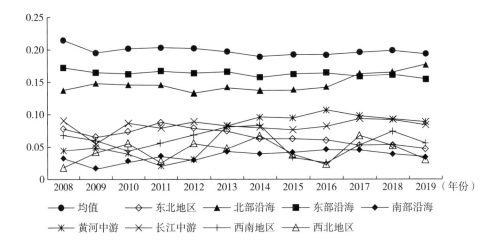

图5-2 全国及八大经济区基尼系数变动趋势

资料来源:唐晓华,李静雯.中国制造业现代产业体系的测度及时空演变特征研究[J].西南民族大学学报(人文社会科学版),2022,43(11):109-120.

从数值上来看,东部和北部沿海地区基尼系数远大于其他地区,说明东部沿海和北部沿海制造业现代化产业体系发展具有明显的不平衡性,其原因主要在于东部沿海的上海和北部沿海的北京经济发展水平较同一区域的其他地区偏高,邻近地区不仅尚未受核心城市北京、上海等地的影响,反而其资源要素纷纷向北京、上海集聚,产生"虹吸效应",使周边地区优质资源流失,地区现代化产业体系发展速度缓慢且与核心城市差距逐渐拉大。

(二)区域间差异

表5-3给出了各经济区的区域间差异。可以看出,八大经济区域制造业现代

化产业体系的区域间差异均值主要集中在0.064~0.456，各区域间差异明显，呈现不同程度的变动状况，但整体上高于区域内差异。具体来看，南部沿海—黄河中游基尼系数均值最小，为0.064，表明两地区制造业现代化产业体系发展的协同优势明显。东北地区—西北地区基尼系数均值最大，为0.456，西北地区与北部沿海、东部沿海区域间差异次之，东北地区与西南地区、长江中游、黄河中游及南部沿海的区域间差异同样明显，制造业现代化产业体系发展的协调性较弱。因此，稳步提升西北地区和东北地区的制造业现代化产业体系水平，是强化当前地区现代化产业体系协调性的重点。

表5-3　各经济区制造业现代化产业体系区域间差异

地区	2008年	2012年	2016年	2019年	均值	地区	2008年	2012年	2016年	2019年	均值
东北地区—北部沿海	0.142	0.139	0.142	0.184	0.153	东部沿海—黄河中游	0.252	0.213	0.221	0.205	0.210
东北地区—东部沿海	0.167	0.159	0.157	0.167	0.159	东部沿海—长江中游	0.282	0.225	0.227	0.206	0.225
东北地区—南部沿海	0.316	0.284	0.253	0.236	0.269	东部沿海—西南地区	0.281	0.248	0.222	0.237	0.248
东北地区—黄河中游	0.342	0.304	0.294	0.301	0.293	东部沿海—西北地区	0.371	0.385	0.353	0.331	0.367
东北地区—长江中游	0.366	0.307	0.310	0.303	0.309	南部沿海—黄河中游	0.048	0.038	0.097	0.093	0.064
东北地区—西南地区	0.371	0.340	0.315	0.344	0.340	南部沿海—长江中游	0.089	0.077	0.084	0.088	0.075
东北地区—西北地区	0.462	0.474	0.441	0.433	0.456	南部沿海—西南地区	0.078	0.074	0.074	0.118	0.088
北部沿海—东部沿海	0.167	0.162	0.162	0.190	0.170	南部沿海—西北地区	0.171	0.220	0.212	0.220	0.213
北部沿海—南部沿海	0.254	0.226	0.188	0.185	0.208	黄河中游—长江中游	0.089	0.079	0.105	0.090	0.084
北部沿海—黄河中游	0.282	0.246	0.232	0.252	0.233	黄河中游—西南地区	0.068	0.065	0.101	0.087	0.086

地区	2008 年	2012 年	2016 年	2019 年	均值	地区	2008 年	2012 年	2016 年	2019 年	均值
北部沿海—长江中游	0.307	0.249	0.246	0.254	0.249	黄河中游—西北地区	0.142	0.199	0.169	0.152	0.188
北部沿海—西南地区	0.312	0.284	0.251	0.295	0.281	长江中游—西南地区	0.091	0.091	0.066	0.087	0.082
北部沿海—西北地区	0.408	0.425	0.384	0.389	0.403	长江中游—西北地区	0.115	0.196	0.152	0.150	0.171
东部沿海—南部沿海	0.232	0.199	0.181	0.150	0.190	西南地区—西北地区	0.110	0.161	0.147	0.106	0.138

资料来源：根据 Dagum 基尼系数计算结果整理得到。

根据各区域间差异的变化趋势可以发现，东北与北部沿海、东部沿海，北部沿海与东部沿海，南部沿海与黄河中游、西南地区、西北地区，黄河中游与长江中游、西南地区、西北地区，长江中游与西北地区随时间推移区域间差异逐渐呈扩大趋势，其余地区区域间差异呈现不同程度的缩小趋势。涨幅位列前三的依次是南部沿海与黄河中游、南部沿海与西南地区、长江中游与西北地区，年均增长率分别为 6.07%、3.78%、2.42%；降幅排名前三的依次是东部沿海与南部沿海、北部沿海与南部沿海、东部沿海与长江中游，年均下降比率分别为 3.91%、2.87%、2.81%。因此，我国制造业现代化产业体系水平整体区域间差异呈现扩大趋势，高水平经济区与低水平经济区差异较为明显。

（三）区域差异来源及贡献

差异来源及贡献度的变化反映了制造业现代化产业体系差异产生机制的变化。从图 5-3 可以看出，我国制造业现代化产业体系的区域间差异贡献率始终高于区域内差异和超变密度贡献率，说明区域间差异是总体差异的主要来源，区域内差异是总体差异的第二来源，超变密度贡献率最低。从具体演变趋势来看，超变密度贡献率年均上升 1.26%，说明虽然某个经济区制造业现代化产业体系水平较高，但对于其内部某个水平较低的省份，其发展水平可能低于制造业现代化产业体系发展水平低的某个经济区内水平较高的省份，且这种交叉重叠现象有所增强，显示出全国制造业现代化产业体系发展水平较高的省份布局较为分散，呈现一定的多极化状态；区域内差异的贡献率变化幅度较小，始终保持在 5% 左右，说明经济区内部制造业现代化产业体系水平整体较为平稳。

图 5-3　2008~2019 年中国制造业现代化产业体系差异来源贡献率演变趋势
资料来源：根据 Dagum 基尼系数计算结果整理得到。

三、基于核密度和马尔科夫链的空间动态演进分析

（一）核密度估计

为了进一步了解不同地区制造业现代化产业体系的绝对差异和空间动态演进特征，使用 Kernel 密度估计分析全国及八大经济区域制造业现代化产业体系的动态演进状况，通过不同时期的比较，有效把握区域制造业现代化产业体系水平分布的动态特征。

第一，从分布位置来看。全国、东部沿海、南部沿海、黄河中游、长江中游、西南地区、西北地区总体分布的核密度曲线中心都向右移动，表明全国及以上六个经济区域制造业现代化产业体系发展水平在逐渐提高。其中，南部沿海和长江中游地区核密度曲线中心右移的程度较为明显，表明其制造业现代化产业体系发展水平呈明显上升趋势。东北地区分布曲线的中心呈现"右移—左移"的变化过程，表明东北地区制造业现代化产业体系水平呈现先提升后降低的发展态势。北部沿海地区分布曲线的中心呈现"右移—左移—右移"的变化过程，总体趋势为右移，表明其现代化产业体系发展水平有所上升。核密度曲线分布中心的变化特征与全国及各经济区制造业现代化产业体系发展水平的特征事实描述基本一致。

第二，从分布形态来看。从总体上看，全国、东北地区、东部沿海、南部沿

海、长江中游、西南地区内部制造业现代化产业体系绝对差异呈缩小趋势，北部沿海、黄河中游、西北地区内部制造业现代化产业体系绝对差异呈扩大趋势。具体而言，全国主峰高度逐渐上升，宽度呈小幅度收窄，表明各地区制造业现代化产业体系发展水平的绝对差异在逐渐缩小；东北地区主峰高度呈现"上升—下降—上升"的变化过程，宽度不变，表明内部绝对差异逐渐缩小；北部沿海地区主峰高度逐渐上升，宽度扩大，表明内部绝对差异逐渐扩大；东部沿海地区主峰高度逐渐上升，宽度收窄，表明内部绝对差异逐渐缩小；南部沿海地区主峰高度逐渐上升，宽度收窄，表明内部绝对差异逐渐缩小；黄河中游地区主峰高度呈现"下降—上升—下降"的变化过程，宽度扩大，表明内部绝对差异逐渐扩大；长江中游主峰高度逐渐上升，宽度不变，表明内部绝对差异逐渐缩小；西南地区主峰高度逐渐上升，宽度不变，表明内部绝对差异逐渐缩小；西北地区主峰高度逐渐下降，宽度不变，表明内部绝对差异逐渐扩大。

第三，从分布延展性和极化现象来看。全国及八大经济区域分布曲线均呈现右拖尾现象，但延展性不同。具体而言，全国、南部沿海、黄河中游、长江中游、西北地区呈现延展扩宽趋势，表明这些地区内部省份间制造业现代化产业体系水平高的省份与落后省份间的差距持续拉大；北部沿海地区呈现延展收敛趋势，表明该地区内省份间制造业现代化产业体系水平差距在逐渐缩小；东北地区、东部沿海、西南地区右拖尾无较大变化，表明地区内高水平和低水平地区差距变化不明显。全国及八大经济区域分布曲线基本由单峰和双峰构成，说明中国制造业现代化产业体系发展存在一定的两极分化现象。具体而言，东北地区、东部沿海、黄河中游、长江中游、西南地区、西北地区一直是单峰分布，表明这些地区的制造业现代化产业体系发展还未出现极化现象；北部沿海和南部沿海地区由单峰向双峰演变，表明这两个地区逐渐呈现两极分化趋势；相比而言，北部沿海地区主峰和侧峰之间的距离较小，内部差异较小，南部沿海地区主峰和侧峰间距离逐渐拉大，表明该地区制造业现代化产业体系发展呈现显著的两极分化态势。

（二）马尔科夫链估计

为了进一步考察中国制造业现代化产业体系的内部动态演进规律，沿用Quah（1996）的传统的Markov链分析框架分析中国制造业现代化产业体系的转移概率分布。将样本观测期内30个省份的制造业现代化产业体系发展水平划分为四种类型。其中，当制造业现代化产业体系指数在（0，0.12］时，为低水平省份，设定为类型Ⅰ；当制造业现代化产业体系指数在（0.12，0.16]时，为中低水平省份，设定为类型Ⅱ；当制造业现代化产业体系指数在（0.16，0.23]时，为中高水平省份，设定为类型Ⅲ；当制造业现代化产业体系指数在（0.23，+）时，为高水平省份，设定为类型Ⅳ。据此，利用 Markov 链得到中国制造业现代化产业体系发展状态转移的概率矩阵，如表5-4所示。

表5-4　2008~2019 年中国制造业现代化产业体系 Markov 链转移概率矩阵

$t/t+1$	Ⅰ	Ⅱ	Ⅲ	Ⅳ
Ⅰ	0.9622	0.0132	0.0129	0.0058
Ⅱ	0.0046	0.9784	0.0053	0.0094
Ⅲ	0.0052	0.0116	0.9738	0.0058
Ⅳ	0.0064	0.0177	0.0133	0.9580

资料来源：笔者根据相关统计数据计算得到。

表5-4 给出了 2008~2019 年中国制造业现代化产业体系 Markov 链转移的极大似然估计结果。其中，对角线上的数据元素表示制造业现代化产业体系的发展类型从 t 期到 $t+1$ 期没有发生变化的概率，可以反映出制造业现代化产业体系发展演变的稳定性；非对角线上的数据元素表示制造业现代化产业体系的发展类型从 t 期到 $t+1$ 期发生变化的概率，可以反映出制造业现代化产业体系发展演变的流动性。具体而言，表5-4 中第 2 行的数据说明，在当年末，96.22%省份的制造业现代化产业体系发展水平保持不变，1.32%、1.29%、0.58%省份的制造业现代化产业体系发展水平分别上升了一位、二位和三位；第 3 行的数据说明，在当年末，97.84%省份的制造业现代化产业体系发展水平保持不变，有 0.46%省份的制造业现代化产业体系发展水平下降了一位，0.53%、0.94%省份的制造业现代化产业体系发展水平分别上升了一位和二位；第 4 行的数据说明，在当年末，97.38%省份的制造业现代化产业体系发展水平保持不变，0.52%和1.16%省份的制造业现代化产业体系发展水平分别下降了一位和二位，有 0.58%省份的制造业现代化产业体系发展水平分别上升了一位；第 5 行的数据说明，在当年末，95.8%省份的制造业现代化产业体系发展水平保持不变，0.64%、1.77%、1.33%省份的制造业现代化产业体系发展水平分别下降了一位、二位和三位。

四、时空 σ 收敛和 β 收敛分析

(一) σ 收敛模型分析

由图 5-4 可知,全国层面的 σ 收敛曲线整体呈现下降趋势,变异系数由 2008 年的 0.420 下降到 2019 年的 0.377,表明从全国层面来看,制造业现代化产业体系存在 σ 收敛,即制造业现代化产业体系发展差异有逐渐缩小的趋势。从三大区域来看,东部地区变异系数出现"轻微下降—逐步上扬"的变化;中部地区变异系数整体呈现上升趋势,上升幅度为 40.19%;西部地区变异系数出现"明显上升—回落—上升后回落"的变化。总体来看,全国整体制造业现代化产业体系表现为 σ 收敛,东、中、西部地区并未表现出明显的 σ 收敛现象,区域差距有所扩大。

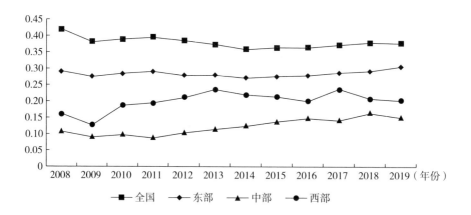

图 5-4 2008~2019 年全国及东、中、西部地区制造业现代化产业体系的 σ 收敛

资料来源:唐晓华,李静雯.中国制造业现代产业体系的测度及时空演变特征研究 [J].西南民族大学学报 (人文社会科学版),2022,43 (11):109-120.

(二) β 收敛模型分析

1. 绝对空间 β 收敛结果分析

从表 5-5 和表 5-6 可以看出,空间自回归系数 ρ 和空间滞后系数 λ 基本通过了显著性检验,表明全国及东、中、西部地区制造业现代化产业体系发展具有显著的空间相关性。具体考察制造业现代化产业体系的绝对空间 β 收敛性,表 5-6 为绝对收敛估计结果。可以看出,无论是 SAR 模型还是 SEM 模型,全国及东、

中、西部地区 β 估计系数均在 1% 的水平上显著为负，表明全国及三大地区制造业现代化产业体系存在绝对 β 收敛趋势，制造业现代化产业体系发展水平较差的地区正以较快的速度追赶，各地区最终将收敛于某一稳态水平。从收敛速度（v）和半生命周期（τ）来看，SEM 模型检验结果显示，全国及东、中、西部地区分别以 0.065、0.076、0.037、0.108 的速度收敛，半生命周期分别为 10.65 年、9.13 年、18.77 年、6.41 年。西部地区收敛速度最快，周期最短，中部地区收敛最慢，周期最长。然而，鉴于绝对收敛模型没有考虑区域经济发展的异质性，其得出的结论可靠性不高。因此，本书将进一步分析制造业现代化产业体系的条件空间 β 收敛机制的检验结果。

表 5-5　制造业现代化产业体系指数绝对空间 β 收敛结果

模型	SAR 模型				SEM 模型			
	全国	东部	中部	西部	全国	东部	中部	西部
β	-0.493*** (0.041)	-0.587*** (0.074)	-0.333*** (0.062)	-0.718*** (0.082)	-0.542*** (0.044)	-0.598*** (0.085)	-0.358*** (0.102)	-0.727*** (0.082)
ρ	0.116* (0.070)	-0.085 (0.096)	0.225** (0.107)	-0.320* (0.179)				
λ					0.257*** (0.077)	-0.195* (0.116)	0.155* (0.081)	-0.329* (0.195)
R^2	0.328	0.341	0.337	0.391	0.338	0.339	0.316	0.367
$\log L$	508.400	246.394	143.940	165.513	512.241	250.896	142.601	165.493

注：***、** 和 * 分别表示在 1%、5% 和 10% 水平上显著；括号中的数值为聚类稳健标准误。

资料来源：唐晓华，李静雯．中国制造业现代产业体系的测度及时空演变特征研究［J］．西南民族大学学报（人文社会科学版），2022，43（11）：109-120．

表 5-6　制造业现代化产业体系指数条件空间 β 收敛结果

模型	SAR 模型				SEM 模型			
	全国	东部	中部	西部	全国	东部	中部	西部
β	-0.608*** (0.082)	-0.552*** (0.137)	-0.352*** (0.103)	-0.791*** (0.091)	-0.626*** (0.083)	-0.332* (0.193)	-0.464*** (0.154)	-0.823*** (0.087)
ρ	0.101** (0.048)	-0.187** (0.077)	0.143** (0.068)	-0.300* (0.176)				

续表

模型	SAR 模型				SEM 模型			
	全国	东部	中部	西部	全国	东部	中部	西部
λ					0.157*** (0.047)	-0.219** (0.099)	-0.006 (0.096)	-0.410** (0.199)
lnhum	0.317** (0.139)	0.008 (0.274)	-0.098 (0.078)	0.351 (0.293)	0.314** (0.147)	-0.104 (0.138)	0.185 (0.317)	0.343 (0.322)
lnmar	0.117** (0.052)	0.067 (0.074)	0.197*** (0.071)	0.108 (0.102)	0.109* (0.056)	0.119*** (0.045)	0.214*** (0.036)	0.135* (0.078)
lnpop	0.025 (0.121)	0.061 (0.113)	0.006 (0.014)	0.007 (0.289)	0.036 (0.134)	0.053 (0.036)	0.360 (0.525)	-0.048 (0.322)
lngov	-0.110** (0.053)	-0.015 (0.043)	-0.182*** (0.063)	-0.130 (0.082)	-0.111** (0.054)	-0.086*** (0.028)	-0.302*** (0.102)	-0.148* (0.085)
R^2	0.399	0.340	0.431	0.451	0.400	0.332	0.439	0.446
log$L$	524.335	251.985	146.804	169.048	524.920	218.072	150.665	169.891

注：***、** 和 * 分别表示在 1%、5% 和 10% 水平上显著；括号中的数值为聚类稳健标准误。

资料来源：唐晓华，李静雯. 中国制造业现代产业体系的测度及时空演变特征研究 [J]. 西南民族大学学报（人文社会科学版），2022，43（11）：109-120.

2. 条件空间 β 收敛结果分析

表 5-6 为制造业现代化产业体系条件 β 收敛估计结果。可以看出，全国及三大地区的条件空间 β 收敛估计系数均至少在 5% 的水平上显著为负，表明全国及三大地区制造业现代化产业体系均存在显著的条件 β 收敛趋势，即在考虑人力资本、制度环境、人口密度和政府干预等因素后，各区域的制造业现代化产业体系随着时间推移朝着各自的稳态水平发展。SAR 模型检验结果显示，全国及东、中、西部地区的收敛速度分别为 0.078、0.067、0.036、0.130，半生命周期分别为 8.88 年、10.36 年、19.17 年、5.31 年。与绝对 β 收敛速度相比，全国及中、西部地区考虑了控制变量影响的收敛速度均有不同程度的提升。

从全国角度看，人力资本、制度环境和政府干预三个控制变量均通过了显著性检验，说明人力资本和制度环境的提升对制造业现代化产业体系收敛具有正向作用，而政府干预对制造业现代化产业体系收敛具有负向影响。这是因为，就人力资本而言，制造业特别是先进制造业对人力资本要求较高，制造业现代化产业体系发展水平较高的发达地区人力资本水平偏高，人力资本的提升使发达地区拥有更高的边际产出，以促进各地区制造业现代化产业体系收敛；就制度环境而言，良好的营商制度环境是制造业向现代化产业体系发展的基础，能够有效地促进人口流动和商务往来，其制造业现代化产业体系建设也就越完善；就政府干预而言，政府财政资金多倾向于投资短期能获取较大利润的基础设施建设等领域，对制造业特别是传统制造业关注度较低，导致传统制造业因财政资金匮乏而发展较慢，不利于制造业现代化产业体系发展，在一定程度上抑制了各地区制造业现代化产业体系指数的收敛。具体而言，各地区因经济社会发展的异质性，制造业现代化产业体系发展的收敛情况和驱动因素各不相同，在制定产业发展政策和规划时应区别对待。

五、整体空间格局演化

（一）全局趋势面分析

利用 ArcGIS 10.2 软件平台的趋势分析法（Trend Analysis），根据 2010 年、2015 年和 2019 年制造业现代化产业体系水平测度值绘制三维空间透视图（见图 5-5），用于揭示中国制造业现代化产业体系空间整体格局和演化趋势。

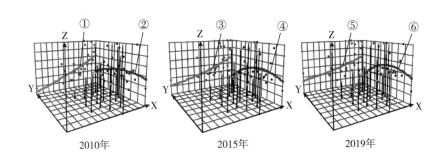

图 5-5　制造业现代化产业体系全局趋势面分析

资料来源：根据 ArcGIS10.2 软件绘制得到。

从制造业现代化产业体系演变总体趋势来看，2008~2019 年中国制造业现代化产业体系整体呈现"东强西弱、南高北低"的空间分布格局，东西方向上呈现由东至西随地理距离增加而逐级递减的层级特征；南北方向上呈现曲率较小的倒"U"型分布特征。

具体而言，图5-5中曲线①②③上扬，表明2008~2019年制造业现代化产业体系指数在东西方向（X轴）上呈现由东部地区至西部地区递减的级差化特征，即东部地区制造业现代化产业体系水平整体高于西部地区。与2010年相比，2015年曲线③的斜率变小，意味着东、西部地区之间的差距有所减小，区域间制造业现代化产业体系的差异性得到一定程度的缩小。曲线②④⑥由2010年的水平状演变为2015年的倒"U"型，且南端高于北端，表明南方地区制造业现代化产业体系指数大于北方地区，且随着时间推移，这种空间格局越发明显。与2010年相比，2019年的曲线⑤和⑥位置均有一定程度的升高，说明中国制造业现代化产业体系水平整体有所提升。

（二）空间集聚性演化

结合冷热点进一步分析制造业现代化产业体系的空间关联性。通过ArcGIS热点分析模块计算2009年、2012年和2019年中国制造业现代化产业体系空间局域关联Getis-Ord Gi*指数，并根据自然断裂法将Getis-Ord Gi*指数的Z统计值（Z Score）的大小划分为热点区、次热点区、次冷点区和冷点区，得到制造业现代化产业体系冷热点区分布演化（见表5-7）。

表5-7　制造业现代化产业体系冷热点区分布演化

年份	2009	2012	2019
冷点区	内蒙古、甘肃、青海、宁夏、山西、陕西	内蒙古、甘肃、青海、宁夏、新疆、山西、陕西、黑龙江	内蒙古、甘肃、青海、宁夏、吉林、黑龙江
次冷点区	黑龙江、吉林、辽宁、新疆、河南、湖北、重庆、贵州、云南	吉林、辽宁、河南、湖北、重庆、贵州、云南	辽宁、新疆、陕西、山西、云南、贵州
次热点区	北京、天津、河北、山东、四川、湖南、广东、广西	北京、天津、河北、山东、四川、湖南、广东、广西	北京、天津、河北、山东、四川、河南、湖北、重庆、湖南、广西
热点区	江苏、上海、安徽、浙江、江西、福建	江苏、上海、安徽、浙江、江西、福建	江苏、上海、安徽、浙江、江西、福建、广东

资料来源：笔者根据ArcGIS10.2软件整理得到。

由表5-7可知，以长三角为核心的东部沿海地区是我国制造业现代化产业体系发展的热点区，次热点区空间分布主要有两个地带：环渤海地区和南部边境地区；次冷点空间分布较为分散，掺插在次热点、冷点之间，新疆、山西、湖北、贵州、重庆是相对稳定的次冷点区；冷点呈带状分布，区位指向西北和东北地区。具体而言，上海、江苏、浙江、福建、安徽、江西6个省份一直处在热点区，2019年广东加入热点区，热点区扩大到7个省份，占比23.3%。2019年广东退出次热点区，次热点区域缩小到10个，占比36.7%，空间分布整体趋于稳定。2008~2019年，辽宁、云南、贵州是相对稳定的次冷点区，内蒙古、甘肃、青海、宁夏4个省份一直位于冷点区，陕西、山西从冷点区上升至次冷点区，黑龙江、吉林则从次冷点区降为冷点区，这可能是受到京津冀地区"虹吸效应"的影响，也可能与该地区落后的数字经济发展水平和东北老工业基地发展水平之间存在不对称发展有关。

总体来看，2009~2019年，制造业现代化产业体系的发展呈现"核心—边缘"式空间结构模式，以长三角地区为核心逐渐向周边地区减弱，并形成了明显的圈层结构特征。冷热点空间分布格局相对稳定。在制造业现代化产业体系的空间分布中，南北方向的热点区—次热点区—次冷点区及西部地区的热点区—次热点区—次冷点区—冷点区呈现出梯度分异和区域差序的格局。东部地区主要分布在热点和次热点区，中部地区以次热点和次冷点区为主，西部地区以冷点和次冷点区为主，而东北地区则以冷点区为主。

（三）空间方向性演化

运用标准差椭圆可进一步分析中国制造业现代化产业体系发展空间方向分布。根据标准差椭圆的计算方法，运用ArcGIS10.2软件进行相关数据处理，选择2009年、2011年、2013年、2015年、2017年、2019年六个时间节点的制造业现代化产业体系评价得分作为权重字段，分别得到各时间节点制造业现代化产业体系的标准差椭圆。

第一，标准差椭圆地理范围北抵辽东半岛、京津冀地区，南到两广地区，西达四川、云南，东至长三角地区，其界线范围覆盖了环渤海、京津冀、成渝双城经济圈、长三角及珠三角等经济最发达的地区，这些地区是中国制造业现代化产业体系发展的高值集聚区，也是未来中国制造业现代化产业体系发展的重要增长极。

第二，标准差椭圆方位角不断增大，表明中国省域制造业现代化产业体系发展空间方向表现出"东北—西南"的空间分布格局，并随时间的推移，标准差椭圆向西发生较大偏移。2019年标准差椭圆转角达到最大，中国省域制造业现代化产业体系发展"东—西方向性"空间分布格局得到空前的加强,说明西部地区近些年制造业现代化产业体系发展水平增速较快。

第三,从标准差椭圆扁率来看,2009~2019 年扁率不断变小,长短轴差距越来越小,表明中国省域制造业现代化产业体系空间方向性逐渐减弱。椭圆越发接近于圆形,制造业现代化产业体系水平空间差异呈缩小态势。

综上所述,标准差椭圆参数一系列变化表明,中国制造业现代化产业体系在"东北—西南"方向上呈现极化、集中趋势,在"西北—东南"方向上呈离散、扩张趋势,标准差椭圆整体呈逆时针旋转,扁率变小,空间方向性越发不明显。

第六章　数字经济时代中国制造业现代化产业体系构建的影响因素分析

第一节　数字经济时代制造业现代化产业体系的影响因素理论分析

经济合作与发展组织（OECD）、美国经济分析局（BEA）、中国通信研究院等提出的数字经济定义被广泛引用。结合各部门对数字经济的定义，本章从以下三个维度理解数字经济：第一个维度侧重于数字经济的技术层面，数字经济是以数字信息设备为支撑的数字技术应用，如5G、大数据、云计算、人工智能、物联网、区块链及量子信息技术等；第二个维度侧重于数字技术虚拟空间和应用场景的扩展，即围绕数字技术应用衍生出的商业模式和组织变革，以及许多大型企业趋向于开放化、分散化、扁平化的变化特征；第三个维度主要强调数字经济的扩散和融合作用，如智能制造、数字金融、数字贸易、数据价值链等。以上三个维度相辅相成，第一个维度是底层支撑，是第二、第三个维度发展实现的基础；第二个维度实质上是交易关系和企业组织在数字空间中的转变，也是第一个维度的应用和第三个维度价值实现的空间场景；第三个维度是前两个维度的深化和发展，是升级第一个维度和拓展第二个维度的抓手。

数字经济是以数字知识和数据为关键生产要素，以网络化、智能化的数字基础设施为支撑，通过数字技术的扩散与跃迁，促进数字技术与实体经济深度融合，从而实现经济体系效率提升与结构优化的新型经济形态。数字经济可以影响制造业现代化产业体系的构建进程，涉及制造业体系的数字化生产、数字化交易、数字化营销和数字化管理等方面的活动。首先，数字技术，如人工智能、大数据、物联网等的快速发展，为制造业产业体系的现代化升级提供了新的生产和运营方式，这些技术有助于提高产业体系的生产效率，优化产品质量；其次，数字化工具可以优化制造业现代化产业体系的供应链管理效率，提高透明度，使制造企业更加灵活地满足客户个性化需求，实现多样化、定制化生产；再次，数实融合通过集成先进的数字技术，如智能机器人应用、自动化生产线和智能监控系统，有助于优化产业形态的资源利用，减少能源消耗和废物排放，促进产业体系可持续发展；最后，数字化转型带来的透明度增加和边际成本降低加剧了市场竞争，迫使企业不断创新。政府数字经济政策、数据保护法规等也会对制造业产业体系产生影响。进一步，本章将从直接与间接两个视角对数字经济时代制造业现代化产业体系构建的影响因素进行理论分析。

一、直接影响因素的理论分析

数字经济是引领科技革命和产业变革的核心力量，可以优化与完善现代化产业体系。数字经济通过融合贯通现代化产业体系的各类要素，提升科技创新在实体经济发展中的贡献份额，强化现代金融服务实体经济的能力，释放优化人力资源支撑实体经济发展的效应。数字经济可以有效解决现代化产业体系构建过程中面临的产业发展新型化程度不高、产业竞争力短板突出、产业要素协同发展不畅、产业基础能力不足等瓶颈问题[1]。

现代化工业体系与制造业现代化产业体系的构建存在一定关联性。早期，许多国外学者从不同角度阐述了对工业体系的理解。有学者提出，任何一种商品的供应增加就是对其他商品需求的增加，从而扩大市场的规模，而生产组织的任何一个重要改进都会为该国工业体系的其他部分创造出本来不存在的进一步变化的机会[2]。也有研究表明，劳动分工和专业化是有用知识增长的必要机制，表现为企业只能沿着自己的专业方向进行创新，即有用知识的增长与工业体系内部的劳

---

① 胡西娟，师博，杨建飞. "十四五"时期以数字经济构建现代化产业体系的路径选择［J］. 经济体制改革，2021（4）：104-110.

② Young A A. Increasing Returns and Economic Progress［J］. The Economic Journal，1928，38（152）：527-542.

动分工和专业化呈互相促进关系①。与之相应地，有学者对于工业体系的作用持消极态度。Romer（1986）认为专业化打开新市场并引入新产品，工业中的所有生产者可以从引入这些新产品中获益，但它们并不是技术外溢，即知识增长与工业发展之间并无密切联系。透析中国发展的历程，人均 GDP 水平较高的地区生产效率普遍相对较高，工业体系也较为健全，很多学者将工业体系的完备性等同于现代化程度。然而，中国发展现代化产业体系实质上是要建立向工业化中后期推进所要求的更先进和发达的产业体系，工业体系的现代化升级不仅表现在工业结构和工业体系的总体特征的变化上，更深刻地发生在所有工业企业的战略抉择和战略走势上②。事实上，中国的工业体系处在一个加速发展的阶段，趋势与方向处在正常的区间，且存在显著的空间不平衡与时间差异。在通往工业革命的道路上也有一个比较漫长的阶段，显著的革命性突破成果正是由长时段的、一系列的并不显著的进步所组成，共同构成了中国长时段的工业化历程③。中国长期经济增长的主动力是在中国的大国基础结构之下，以工业体系为载体的有用知识体系和社会能力的累积性成长。如今，中国与领先国家的先进制造水平仍存在不小差距，说明中国工业体系的需求弹性依然存在，工业体系的技术进步和结构变化是长期持续可变的④。

推动数字经济与制造业产业体系深度融合，需要数字要素、数据技术、数字平台多轮驱动，表现在：数字经济与技术创新深度融合层面，把产业技术与数字技术创新融合起来，构建数字经济与实体经济深度融合的技术创新机制；数字经济与产业创新深度融合层面，实现创新链与产业链融合，构建数智赋能机制，实现数字产业化与产业数字化的融合发展；数字经济与企业组织创新深度融合层面，构建数字经济与实体经济深度融合的平台路径，提高企业业务流程数字化再造能力和智能化能力⑤。

数字经济可以显著增强制造业产业体系的内部衔接能力，通过打破地理空间限制和增强信息流动性，有效消除信息不对称现象，促进供需之间的精准匹配，

① Loasby B J. The Significance of Penrose's Theory for the Development of Economics ［J］. Contributions to Political Economy, 1999, 18（1）：31-45.

② 金碚. 中国工业的转型升级［J］. 中国工业经济，2011（7）：5-14+25.

③ 方书生. 近代中国工业体系的萌芽与演化［J］. 上海经济研究，2018（11）：114-128.

④ 路风. 中国经济为什么能够增长［J］. 中国社会科学，2022（1）：36-62+204-205.

⑤ 洪银兴，任保平. 数字经济与实体经济深度融合的内涵和途径［J］. 中国工业经济，2023（2）：5-16.

使产业体系运作更为流畅，对制造业现代化产业体系的构建产生深远影响。数字技术的快速发展，如云计算、大数据、物联网、人工智能、区块链等，为制造业提供强大的技术支撑，推动其数字化、智能化、自动化的进程。在数字化转型过程中，数据作为一种新型生产要素，在生产、消费、交换等环节扮演了不可或缺的角色。当数据以叠加的方式投入生产时，由于其边际成本趋于零，边际收益逐渐增加，这不仅提高生产效率，也扩展生产的可能性边界。数据的柔性化投入方式可以优化生产分工，减少生产环节阻力。信息的即时生成、处理、传递和应用使专业分工更加合理，优化资源配置，并改变资产及生产周期，从而影响制造业现代化产业体系的构建进程。数字经济与制造业的融合发展对高素质人才，尤其是具备数字技术和制造业知识背景的复合型人才的需求日益增加，促进制造业体系人才培养、引进和流动。此外，数字经济在拓展新的市场空间方面展现出其独特优势，可以带来更加细分和精准的市场定位及营销策略，满足个性化和定制化的实际需求。

数字经济也可以促进跨平台、行业和领域的数据整合与共享，扩展信息空间，丰富信息交互形式和知识编码方式，这些行为可以有效地推动产业体系的集成创新和溢出效应，增强产业前向和后向的关联影响，通过互动循环催生新型业态，成为制造业现代化产业体系构建的持续推动力。数字经济将显著影响区域经济的有规律扩张或收缩，以及制造业现代化产业体系的构建。当区域数字经济发展存在差异时，这将导致区域制造业现代化产业体系波动的差异，影响区域制造业现代化产业体系构建的协同性。政府通过出台一系列支持数字经济和制造业融合的政策措施，如加强产业链条管理、优化供应链和商业环境等，为数字经济驱动的制造业体系现代化升级提供了政策保障。

二、间接影响因素的理论分析

第一，数字经济所引发的产业结构变革，可以对制造业现代化产业体系的构建产生间接影响，通过推动制造业向高端化、服务化和智能化方向转型，促进产业链协同发展，推动企业运营管理的现代化升级。首先，数据信息既是数字经济的核心要素，也是经济活动中的关键要素，数字技术与经济社会交互融合带来海量数据，改变资源禀赋结构，重塑产业结构发展路径。数字经济也会加速传统制造业向高端化和服务化方向转型，尤其是在一些高技术领域。例如，在智能制造领域，企业不仅生产产品，还提供服务和解决方案等，这将促进企业向价值链上、下游两端延伸。数字技术的应用将明显提高制造业的生产效率和品质，并且能够让企业更加灵活地应对市场需求变化。随着数字技术的普及与成熟，制造业将逐步实现智能化升级，生产线将越来越自动化，产品将更加精细化和个性化。其次，数字技术可以促进企业间信息的共享和协作，打破传统制造业的壁垒，提高产业链的协同发展水平，数字经济的发展也将推动产业链中各个环节的升级，从而形成全新的产业生态系统。最后，数字经济的发展将推动企业运营管理的现代化，企业可以借助数字技术优化供应链管理、客户关系管理、人力资源管理等方面，提高管理效率和竞争力。

从区域空间视角来看，数字经济可以通过改变区域产业结构相似度等方式，影响制造业现代化产业体系构建。由于知识信息要素的高流动性和数字经济活动的互联互通，数字经济发展高水平地区存在扩散效应，知识信息等要素扩散至数字经济发展低水平地区，减小资源禀赋结构差异，增强区域制造业体系的产业结构相似度。因此，数字经济发展将影响产业结构相似度。当存在区域数字经济发展差异时，数字经济在高水平地区提高生产效率，形成更大的数字密度和数字化域名。如图6-1所示，国家统计局统计出的中国各地区之间数字经济域名数量存在明显的发展差异，特别表现在中西部地区与东部地区之间的"数字鸿沟"较大，东部地区远超于全国平均水平，而中部地区到2020年才接近全国平均水平。

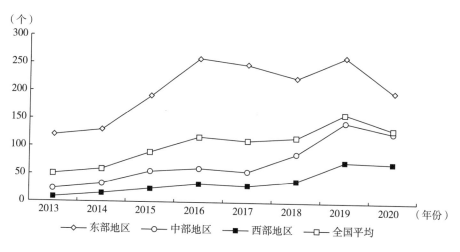

图6-1　2013~2020年中国各地区数字经济域名数量

数字经济带来的超额收益和集聚优势对数字经济低水平地区的知识信息等要素产生回流作用，进而拉大资源禀赋结构差距，降低区域产业结构相似度。数字技术以资金流、人力流编码为信息流，以互联网为载体突破空间地理限制，改变要素的物理形态及传输利用方式，提升要素流动性，外延知识技术溢出制造业现代化产业体系的原有边界。当区域数字经济发展差异一定时，较低的数字经济整体水平为要素流动性赋能较弱，对要素流动促进作用较小，区域间回流和扩散的速度较为缓慢，对产业结构相似度影响较小；当区域数字经济整体水平较高时，根据梅特卡夫法则，数字经济深化带来的收益将呈指数式增长，实现更多的数据接入和数字应用，使知识信息等要素传输、利用形式更加多元化，几何式增强要素流动性，大幅提升区域间回流和扩散的速度，可能使资源禀赋结构进一步分化，对产业结构相似度作用更为显著。因此，产业结构相似度不仅与制造业产业体系现代化程度相关，还与数字经济整体水平相关。一般而言，区域间产业结构相似度越高，当面对共同冲击或行业特定性冲击时，其行业的要素配置、组织形式及生产结构相似度越高，对冲击做出反应时，行业要素更替、组织变迁乃至结构重组等都将存在较高的重合度，整体冲击效应相似度更高，制造业现代化产业体系呈现同步性，进而增强区域制造业现代化产业体系协同性。

第二，数字经济驱动制造业对外贸易关联发生重大变化，影响制造业现代化产业体系的构建。首先，数字经济提高了制造业的生产效率和质量，数字技术的应用可以提高制造业的生产效率和质量，降低生产成本，从而使制造业产品更具有竞争力，这将有助于提高制造业对外贸易水平。其次，数字经济促进了贸易数字化和线上化。数字经济的发展使贸易数字化和在线化成为可能，制造业可以通过在线销售和数字贸易平台来拓展海外市场，从而提高对外贸易水平。再次，数字经济增强了制造业供应链管理效率，数字技术的应用可以优化制造业的供应链管理，提高供应链的效率和可靠性，有助于提高制造业对外贸易的水平。最后，数字经济增加制造企业市场发展机遇。数字经济的发展使全球市场更加互联和透明，制造业可以更好地了解全球市场需求和趋势，发掘新的市场机会，从而提高对外贸易水平。

从区域发展差异视角来看，当区域数字经济水平差异较大时，数字经济低水平地区运输成本较高、市场信息透明度较低、数字贸易模式较单一、数字交易流程较复杂，抬高了数字经济高水平地区与其交易的贸易成本，减弱区域间贸易激励，降低贸易关联度。因此，数字经济不平衡加剧将降低贸易关联度。当区域数字经济水平差异较小时，数字经济整体水平达到一定程度可能触发梅特卡夫法则，数字经济高水平区域将享受更多由梅特卡夫法则带来的红利，促使贸易数字化出现爆发式增长，提高制造业现代化产业体系的建构效率；而数字经济低水平地区分享较少红利，贸易数字化增长较为缓慢，进一步提高数字经济制造业现代化产业体系构建的贸易成本，降低贸易关联度。但是，随着数字化的不断推进，数字经济扩散效应越发明显，这一效应将增强贸易数字技术的溢出强度和范围，促进数字经济发展低水平地区学习模仿，提高整体贸易数字化水平，增加智能分拣装配，改善物流运输效率，削减产品运输成本，增进企业交流频率，降低贸易信息壁垒，突破现实地理空间，扩大市场边界，从而降低区域间贸易成本，形成区域间贸易的正向激励，提升贸易关联度。因此，贸易关联度对制造业现代化产业体系构建的影响，与数字经济发展不平衡性存在相关性。

第二节　模型设定、数据选取与研究方法

一、贝叶斯模型平均（BMA）法

因为模型不确定性的普遍存在，所以如何明确地展示多种备选模型以及如何在多种备选模型下得出稳健的估计结果便成为经济学量化研究的重要任务之一，本章对于影响因素的研究也涉及相似问题。面对这一情况，较好的策略是，先估计所有的候选模型，再计算所有解释变量的系数估计的加权平均数（模型平均法），基于整个候选模型空间进行推断。BMA 法正是基于这一策略进行估计，用以解决模型不确定性问题，目前在经济学实证分析中应用较广泛。BMA 法相对于传统计量模型，有以下三个优点：一是因为数据不可能仅由模型空间中某一模型生成，所以 BMA 法通过构造较大的模型空间，提升数据生成的还原度，提升估计的稳健性和可靠性；二是 BMA 法通过构建许多潜在模型，避免遗漏变量，提升数据信息利用率，一定程度上解决变量选择的问题；三是通过得到估计系数的概率分布并根据概率分布加权平均得出估计系数，一定程度上避免估计的偏误。目前，在经济学领域，因为贝叶斯模型主要集中应用于线性回归不确定性问

题研究，所以本书 BMA 的设定仍是基于线性回归。令 X 表示解释变量矩阵，依据 BMA 理论建立的回归模型为：

$$y = \alpha_i + X_i\beta_i + \varepsilon \qquad \varepsilon \sim N(0,\ \sigma^2 I) \tag{6-1}$$

其中，X_i 为 X 的任一子集，β_i 为 X_i 的系数矩阵，$\varepsilon \sim N(0,\ \sigma^2 I)$。假设共有 K 个解释变量，则模型空间共包括 2^k 个子回归模型，$i \in [1,\ 2^k]$。令 M_i 表示第 i 个子回归模型，BMA 法欲通过对模型 M_i 及其系数 β_i 赋予先验概率，然后计算 M_i 的后验概率，最后以其为权重得出所有解释变量系数的后验概率、后验均值和后验标准差等。具体步骤为：依据贝叶斯理论计算 M_i 的后验概率，如式（6-2）所示，其中，$p(M_i)$ 为事先设定的模型先验概率。由于 $p(y \mid X)$ 对所有子模型都相同，因而 $p(M_i \mid y,\ X) \propto p(M_i \mid y,\ X)p(M_i)$。$\beta_i$ 的后验概率如式（6-3）所示，其中 $p(y \mid \beta_i,\ M_i,\ X)$ 为 M_i 的似然函数，$p(\beta_i \mid M_i)$ 为 β_i 的先验概率，$p(y \mid M_i,\ X) = \int p(y \mid \beta_i,\ M_i,\ X)p(\beta_i \mid M_i,\ X)\mathrm{d}\beta_i$ 为 M_i 的边际似然值。采用 Zellner's g-prior 方法设定 $p(\beta_i \mid M_i)$：假设式（6-5）中的 α_i 和 σ 为无信息先验，即 $p(\alpha_i) \propto 1$，$p(\sigma) \propto \sigma^{-1}$，$\beta_i \mid g \sim N[0,\ \sigma^2(X_i^T X_i / g)^{-1}]$。参数 g 的先验概率也需事先设定，可反映出对解释变量系数为 0 的确定程度，g 越小，说明越确定系数为 0，g 趋近于无穷，说明 M_i 采用最小二乘法进行估计。通过对 g 的设定，$p(y \mid M_i,\ X)$ 可用式（6-4）表示，其中 K_i 为 M_i 考察的解释变量个数。由此可计算出 M_i 的后验概率 $p(M_i \mid y,\ X)$，所有解释变量系数的后验概率则如式（6-5）所示。

$$p(M_i \mid y,\ X) = \frac{p(y \mid M_i,\ X)p(M_i)}{p(y \mid X)} = \frac{p(y \mid M_i,\ X)p(M_i)}{\sum_{s=1}^{2^x} p(y \mid M_s,\ X)p(M_s)} \tag{6-2}$$

$$p(\beta_i \mid M_i,\ y,\ X) = \frac{p(y \mid \beta_i,\ M_i,\ X)p(\beta_i \mid M_i)}{p(y \mid M_i,\ X)} \tag{6-3}$$

$$p(y \mid M_i,\ X,\ g) \propto (y - \bar{y})^T(y - \bar{y})^{-\frac{N-1}{2}}(1+g)^{-\frac{k_i}{2}}\left(1 - \frac{g}{1+g}\right)^{-\frac{N-1}{2}} \tag{6-4}$$

$$p(\beta \mid y,\ X) = \sum_{i=1}^{2^k} p(\beta_i \mid M_i,\ y,\ X)p(M_i \mid y,\ X) \tag{6-5}$$

β_i 及所有解释变量系数的后验均值分别如式（6-6）、式（6-7）所示，其中 $\hat{\beta}_i$ 为 M_i 的标准 OLS 估计量。β_i 及所有解释变量系数的后验方差分别如式（6-

8)、式（6-9）所示，其中 $\bar{y}$ 为向量 y 的平均值，N 为样本量，R_i^2 为 M_i 通过最小二乘估计所得的调整后 R^2。BMA 法的局限之一是计算难度随着潜在解释变量个数的增加而增大，在以往研究中经常利用 MC^3 算法对模型空间进行抽取，以减轻工作量。MC^3 算法倾向于抽取后验概率较高的模型，当抽签数量达到一定后，能够保证所得样本的 BMA 法估计结果收敛于对所有模型进行迭代所得的估计结果，确保实证结论的普适性。

$$E(\beta_i \mid M_i,\ y,\ X,\ g) = \frac{g}{1+g}\hat{\beta}_i \tag{6-6}$$

$$E(\beta \mid y,\ X) = \sum_{i=1}^{2^k} E(\beta_i \mid M_i,\ y,\ X,\ g)\,p(M_i \mid y,\ X) \tag{6-7}$$

$$\mathrm{Cov}(\beta_i \mid M_i,\ y,\ X,\ g) = \frac{(y-\bar{y})^T(y-\bar{y})}{N-3}\frac{g}{1+g}\left(1-\frac{g}{1+g}R_i^2\right)(X_i^T X_i)^{-1} \tag{6-8}$$

$$\mathrm{Var}(\beta \mid y,\ X) = \sum_{i=1}^{2^k} p(M_i \mid y,\ X)\,\mathrm{Var}(\beta_i \mid M_i,\ y,\ X,\ g)\ +$$

$$\sum_{i=1}^{2^k} p(M_i \mid y,\ X)\,(E(\beta_i \mid M_i,\ y,\ X,\ g) - E(\beta \mid y,\ X))^2$$

$$\tag{6-9}$$

二、计量模型设定及变量说明

本书的被解释变量，即制造业现代化产业体系构建水平，选用指标体系的方法进行测度，如表 6-1 所示。依据第一节对数字经济驱动的制造业现代化产业体系构建影响因素的理论分析，并借鉴已有研究产业选择基准的研究成果，应用统计遴选技术，以制造业所涵盖行业为遴选范围，构建的制造业现代化产业体系遴选指标体系如表 6-1 所示。指标体系从产业贡献力、产业创新力、产业关联效应、产业增长潜力和产业可持续发展能力五个维度来评价制造业现代化产业体系构建水平。考虑指标的可操作性和数据的可获得性，采用九个指标来体现这五个维度的能力，分别是成本费用利润率、产业就业比重、R&D 投入比率、影响力系数、感应度系数、需求收入弹性系数、工业总产值增长率、从业人员人均总产值和能源消耗产值率。各指标的计算方法和具体含义如表 6-2 所示。

表 6-1　制造业现代化产业体系构建水平的层次分析模型

目标层	准则层	方案层
制造业现代化产业体系构建	产业贡献力	成本费用利润率
		产业就业比重
	产业创新力	R&D 投入比率
	产业关联效应	影响力系数
		感应度系数
	产业增长潜力	需求收入弹性系数
		工业总产值增长率
	产业可持续发展能力	从业人员人均总产值
		能源消耗产值率

表 6-2　制造业现代化产业体系构建水平评价指标的含义和计算方法

指标	指标性质	计算方法	含义
成本费用利润率	正指标	利润/销售额	利润占销售额的比重。该指标越大，表明行业的盈利能力越强，对经济发展的贡献就越大
产业就业比重	正指标	行业就业人数/全部劳动力人数	行业就业人数所占比重。该指标越大，表明行业吸纳就业的能力越强
R&D投入比率	正指标	研发投入/销售收入	行业对研发投入的重视程度。该指标越大，表明行业的研发创新能力越强
影响力系数	正指标	该行业里昂惕夫逆矩阵纵列系数的和/该行业列昂惕夫逆矩阵纵列系数和的均值	行业对其他行业的影响程度。行业的影响力系数越大，对其他行业的拉动作用越大
感应度系数	正指标	该行业里昂惕夫逆矩阵横行系数的和/该行业里昂惕夫逆矩阵横行系数的和的均值	行业受其他行业的影响程度。行业的感应度系数越大，受其他行业的影响越大
需求收入弹性系数	正指标	产品需求变化率/国民收入变化率	收入变化对产品销量变化的影响程度。该指标越大，表明行业产品的销量变化对国民收入变化越敏感，增长潜力越大
工业总产值增长率	正指标	当期总产值增长额/上期总产值	总产值变化程度。总产值增长率越高，表明行业的增长速度越快，增长潜力越大
从业人员人均总产值	正指标	行业总产值/行业从业人员数	代表行业的劳动生产率。该指标越大，行业的发展潜力越大
能源消耗产值率	逆指标	行业能源消耗量/行业总产值	行业单位增加值对能源的消耗。该指标越低，表明行业的能源利用率越高、技术水平越高，越具有可持续发展的潜力

本书采用三维指标权重的方法，增加制造业现代化产业体系构建的测度稳健性。从宏观理论层面看，构建制造业现代化产业体系有几个关键指标，其中产业结构升级、高端产业发展和创新能力提升、实体经济活力增强在第一节理论分析中有所表现，而且在学界受到普遍认可。基于数据可得性，本书分别使用第三产业增加值占 GDP 的比重反映产业结构向高级化转型的总体水平，使用信息传输计算机软件服务业、金融业、租赁和商务服务业、科学研究和技术服务、制造业就业人员占全部城镇单位就业人员的总比重反映现代高端产业的发展状况，使用规模以上工业企业资本利润率反映实体产业的发展活力。在对数据进行归一化处理的基础上，使用熵值法对三个指标进行赋权，以其加权和衡量各地区构建现代化产业体系的发展水平。对于解释变量相关影响因素的选取，本书根据第一章的理论分析，基于数字经济驱动制造业现代化产业体系构建的直接影响因素和间接影响因素两个维度，从经济、政治、社会、文化、技术等方面选取 20 个影响因素，如表 6-3 所示。本书选取 2011~2020 年中国 30 个省级面板数据进行实证分析，并从国家统计局、《中国统计年鉴》、《中国工业统计年鉴》、《中国科技统计年鉴》及各地区统计年鉴中收集所需数据。

表 6-3　潜在影响因素的指标及描述

一级指标	二级指标	指标符号	指标度量
经济因素	经济增长	PGDP	人均 GDP
	国际贸易	FT	进出口总额与 GDP 之比
	固定资产投资	FAI	固定资产投资额
	外商水平	FI	外商投资占固定资产投资比重
	金融发展	FD	金融机构存贷款余额与 GDP 之比
	资本深化	CLR	资本劳动比
	基础设施	IC	公路里程
	产业发展水平	IL	制造业增加值与 GDP 之比
	产业集聚	IA	制造业就业人数与土地面积之比
	产业结构	IS	服务业增加值与 GDP 之比
	产权结构	OS	国有工业销售值与 GDP 之比
	能源消费结构	ECS	煤炭消费占能源消费总量之比
政治因素	环境规制	ER	环境污染治理投资与 GDP 之比
	政府经济干预	GIE	政府财政支出与 GDP 之比

一级指标	二级指标	指标符号	指标度量
社会因素	城镇化水平	UR	城镇人口占总人口比重
	劳动者素质	LQ	6 岁及以上人口中大专以上学历占比
	人口规模	PZ	总人口数
	人口年龄结构	PAS	15~64 岁人口占总人口比重
技术因素	能源技术水平	ETL	能源消费总量与 GDP 之比
	技术创新	TI	发明专利授权量

第三节　全国及地区层面的贝叶斯模型平均估计结果分析

一、全国层面的 BMA 估计结果

应用中国 2011~2020 年 30 个省份的面板数据进行 BMA 估计。由于先验信息匮乏，设定模型先验为均匀分布（Uniform），即任一子回归模型引入或剔除的先验概率皆为 0.5。参数 g 则采用实证贝叶斯局部先验（EBL）。本书在进行模型取样时，采用 BDMCMC 算法抽取，舍弃初始的 500 个，将保留模型进行迭代，结果如表 6-4 所示。后验概率值越大，解释变量越重要，且仅当后验概率值大于 0.5 时，方可认为解释变量是有效的，为对被解释变量有显著影响的关键解释变量。参照此标准，影响制造业现代化产业体系构建的关键影响因素依次为：金融发展、国际贸易、产权结构、能源技术水平、劳动者素质、固定资产投资。其中，劳动者素质和固定资产投资的重要性相近，产权结构和能源技术水平的重要性相近。

表 6-4　全国制造业现代化产业体系构建的潜在影响因素 BMA 估计结果

指标	后验概率	后验均值	后验标准差
FT	0.6084 *	−0.0416	0.0572

续表

指标	后验概率	后验均值	后验标准差
FAI	0.5255*	−0.0246	0.0488
FD	0.6256*	−0.0420	0.0534
QS	0.5944*	0.0322	0.0458
LQ	0.5267*	−0.0210	0.0406
ETL	0.5924*	−0.0360	0.0511

注：＊表示在10%的水平上显著。下同。

第一，金融发展与制造业现代化产业体系构建呈负向关联，其后验均值为负值这一现象。这可能源于企业对于短期利益的追求。金融发展降低了消费者信贷门槛并提升了企业融资的可得性。在这样的环境下，一些企业可能会基于即时的市场需求和利益最大化的目标，利用融资资金扩大产品生产规模，而非优化其生产体系。此外，金融发展的不均衡也可能是一个因素。在金融发展水平较高的环境中，为了获取更多的融资机会，企业可能会更多地考虑长期发展，而非短期收益。

第二，国际贸易对制造业现代化产业体系的建设产生了负面影响。尽管参与国际贸易促进了技术和管理经验的跨国交流，有助于国家经济的发展，但中国在国际贸易中的角色主要局限于价值链的低端。在国际贸易中，低加工、高能耗及高污染的商品占据主导地位，而许多高科技产品则极度依赖进口。因此，当经济水平提高时，国际贸易可能带来的负面效应会超过其对经济增长的正向拉动效应。

第三，产权结构的影响表明，增加国有经济比重有益于制造业现代化产业体系构建。国有企业通常拥有较为充足的资本、坚实的研发基础及先进的管理模式，是政府意志和利益的直接体现。相比之下，私营企业更加注重盈利，因此在追求利润最大化的过程中，可能更倾向于扩大生产规模而非积极参与制造业现代化产业体系的建设。

第四，能源技术水平指标的后验均值为负，这与政府预期相符。其表明，改善能源技术、减少能源消耗、提高能源效率对制造业现代化产业体系的构建存在积极影响。这些措施有助于提升能源效率，从而为制造业体系的可持续发展提供支持。

第五，劳动者素质对制造业现代化产业体系的构建具有负向影响，这一结果看似与普遍认知相悖。在中国，人才分布的不均衡可能是导致这一现象的原因。东部地区的总体经济发展水平高于中西部地区，导致高素质人才大量向东部地区流动，形成了东部地区人才过剩而西部地区人才短缺的局面。这种不均衡的人才分布造成了人才的低效利用，降低了素质教育的实际价值。

第六，固定资产投资对制造业现代化产业体系的构建具有负面影响。当前的固定资产投资主要集中于基础设施和房地产等领域，这种投资取向可能会导致大量能源消耗，对制造业现代化产业体系的改善作用比较有限。

二、地区层面的 BMA 估计结果

为了提供更具针对性的政策指导，本书还分别采用东、中、西部地区的面板数据进行 BMA 分析，结果如表 6-5 所示。能够看出，各地区的关键影响因素并不完全相同，且多数因素对各地区制造业现代化产业体系构建的影响方向和程度存在差异。

表 6-5　各地区制造业现代化产业体系构建的潜在影响因素 BMA 估计结果

指标	东部地区		中部地区		西部地区	
	后验概率	后验均值	后验概率	后验均值	后验概率	后验均值
PGDP	0.5022*	0.0044	0.5453*	−0.1056	0.4807	−0.0038
FT	0.5041*	−0.0072	0.4651	−0.0335	0.4778	0.0010
FAI	0.5001*	−0.0032	0.4157	0.0010	0.4903	−0.0110
FD	0.4950	−0.0036	0.9194*	−0.3912	0.4848	−0.0053
CLR	0.5113*	−0.0010	0.4367	−0.0275	0.4773	−0.0015
IL	0.4968*	0.0020	0.4261	0.0065	0.5324*	0.0348
IA	0.5121*	0.0084	0.5037*	−0.0660	0.4784	0.0003
IS	0.4954	−0.0027	0.4770	0.0654	0.5015*	0.0011
OS	0.4998	0.0018	0.4348	0.0227	0.5323*	0.0242
ECS	0.5095*	0.0048	0.4006	−0.0032	0.4728	0.0013
ER	0.5016*	−0.0049	0.3938	−0.0011	0.4823	0.0071
GIE	0.5213*	0.0170	0.8201*	0.2170	0.4794	0.0027
LQ	0.4955	−0.0037	0.3916	0.0040	0.5088*	−0.0156
PAS	0.4953	−0.0010	0.6825*	0.1183	0.4825	−0.0055

续表

指标	东部地区		中部地区		西部地区	
	后验概率	后验均值	后验概率	后验均值	后验概率	后验均值
ETL	0.5040*	−0.0059	0.4531	−0.0347	0.5038*	−0.0212
TI	0.5068*	−0.0052	0.4072	0.0091	0.4812	0.0035

东部地区制造业现代化产业体系构建的关键影响因素较多，而且重要性较为接近，依次为政府经济干预、产业集聚、资本深化、能源消费结构、技术创新、国际贸易、能源技术水平、经济增长、环境规制和固定资产投资。其中，政府经济干预影响为正，说明政府对经济发展的适度引导可帮助东部地区制造业现代化产业体系构建形成正向预期，提高运行效率；产业集聚影响为正，说明东部地区工业企业集聚可加强企业间生产合作，从而对制造业现代化产业体系的构建产生积极影响；资本深化影响为负，说明东部地区可能存在大量"僵尸"资本，这些资本的使用方向和方式较为固化，不利于推动制造业现代化产业体系构建；能源消费结构影响为正，说明煤炭开采技术、煤转化技术进一步减少了产业体系碳排放；技术创新影响为负、能源技术水平影响为正，说明东部地区应增加对能源产业技术创新的关注度，完善能源产业创新发展体制机制，并加速创新成果推广，提高能源技术水平，不断助推制造业现代化产业体系构建；经济增长影响为正，说明东部地区经济发展水平已跨过库兹涅茨曲线拐点，有助于构建制造业现代化产业体系，应提供资金保障；环境规制影响为负，可能是因为当前环境规制政策较为宽松，不能完全实现环境污染成本内生化，东部地区工业企业面临的市场规模较大，能够以较低的污染成本换取更多利润，不利于制造业现代化产业体系的构建；国际贸易影响和固定资产投资影响为负，说明不合理的国际贸易结构和固定资产投资结构也对东部地区制造业现代化产业体系的构建效率造成阻碍。

中部地区制造业现代化产业体系的关键影响因素按重要性排序依次为金融发展、政府经济干预、人口年龄结构、经济增长和产业集聚。其中，不充足的金融发展和企业获取融资后的短视行为不利于中部地区制造业现代化产业体系的构建效率提升；同东部地区一致，政府经济干预也会对中部地区制造业现代化产业体系构建产生积极作用；人口年龄结构影响为正，可能是因为适当引入适龄劳动人口，可提高中部地区能源资源的边际报酬，为制造业现代化产业体系的优化完善注入活力；经济增长和工业集聚对中部地区能源效率的影响与东部地区相反，均为负向影响，这是因为中部地区的经济发展尚未达到库兹涅茨曲线拐点，急需转变经济发展方式，提高对制造业现代化产业体系构建的支撑作用；产业集聚影响为负，这是因为中部地区的产业集群多为竞争型，合作效应不如东部地区，且存在重复投资、重复生产，增加产业体系污染排放。

西部地区制造业现代化产业体系的关键影响因素按重要性排序依次为产业发展水平、产权结构、劳动者素质、能源技术水平和产业结构。其中，产业发展水平影响为正，这可能是由于西部地区加大了对传统重工业的整顿，使工业化所带来的能耗压力有所弱化，带来的技术进步对制造业现代化产业体系的贡献更为突出；产业结构影响为正，说明大力发展服务业，特别是生产性服务业及与技术创新，可提高西部地区制造业现代化产业体系运行效率；产权结构为正、能源技术水平为负、劳动者素质为负，说明较高的国有经济比重和能源技术水平也可提高制造业现代化产业体系的构建效率，而人才大量流失限制劳动者素质的发挥，不利于西部地区制造业现代化产业体系的构建。

第四节　实证研究结论及政策建议

本章基于2011~2020年中国制造业省级层面的面板数据，使用贝叶斯模型平均（BMA）法展开对数字经济驱动制造业现代化产业体系构建的影响因素分析，实证结果发现，在全国层面制造业现代化产业体系构建的关键影响因素中，产权结构及能源技术水平对各地区影响均为正；金融发展对各区域影响均为负；国际贸易对东、中部地区影响为负，对西部地区影响为正；劳动者素质及固定资产投资对东、西部地区影响为负，对中部地区影响为正。在对上述因素进行调控时，应注意其对各地区的差异化影响，精准推进数字经济战略。

基于上述研究结论，本章提出以下三个方面的政策建议：

第一，中国需加速扩大数字经济的发展规模，以此增强数字经济在各地区制造业现代化产业体系建设中的赋能作用，包括持续优化产权结构和提升能源技术水平，遵循经济社会发展与生态环境保护并重的原则。中国应加快推进数字经济与区域优势特色产业的融合，利用资源优势促进新能源、新材料和新兴产业的全面数字化和智能化。数字技术的应用旨在实现矿产资源开发与生态环境保护的协同发展。通过以都市圈为基础的智能制造业集群建设，鼓励企业挖掘数据价值，实现制造业体系的服务化转型和价值链升级，形成产业竞争的新优势。

第二，中国应系统性地布局基于数字技术的新型基础设施，如物联网感知、云计算、移动互联网等，重点提升网络覆盖率，有效缩小地区间和城乡间的"数字鸿沟"。利用数字经济推动普惠金融的发展，包括一方面发挥财政资金的"种子作用"，引导多种资金投入数字基础设施建设；另一方面鼓励金融机构为产业数字化转型开发专项金融产品，为数字化发展提供更多资金支持。

第三，加快提升科技创新能力和人力资本水平是至关重要的。在科技创新方面，应抓住机遇，在各地区建立数字经济创新服务综合体和数字化集聚平台，孵化创新型高新技术企业，并加大对科研成果产业化的支持力度。在人力资本方面，应积极建立数字经济创新人才管理试验区，推动高等教育机构与企业的合作，培养了解数字技术和复杂生产工艺的高端人才，从而推进科技成果的转化和产业创新。

第七章　数字经济时代中国制造业现代化产业体系的国际竞争力实证分析

第一节　数字经济赋能制造业现代化产业体系国际竞争力的理论分析

一、理论意义

在当前世界经济形势复杂多变的背景下，一个真正自立于世界民族之林的现代化强国，不仅要具备强大的经济基础，而且要塑造制造业现代化产业体系的竞争优势，增强在国际市场中的话语权。就目前中国制造业产业体系表现出的竞争力不强、工业化积累不足等因素导致的创新能力相对较弱、安全性问题突出、绿色化转型任重道远等挑战而言，数字经济有助于从提升创新能力、安全可控能力等方面提升产业基础能力，推动产业链供应链现代化，增强制造业现代化产业体系的国际竞争力①。

第一，数字经济时代构建具有国际竞争力的制造业现代化产业体系需要在产业关键技术环节上实现自主可控。自主可控能力与国际竞争力之间是一种辩证关系，产业体系的自主可控能力是决定国际竞争力的基础因素，国际竞争力是产业

---

① 邵军，杨敏．数字经济与我国产业链供应链现代化：推动机制与路径选择［J］．南京社会科学，2023（2）：26-34.

体系自主可控能力的外部体现。有自主可控能力并不意味着具备国际竞争力。在计划经济年代，我国部分制造业具有一定的自主可控能力，但国际竞争力不强。一个国家尤其是大国的产业和整个制造业产业体系真正具有国际竞争力，必须以实现自主可控为前提；没有自主可控能力的产业体系，即使借助要素的比较优势可以实现一时的高效率生产，还会与真正的国际前沿竞争水平有距离。因此，要构建自主可控、具有国际竞争力的现代化产业体系，首先是要解决自主可控能力问题。所谓自主可控，就是在顺应经济全球化发展趋势、积极参与国际产业分工的前提下，产业在发展关键环节中不受制于人，在整个产业体系中可以根据自身发展的意志和需要在一定的范围内布局与调整。现代化产业体系的自主可控能力的核心要义就是在事关产业发展大局的关键技术和价值链上的自主性、可控性。美国联合其他国家对中国半导体等产业关键设备零部件的制裁案例表明，涉及产业发展全局的关键技术是买不来的。除以半导体为代表的电子信息产业外，我国还有许多产业存在类似问题，必须大力促进龙头企业在技术源头上解决技术攻关问题，推动企业加大研发投入，制定产业关键技术提升指南与行动计划，力争若干年内能解决一批重要产业的部分关键技术问题或推动产业技术占有率明显升级。产业自主可控的能力不仅体现在关键技术上，也体现在产业价值链上。如果这个价值链只参与低附加值的生产，加入这个分工体系是从属的、受支配的，那么这个价值链是不具备自主可控能力的。过去，中国大部分企业都是被动性地参与全球价值链，自主性较差且可控能力较弱。现在，共建"一带一路"和 RCEP 等国际合作平台为中国企业走向世界、重塑全球价值链提供了重大机遇，应鼓励有条件的企业深度参与对外经济合作，积极发挥资金优势、市场优势和相对技术优势，与沿线国家共同塑造新的全球价值链。就反向因果关系而言，制造业产业体系现代化构建的痛点问题也在限制中国数字经济规模的发展壮大。随着全球数字经济迈入新发展阶段，算力逐步衍变为一种核心基础能力，在数字中国长效建设进程中发挥着重要的支撑与驱动作用。充沛的数据资源、完备的全产业链赋能、潜在的算力市场驱动优势、独有的新型举国体制支撑等影响因素均为算力网络建构提供了核心动能。然而，技术"卡脖子"、数据"孤岛化"与应用领域创新拓展能力欠佳等问题日渐显现，成为我国算力网络建构进程中的难题①。

第二，在数字经济时代，构建具有国际竞争力的制造业现代化产业体系需要

---

① 陈寒冰. 数字经济时代算力网络建构的国际比较与镜鉴［J］. 新疆社会科学，2021（5）：56-65.

依托于国内市场需求环境。历史发展的规律显示,当一个大国的经济发展优先满足了本国需求,其经济体系将更为稳健,且对国际市场及外部因素的敏感度较低。当前,中国经济正在步入新的发展阶段,消费升级成为新一轮经济发展的显著特点,消费的基础作用在经济结构中将更加突出。在此背景下,应以满足不断增长的内需为基础,来建立制造业现代化产业体系。这样的体系不仅能降低对外部变化的依赖和风险,还能显著增强自主控制能力,并促使制造业更贴合消费需求,激发新的消费潜力。因此,需要深入研究消费问题,完善和创新消费政策,消除制约消费升级的体制机制障碍,培育中高端消费市场,为产业升级和转型提供市场基础。此外,构建一个自主可控且具有国际竞争力的现代化产业体系,还需要在体系完善方面下功夫。一个现代化的制造业产业体系应是内部完整、各部分相互支撑和协调发展的有机整体,其中既包括先进制造业和现代服务业,也包括高新技术产业和技术含量高的传统产业。总体来看,这个产业体系的完整性和健全性,将有助于实现更高程度的自主可控和国际竞争力。

第三,数字经济时代构建具有国际竞争力的制造业现代化产业体系要以融入全球供应链重塑进程为依托。构建自主可控、具有国际竞争力的现代化产业体系,强调产业的关键技术自主可控、产业价值链自主可控,并不是要把自己封闭起来,也不是简单地搞产业在国内的自我循环,而是要"以我为主",高效率整合国内外要素资源,在更加开放的环境中加快建设,最后还是要落在国际竞争力上。今天是一个全球化的时代,产业中的某项关键核心技术可能为某国的某个企业所拥有,但这项技术的形成与成熟往往是国际交流与合作的结果,此企业虽然拥有了关键技术的核心部分,但技术的配套部分可能是来自别的企业及国家。自主可控和具有国际竞争力的制造业现代化产业体系,是"以我为主"整合国际资源尤其是高端要素的产业增值环节,以此为基础建立一个完整的能够参与国际竞争并具有竞争优势的制造业现代化产业体系。产业竞争力的最终试金石是国际市场,要在国际竞争中不断提高自身的竞争力。应当把培育具有较强国际资源整合能力的产业领军型企业、标杆性企业作为一个重要课题来研究,作为一项重要任务来抓。在弘扬企业家精神、企业转型、创新升级、发展高水平开放型经济等方面形成有效突破,争取在中短期内形成若干个具有较强国际资源整合能力的产业领军型企业、标杆性企业,以点带面地推动整个产业形成以我为主、整合各方的国际竞争力。

二、理论分析

第一，数字经济可以推动制造业现代化产业体系内部关键核心技术突破。关键核心技术可分为空间压缩技术和生产过程技术两大类：空间压缩技术主要指实现空间位移和空间传送的技术；生产过程技术主要指改善工艺流程及产品性能的技术。其中，生产过程技术具有明显的关键性研发比非关键性改进创新率低的特征。中国关键核心技术缺失成因主要在于全球价值链长期低端锁定及技术生存期内研发动力不足[1]。从技术生存周期内研发动力不足的角度来看，结合技术战略和技术政策错位，数字经济投入的作用可以上升到获取关键核心技术层面，针对生产过程技术理论建模，探讨引导企业进行关键性研发活动的最优创新方式，并进一步探索制造业现代化产业体系的关键核心技术突破路径。就一般技术创新而言，关键核心技术创新在形成企业竞争优势、产业发展优势以及国家产业和社会安全等方面都具备更强的外部性[2]。经济学科中关于关键核心技术的相关研究呈碎片化状态，当前研究主要集中于讨论关键核心技术的特征，认为关键核心技术具备高投入、长周期、知识复杂性、难以模仿性及难以超越等特点，关乎整个企业的生存与发展[3]。本书尝试将关键核心技术创新界定为：在一个具备高知识复杂性和不易模仿性特征，并在技术系统、产业链或者技术领域中起关键作用的技术上的提升和改进过程。由此可见，在中国情境下实现关键核心技术突破不仅需要企业等创新主体增加相关研发投入，尝试技术突破，更需要依托于数字经济这样的经济新形态在多方面激励企业进行研发活动以驱动关键核心技术创新，并通过提供创新补贴等多种方式降低企业开展关键技术创新活动的机会成本，使其能更好地应对创新失败的风险。

第二，数字经济助力制造业现代化产业体系内部的科技、金融、人力资源和数据等生产要素协同发展。建设现代化产业体系需要更多地发挥高级先进生产要素的协同作用，实现实体经济、科技创新、现代金融、人力资源的协同，关键问题是加强对实体经济与虚拟经济之间均衡关系的宏观治理；鼓励用现代金融、人

① 刘志彪，吴福象．"一带一路"倡议下全球价值链的双重嵌入［J］．中国社会科学，2018（8）：17-32.

② 杨思莹．政府推动关键核心技术创新：理论基础与实践方案［J］．经济学家，2020（9）：85-94.

③ 余江，陈凤，张越，等．铸造强国重器：关键核心技术突破的规律探索与体系构建［J］．中国科学院院刊，2019，34（3）：339-343.

力资源支撑科技创新，同时以科技创新振兴实体经济；将过去在全球价值链底部进行国际代工的增长方式，转变为由人力资源驱动的智慧经济①。要素禀赋结构所带来的新比较优势在嵌入全球经济体系中的中国现行产业体系已经显示了多方面的问题，迫切需要进行变革调整，以发展形成面向未来的现代化产业体系②。中国的产业体系发展面临实体经济动力弱化、关键要素短板突出、要素结构错配、协同发展机制僵化、开放层次偏低等问题，我国需沿着"培育高端要素—构建协同机制—优化发展环境—促进四个协同"的思路，破解产业体系存在的突出矛盾和制约因素，全面提升产业发展的支撑能力③。

在万物互联时代，数字经济以其高创新性、强渗透性、广覆盖性深刻影响着实体经济、科技创新、现代金融和人力资源，成为构建协同发展的制造业现代化产业体系的重要引擎。我国应在实现数字经济与实体经济深度融合的基础上，重塑数字化科技创新体系，持续激发产业体系构建动力；统筹发展普惠性创新性数字金融，为构建产业体系保驾护航；多方联动加强数字人才队伍建设，切实强化产业体系构建的智力支撑④。具体而言，数字经济赋能制造业现代化产业体系内部的生产要素的协同发展主要体现在以下三个方面：首先，数字经济以科技创新为基础，催生新技术和新业态，从而在制造业产业体系发展中扮演着日益重要的角色。这种融合不仅为科技创新提供了新的空间，也促进了科技成果在产业化过程中的有效转化。其次，数字经济在现代金融与实体产业间的不平衡关系中发挥调节作用。一方面，数据经济提升了对客户信贷数据、产业发展动态和市场供需情况等的分析能力，增强了金融产品的供给，以实现实体产业与金融机构间的供需匹配，提升了现代金融服务实体经济的能力。另一方面，科技金融通过提供贷款产品，支持科研机构在科技成果转化和高新技术产业化阶段，解决技术创新的投融资问题。例如，《北京大学数字普惠金融指数（2011—2021年）》绘制的图7-1显示，中国各地区在2011~2021年普惠金融的数字化水平初期保持一致，但从2017年起，出现明显分化，特别是东部地区与其他区域的差距拉大，中部地区与全国平均水平持平，而西部地区相对落后。这种现象部分解释了数字经济在

① 刘志彪. 建设现代化经济体系：基本框架、关键问题与理论创新［J］. 南京大学学报（哲学·人文科学·社会科学），2018，55（3）：5-12+157.
② 芮明杰. 构建现代化产业体系的战略思路、目标与路径［J］. 中国工业经济，2018（9）：24-40.
③ 盛朝迅. 构建现代产业体系的瓶颈制约与破除策略［J］. 改革，2019（3）：38-49.
④ 姜兴，张贵. 以数字经济助力构建现代化产业体系［N］. 人民论坛，2022-04-09.

现代金融与实体产业间不平衡关系中的调节作用，并且表明数字经济渗透度越高的区域，其调节作用越明显。最后，数字经济对人力资本的培育也是推动产业发展的关键。随着数字经济的发展，对高端劳动力的需求增加，促使低端劳动力通过实践学习提升其技术和知识水平，释放人力资本的内在潜力，提高产出效率。同时，数据经济特有的数据要素与高端人力资本相结合，通过知识溢出和技术扩散产生外部效应，提高劳动力的流动性、整体的人力资本水平及技术进步效率。

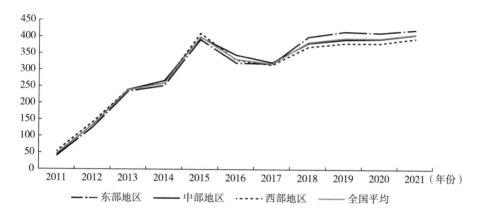

图 7-1　2011~2021 年中国各地区普惠金融数字化水平

　　第三，数字经济培育制造业现代化产业体系高端竞争力。产业竞争的比较优势体现在产品市场实现能力上，高端的产业竞争力需要有培育创新的潜力和持续发展的能力。数字经济可以从五个方面提高产业竞争力：一是新一代信息技术融合生产、流通、管理等环节，提升劳动生产率，加速生产组织方式变革，通过在产业内部分工节约实体劳动和物化劳动，提高产业经济效益，培育产业竞争优势，以此持续获得国际分工带来的利益；二是大数据体系通过消费活动产生的海量数据资源来反映需求变动，挖掘消费者价值需求与潜在用户，以消费者导向为依据刺激企业对产品或服务进行改进和创新，提供差异化产品或服务满足用户的美好生活需要，提升产业社会效益；三是数字经济围绕产业供需链进行核心技术创新，通过集成创新能力推动产业内部新技术或新知识的产生、流动、更新和转化，基于高渗透性融合到多个产业中，不仅能够改变产业的技术路线和生产成本函数，还能促使不同产业拥有类似的技术基础，出现技术融合等现象，为创新潜力的培育提供有效支撑；四是广泛使用数字技术催生的海量数据成为新生产要素，鉴于数据要素可复制、多主体共享的特性，打破传统生产要素存在供给上限对经济发展带来的桎梏，大数据等数据处理技术优化了资源配置和使用效率，进一步促使经济稳步持续发展；五是数字技术、数字经济、数字文化和数字基础设施共同构筑产业发展的数字生态，为产业链与产业集群的"多重嵌入"和融合发展提供了动力和平台。大数据、工业互联网、人工智能等数字技术能够直接驱动链群组织变革和创新，也能够通过改变企业生态位、加快组织创新、影响组织环境等途径推动产业链群生态体系演化，增强产业组织的环境适应能力①。

第四，数字经济引领制造业现代化产业体系新动能培育。产业体系发展的新型化是新的科研成果和新兴技术发明市场化落地的经济表现，新技术、新产品、新模式和新业态是判断产业体系现代化的重要指标。数字产业化能够培育新动能，产业数字化可以实现新旧动能转换，这是制造业现代化产业体系发展新型化的两条具体实施路径。一方面，数字经济依靠信息技术创新和科技创新成果转化激发新的市场需求、催生市场机会，这些能够吸引企业和新的创业者推动技术的产业化，不断开发新产品、新服务、新模式和新业态，用新动能推动产业新型化发展。另一方面，数字经济的广泛嵌入和深化应用通过打破旧的生产体系来提高技术密集型、知识密集型产业在国民经济中的比重，从现有制造业产业体系领域中依托产业数字化衍生叠加出能够满足多元化、多样化、个性化的新产品，从多样性角度拓展制造业现代化产业体系生产可能性边界，通过新旧动能转换推进制造业现代化产业体系发展新型化，在数字经济时代传统制造业领域转型进程加快。数字经济引领传统产业发展体现在效率变革、动力变革和质量变革三个方面。传统产业依托数字经济实现了生产端与服务端的智能化，最大化地节约了成本和提高了生产效率，同时数据资源作为一种新型生产要素，不仅可以直接作用到企业生产过程中，还可以优化资本结构、改变要素配置和提升企业生产率。在间接层面上，数字经济对传统产业的影响主要体现在三个方面：首先，通过规模经济效应，传统产业实现效率的转变。数字经济与传统产业的结合帮助突破时间和空间的限制，实现交易过程中的时空异步，扩大传统产业的交易规模。其次，传统产业利用范围经济效应达成效率变革。应用数字技术于传统产业的发展中，可以促进产业的深度融合，拓展分工边界，合理流动数据资源，进而增强企业的跨界经营和组合能力。最后，传统产业通过提高管理效率实现效率转型。传统企

---

① 余东华，李云汉. 数字经济时代的产业组织创新——以数字技术驱动的产业链群生态体系为例[J]. 改革，2021（7）：24-43.

业的数字化转型有助于降低内部信息交流成本，减少信息层级壁垒，实现部门间的协同发展。此外，数字经济还促进传统企业实现智能化的组织变革。随着消费群体偏好的转变，企业需要更灵活地配置资源，不断提高组织的自我调节和更新能力，逐步从机械式的组织运作方式向生命式的组织运作方式转型。

第二节　模型设定、指标体系构建与数据来源

一、基准模型设定

为检验数字经济对制造业产业体系国际竞争力的影响，本书构建面板数据计量模型进行实证分析，基准模型设定如式（7-1）所示：

$$TSI_{it} = \beta_0 + \beta_1 DIG_{it} + \beta X_{it} + u_i + u_t + \varepsilon_{it} \tag{7-1}$$

其中，TSI_{it} 表示 i 地区 t 时期的制造业现代化产业体系竞争力水平，DIG_{it} 表示 i 地区 t 时期的数字经济发展水平，向量 X_{it} 表示一系列控制变量，u_i 表示个体固定效应，u_t 表示时间固定效应，ε_{it} 表示随机扰动项。

二、模型构建与变量说明

（一）被解释变量：制造业产业体系竞争力（TSI）

1. 关键核心技术突破（TECH）

本书借鉴参考现有文献的做法，以企业研发投入（R&D）为基准回归中的被解释变量之一[1]，并对企业研发投入做滞后一期处理以保证因果关系的顺序。此外，本书基于上文中关于关键核心技术创新的定义，用发明专利申请数量来衡量关键核心技术创新。

2. 结构转变（INDS）

本书采用第二产业和第三产业增加值在 GDP 中的占比，即第二、第三产业发展以及高技术产业总产值与 GDP 的比值，即高技术产业发展（HITECH）来衡

---

① 白旭云，王砚羽，苏欣. 研发补贴还是税收激励——政府干预对企业创新绩效和创新质量的影响 [J]. 科研管理，2019, 40（6）: 9-18.

量产业结构。

3. 质量改善（QUAL）

质量改善主要关注产业内部发展状况和发展方式，本书从两个层面衡量地区产业发展质量，包括产业附加值和绿色发展，并采用工业增加值占工业总产值的比重，即增加值率衡量产业附加值，用地区单位 GDP 能耗来衡量绿色发展。

4. 出口产品（EPRO）

在产品内分工体系下，经济发达地区通常处于研发设计、核心零部件生产等较高技术复杂度环节，而经济欠发达地区常常处于加工、组装等低技术复杂度环节。根据这一特征，本书利用人均 GDP 和地区行业出口额构建出口技术复杂度来表征一国或一地区制造业在全球价值链中的分工地位与产业竞争力，制造业出口技术复杂度计算公式如式（7-2）所示：

$$prody_{kt} = \sum_i \left[\frac{(e_{ikt}/E_{it})}{\sum_i (e_{ikt}/E_{it})} \times pgdp_{it} \right]$$

$$TEC_{it} = \sum_k \left[\frac{e_{ikt}}{E_{it}} \times prody_{kt} \right] \tag{7-2}$$

式中，TEC_{it} 为 i 地区 t 时期的制造业出口技术复杂度，$prody_{kt}$ 为 t 时期制造业行业 k 的技术复杂度，e_{ikt} 为 i 地区 t 时期制造业行业 k 的出口额，E_{it} 为 i 地区 t 时期制造业的总出口额，$pgdp_{it}$ 为 t 时期 i 地区的人均 GDP。

（二）核心解释变量：数字经济发展水平（DIG）

基于《二十国集团数字经济发展与合作倡议》中关于数字经济的定义，本书认为，数字经济是以数字化的知识和信息为关键生产要素，以现代信息网络为重要载体，通过数字产业化和产业数字化形成业态创新与模式创新，进而实现生产交易、运营管理的分工协作、资源配置优化与效率改进的一系列经济活动。考虑数据可得性，本书从数字经济基础设施与消费互联网的数字经济产业生态和数字产业化与产业数字化的数字经济核心内容两个层面构建区域数字经济发展水平的综合指标。具体来说，选取各省份光缆密度、互联网接入端口密度、移动电话普及率衡量数字经济基础设施水平，选取各省份宽带互联网用户人数占比、数字普惠金融衡量消费互联网发展水平，选取电子信息制造业营业收入、电信业务总量、信息化从事人员占比衡量数字产业化水平，选取软件业务总量、电子商务销售额、电子商务采购额、计算机使用量衡量产业数字化水平。将以上 12 个指标的数据进行标准化处理，并用主成分分析法进行权重分配，最终得到反映数字经济发展水平的综合指标，记作 DIG。

（三）控制变量

除数字经济外，其他因素也会影响制造业现代化产业体系的国际竞争力。借鉴已有研究，本书选取相关控制变量，具体如下：外商直接投资水平（FDI），采用当年实际利用外资额占地区生产总值的比重表示；地区市场规模（MAR），采用市场潜能指标衡量市场规模；地区物流效率（LOE），采用区域内物流周转量表示；人力资本水平（HUM），采用区域内教育经费和高等学历人数构建的劳动者素质指标表示；金融发展水平（FIN），采用区域内金融机构人民币贷款余额占地区生产总值的比重表示；产业集聚水平（AG），采用制造业就业人员数计算的区位熵表示。

三、数据来源

本书采用省级层面数据探究数字经济发展对制造业现代化产业体系国际竞争力的影响。出口数据来源于国研网国际贸易研究与决策支持系统，剔除农产品等其他行业后共计 16 类制造业行业，并将其归类到国民经济行业分类的制造业行业代码中。其余解释变量与控制变量相关数据来源于历年《中国统计年鉴》《中国工业统计年鉴》《中国科技统计年鉴》及各省份的地区统计年鉴，最终获得除西藏外中国大陆 30 个省份 2011～2020 年的面板数据。

第三节　数字经济对制造业产业体系国际
竞争力影响的实证结果分析

一、基准回归结果

为了准确考察数字经济和各控制变量对制造业现代化产业体系国际竞争力的影响，遵循"由一般到特殊"的原则，首先将被解释变量与核心解释变量单独进行回归，然后添加控制变量，具体回归结果如表 7-1 所示。其中，列（1）～列（4）单独考察了数字经济与制造业现代化产业体系国际竞争力的关系，结果显示，DIG 的系数均能够至少在 5% 水平上显著为正，表明数字经济发展能够促进制造业产业体系国际竞争力提升，提高我国制造业的价值链分工地位和产业竞争力。在添加控制变量后，DIG 的系数在 5% 水平下依然显著为正，核心解释变量参数估计结果较为稳健，进一步验证了数字经济发展对制造业现代化产业体系国际竞争力的提升作用。

表 7-1　数字经济对制造业产业体系国际竞争力影响的基准回归结果

变量	关键技术（1）	结构转变（2）	质量改善（3）	出口产品（4）	关键技术（5）	结构转变（6）	质量改善（7）	出口产品（8）
DIG	0.101 ** (0.036)	0.141 *** (0.027)	0.139 *** (0.031)	0.129 ** (0.029)	0.097 ** (0.046)	0.122 *** (0.034)	0.102 *** (0.033)	0.114 *** (0.036)
FDI					0.571 (0.242)	0.741 (0.472)	0.357 * (0.159)	0.371 (0.460)
MAR					-1.277 ** (0.367)	-1.694 ** (0.499)	-1.396 * (0.482)	-1.683 ** (0.499)
LOE					0.027 ** (0.015)	0.034 (0.025)	0.139 *** (0.033)	0.132 ** (0.034)
HUM					0.201 * (0.277)	0.241 (0.263)	0.340 (0.252)	0.325 (0.253)
FIN					-0.139 (0.017)	0.129 *** (0.029)	0.128 *** (0.027)	0.272 (0.156)
AG					0.367 (0.083)	-0.918 * (0.057)	3.800 (0.549)	0.139 (0.027)
个体效应	控制	控制	控制	控制	控制	控制	控制	控制
固定效应	控制	控制	控制	控制	控制	控制	控制	控制
观测值	300	300	300	300	300	300	300	300

注：***、**、*分别表示在1%、5%、10%的水平上显著，括号内为标准误。下表同。

这一结论为中国通过加快发展数字经济培育制造业发展新动能、提升制造业产业体系全球竞争力提供了依据。在大数据、云计算、人工智能等信息技术广泛应用的推动下，中国数字经济蓬勃发展，并在数字经济规模、增速、基础设施和应用场景等诸多方面处于全球领先行列，为我国制造业应对国际市场环境变化，破除"低端锁定"的分工格局带来重要契机。表 7-1 控制变量的回归结果显示：样本考察期内外商直接投资的估计系数不显著，印证了随着中国制造业不断发展，片面利用外资和承接国际产业转移并不能有效提升制造业产业体系国际竞争力，反而可能会被发达国家锁定在全球价值链低端环节，不利于制造业价值链升级。市场规模估计系数显著为负，侧面反映出我国虽然拥有庞大的国内消费市场和消费结构升级需求，但并未有效驱动与倒逼制造业供给侧结构性改革，供需结构错配仍是制约制造业现代化产业体系国际竞争力的基本问题之一。物流效率估计系数显著为正，表明高效率的物流服务保证了制造业生产经营活动的连续性和协调性，促进了制造业现代化产业体系效率提高。人力资本水平估计系数不显著，表明虽然我国具有规模庞大的人力资源总量，但高端研发和技能人才短缺的人力资本结构矛盾成为制造业现代化产业体系国际竞争力提升的重要制约因素。金融发展水平估计系数显著为正，表明金融市场有序发展有利于信贷市场供给增加，有效纾解企业融资难等问题，为提升制造业现代化产业体系国际竞争力提供重要的资金支持。产业集聚水平估计系数不显著，表明以区位熵表征的产业集聚只反映了要素的空间分布情况，不能反映制造业现代化产业体系发展质量、集聚的溢出效应等差异。

二、内生性问题处理

由于制造业现代化产业体系的国际竞争力凸显的地区可能在技术创新、新型基础设施建设等方面更加领先，进而拥有更高的数字经济发展水平，导致被解释变量与解释变量存在互为因果关系的内生性问题。因此，本书采用考虑内生问题的系统 GMM 法对基准模型进行稳健性检验。此外，选取上一年全国互联网用户数分别与 1984 年各省每百人电话机数量构造交互项，作为该地区数字经济水平的工具变量。在使用工具变量的回归中，在分别使用四个被解释变量时，识别弱工具变量的 Cragg-Donald Wald F 统计量均大于 10% 水平临界值，同时，过度识别检验 Sargan 统计量 p 值大于 0.05，不能拒绝所有外生变量与方程中随机误差项不相关的零假设，说明了工具变量的有效性和外生性，如表 7-2 所示，可以看出，无论是替换被解释变量，还是考虑内生性问题，数字经济依然显著地提升了制造业产业体系的国际竞争力，该结果与基准模型基本一致，证明了基准模型结果的稳健性。

表 7-2　数字经济对制造业产业体系国际竞争力影响的内生性检验结果

变量	关键技术系统 GMM	关键技术工具变量	结构转变系统 GMM	结构转变工具变量	质量改善系统 GMM	质量改善工具变量	出口产品系统 GMM	出口产品工具变量
DIG	0.277** (0.311)	1.273** (0.078)	0.379* (0.219)	1.235** (0.086)	1.246** (0.542)	0.644** (0.204)	1.547*** (0.624)	0.184*** (0.092)

续表

变量	关键技术系统 GMM	关键技术工具变量	结构转变系统 GMM	结构转变工具变量	质量改善系统 GMM	质量改善工具变量	出口产品系统 GMM	出口产品工具变量
控制变量	控制	控制	控制	控制	控制	控制	控制	控制
个体效应	控制	控制	控制	控制	控制	控制	控制	控制
固定效应	控制	控制	控制	控制	控制	控制	控制	控制
Wald F		333.72		419.35		275.59		396.63
观测值	270	300	270	300	270	300	270	300

三、异质性检验

不同制造业领域的技术水平、行业特征存在差异，数字经济对不同制造业行业国际竞争力的影响也不尽相同，因此本书从行业类型方面进行异质性分析，将总体样本分为劳动密集型和非劳动密集型行业样本，回归结果如表7-3所示。DIG 的估计系数在结构转变和质量改善中属于劳动密集型行业的系数均不显著，而在非劳动密集型行业中显著为正，且在技术密集型行业中最大，表明数字经济发展对非劳动密集型行业的国际竞争力提升作用最为明显。在出口产品中，数字经济可以有效提升制造业现代化产业体系非劳动密集型行业产品质量提升。

表7-3　数字经济影响制造业现代化产业体系国际竞争力的异质性分析

变量	关键技术		结构转变		质量改善		出口产品	
行业类型	劳动密集型	非劳动密集型	劳动密集型	非劳动密集型	劳动密集型	非劳动密集型	劳动密集型	非劳动密集型
DIG	−0.018 (0.279)	0.297** (0.344)	−0.281 (0.187)	0.718*** (0.270)	−0.173 (0.162)	0.310** (0.730)	−0.099 (0.155)	0.056* (0.300)
控制变量	控制	控制	控制	控制	控制	控制	控制	控制
个体效应	控制	控制	控制	控制	控制	控制	控制	控制
时间效应	控制	控制	控制	控制	控制	控制	控制	控制
观测值	300	300	300	300	300	300	300	300

其中的原因在于：一是相较于技术密集型制造业，以纺织、服装为代表的劳动密集型产业和以水泥、钢铁为代表的资本密集型产业长期追求价格竞争和

规模扩张，在数字化、智能化转型的过程中更加倾向于成本节约的劳动替代而非效率提升的技术创新，从而造成数字经济对劳动密集型与资本密集型制造业竞争力的提升作用较为有限；二是支撑数字经济发展的数字技术属于先进技术，其在技术密集型制造业中的技术应用门槛较低，技术通用性也使数字经济更容易在技术密集型制造业领域中发挥作用；三是以专用设备制造业、电子设备制造业等为代表的技术密集型行业，其产业链较长且产业链中相互重合环节较多，数字经济在促进技术密集型制造业国际竞争力提升时更具有耦合协同效应。当前，我国一批"卡脖子"技术行业多集中于技术密集型制造业，因此更应该通过发展数字经济推动技术密集型制造业国际竞争力提升，助力突破"卡脖子"技术的制约。

第四节　实证研究结论及政策建议

数字经济发展为增强制造业现代化产业体系的国际竞争力提供重要机遇和动力。本章利用2011~2020年中国制造业省级层面的面板数据对数字经济提升制造业现代化产业体系国际竞争力的总体作用、异质性影响、内生性问题进行了相关实证检验。得出如下主要结论：一是数字经济发展有利于提升制造业现代化产业体系的国际竞争力，这一促进作用在非劳动密集型行业中尤为显著；二是在样本考察期内，数字经济对制造业现代化产业体系国际竞争力的作用受到制造业自身数字化、智能化改造程度的影响，过度推进制造业数字化、智能化会削弱数字经济对制造业现代化产业体系国际竞争力的提升作用；三是分行业看，相较于技术密集型行业，劳动密集型和资本密集型行业中智能化升级的门槛值均较低，智能化升级存在过度的倾向。

基于本章所得研究结论，建议中国持续推动数字经济的繁荣发展，以增强制造业产业体系的国际竞争力。首先，需要在数字经济领域突破关键核心技术，如操作系统、工业软件、高端芯片和基础材料等，提升自主创新能力，显著提高技术研发和工艺制造水平，以追赶国际先进水平；其次，应加快传统产业的数字化转型，深化产业数字化及数字产业化的升级理念，有效处理好企业在数字化转型中遇到的"不愿""不敢""不会"等问题；再次，需着手弥合数字鸿沟，针对不同行业、区域和群体的数字化基础差异，精准推进数字经济发展，明确自身追赶机制，利用数字经济加强区域间的产业联系；最后，完善数字经济治理体系，建立适应数字经济发展的规则和制度体系，构建跨区域的数据要素基础制度体系，激发市场活力，完善数字平台经济治理体系，制定相应的实施细则，提升中国制造业产业体系在数字经济框架下的国际治理参与度，完善跨部门协同和多方参与的治理机制。此外，还需警惕制造业部分产业和企业在数字化规模上的过度依赖，如对区块链、云计算、人工智能的过分依赖。对这些领域，应明确智能化、数字化的发展方向和具体路径，避免盲目追求或炒作数字化。政府、企业和市场需警惕过度化和泡沫化的风险，建立科学有效的数字经济赋能机制，营造健康的市场营商环境。

第八章 数字经济时代中国制造业现代化产业体系的发展战略

制造业现代化产业体系的建设具有时代性，党中央立足新发展阶段，从战略高度指出新时代的现代化产业体系是实体经济、科技创新、现代金融、人力资本"四位一体"协同发展的产业体系。这一科学研判是从支撑要素角度基于中国产业发展规律的全新阐释，强化了推动产业发展的关键要素及关系变化，体现了产业政策着力点由调整产业结构向优化要素供给的转变。党的十八大以来，中国制造业发展取得了举世瞩目的成就，制造业增加值由 2012 年的 16.98 万亿元增长到 2021 年的 31.4 万亿元，占全球的比重从 22.5%提高到近 30%，已经连续 12 年居世界首位，在 500 种主要工业产品中，中国有 40%以上产品的产量居世界第一。① 但面对国际经济格局深度调整和国内经济高质量发展的新形势，加快建设制造业现代化产业体系至关重要。随着互联网、云计算、大数据等新一代信息技术的不断发展，数字经济异军突起，成为推动经济信息化、网络化、数字化发展的重要引擎，那么，数字经济时代制造业现代化产业体系的战略需求是什么？为了深入分析数字经济时代制造业现代化产业体系的发展战略诉求，本书结合全球产业新变革和国内发展新变化，从平台体系优化、产业链现代化、协同联动、绿色低碳及自主可控五个方面对数字经济时代制造业现代化产业体系的发展战略进行全面阐释。

---

① 金壮龙. 新时代工业和信息化发展取得历史性成就［J］. 中国信息化，2022（10）：5-8.

第一节　数字经济时代制造业现代化产业体系发展的平台体系优化战略

一、制造业现代化产业体系平台体系优化战略的历史必然

（一）平台体系优化是制造业现代化产业体系有效运行的重要载体

平台体系是数字经济时代实体经济的新型生产组织形态，它将不同类型的用户、供应商集合起来进行价值创造，平台属于双边市场或者多边市场，可以一边连接用户，一边连接供应商，这样为用户提供商品与服务，以及提供信息和交易空间。[①] 平台体系加快信息要素在不同经营主体与不同行业之间的多元流动，降低了信息流动障碍。可以看出，平台企业能够通过网络外部性实现规模经济。需要注意的是，传统工业经济通过扩大生产规模来降低长期平均成本获取规模经济，但是数字经济则通过网络外部性来增加平均利润获得规模经济。此外，平台企业通过共享平台拥有的无形资产获取范围经济。制造业现代化产业体系依托平台体系在多个层面和多个产业领域优化资源组合，在数字平台上低成本地开展多样化的生产制造活动，开创了自身价值之外的协同价值，获得更多的利润来源。

（二）平台体系优化是加速制造业发展方式转变的战略抉择

平台体系优化可以引致规模经济、范围经济与长尾效应，有利于为制造业现代化产业体系提供有效数据供给。数据作为新的生产要素嵌入制造业生产、流通、消费的各环节，其与传统生产要素的融合可以调整制造业所需生产要素的投入与组合方式，利用技术进步提高劳动生产率，优化传统制造业的业务模式，重构价值链和产业链。[②] 这样，制造业发展就有了附加价值提高的可能性，通过提高同一产业各环节、各经营实体之间的关联性，强化资源共享效应，提高资源配置效率，有利于加速制造业资源重组，调动外部供应商提供产品与服务，加快要

---

① 程贵孙，陈宏民，孙武军. 双边市场视角下的平台企业行为研究［J］. 经济理论与经济管理，2006（9）：55-60.

② 郭晗. 数字经济与实体经济融合促进高质量发展的路径［J］. 西安财经大学学报，2020，33（2）：20-24.

素在各主体间的流动，优化要素配置效率。[①] 这就打破了传统企业因资源不足对自身发展的制约，实现传统制造业体系向现代化制造业体系的转型。

二、制造业现代化产业体系平台体系发展的现实状况

（一）平台体系不断壮大，数字化转型基础持续夯实

随着新一轮科技革命和产业变革加速演进，平台体系在改造升级传统产业、提升制造业现代化产业体系水平方面的作用愈加明显。目前，中国正加速构建"综合型+特色型+专业型"平台体系，不断强化平台支撑作用。截至 2022 年底，各类平台已全面融入 45 个国民经济大类，具有影响力的工业互联网平台达到 240 个，重点平台连接设备超过 8100 万台（套），工业 App 数量已超过 60 万个，已经累计建设开通了 5G 基站 231 万个，占全球的 60%以上，5G 网络覆盖全国所有地级市、县城城区。[②] 与此同时，平台加速应用推动制造业数字化水平不断提升。如表 8-1 所示，截至 2023 年 3 月，全国两化融合发展指数达 101.4，经营管理数字化普及率、数字化研发设计工具普及率、关键工序数控化率较 2022 年分别同比增长 2.2 个、2.6 个、3.9 个百分点，全国制造业数字化转型关键指标持续攀升。全国企业工业设备上云率、工业互联网平台应用普及率分别达 18.1%、23.3%，河北、江苏、广东、北京、福建等地企业设备上云走在全国前列，广东、上海、浙江、江苏、山东等地工业互联网平台应用普及水平全国领先，成为驱动制造业高质量发展和产业体系现代化的新引擎。

表 8-1 全国及各省制造业数字化转型关键指标情况 单位:%

地区	两化融合发展指数	经营管理数字化普及率	数字化研发设计工具普及率	关键工序数控化率	企业工业设备上云率	工业互联网平台应用普及率
全国	101.4	74.3	77.6	59.4	18.1	23.3
北京	113.1	79.3	77.5	61.9	19.0	23.6
天津	107.7	78.3	86.8	61.6	16.0	17.3
河北	89.9	74.1	73.1	61.6	20.6	18.7

---

① 胡西娟，师博，杨建飞. 数字经济优化现代产业体系的机理研究 [J]. 贵州社会科学，2020（11）：141-147.
② 陶元，窦克勤，王程安. 推进新型工业化背景下制造业数字化转型的定位、态势和路径 [J]. 新型工业化，2023，13（6）：5-11.

续表

地区	两化融合 发展指数	经营管理数 字化普及率	数字化研发设计 工具普及率	关键工序 数控化率	企业工业 设备上云率	工业互联网 平台应用普及率
山西	85.8	71.2	71.7	60.0	11.4	17.8
内蒙古	81.5	65.4	63.9	60.0	9.2	13.0
辽宁	89.5	65.9	77.4	60.1	18.2	22.2
吉林	74.7	62.0	69.6	49.1	11.0	16.4
黑龙江	69.0	59.4	58.3	51.9	12.6	15.4
上海	114.1	78.7	88.2	60.3	17.5	26.6
江苏	118.4	83.1	88.5	62.6	20.5	25.6
浙江	111.3	82.8	87.4	61.8	18.3	26.1
安徽	96.4	77.2	79.7	58.2	16.2	17.7
福建	104.1	81.4	86.3	59.7	18.8	24.4
江西	80.1	72.2	75.1	57.3	15.4	21.4
山东	117.5	82.0	87.2	61.5	17.0	25.4
河南	90.3	73.1	81.5	57.8	17.9	16.2
湖北	91.6	76.7	79.5	60.2	16.7	17.5
湖南	89.9	70.6	79.6	54.5	18.0	21.5
广东	108.4	79.8	84.2	60.4	19.7	27.6
广西	69.8	65.8	71.5	56.4	12.4	14.8
海南	68.5	54.3	48.0	60.1	—	—
重庆	105.5	76.9	83.7	60.6	16.5	20.3
四川	97.6	78.9	81.4	58.0	17.0	20.8
贵州	77.7	73.0	71.5	54.2	10.6	15.8
云南	71.7	70.9	52.9	57.4	9.1	8.4
西藏	63.2	48.7	44.3	54.1	—	—
陕西	79.3	68.4	71.6	56.5	14.3	14.8
甘肃	63.4	60.8	56.2	56.1	13.7	13.5
青海	66.3	56.0	45.1	54.1	12.7	15.9
宁夏	75.6	61.3	59.5	59.6	10.6	10.7
新疆	67.8	57.5	49.2	56.1	9.4	4.7

资料来源：两化融合评估系统，www.cspiii.com/pg；工业互联网平台应用推广公共服务平台，www.ii-pap.com。

（二）产业数智化平台加速推广，制造体系现代化水平不断提升

数智化平台是融合数字化、智能化的新一代高性能技术平台，是集云计算、大数据、新质生产力、人工智能、区块链等为一体的创新型技术平台。[①] 数智化平台赋能制造业可以提供强大的数据整合和分析功能，有效链接来自不同部门和系统的数据，消除信息孤岛，实现数据的一体化管理和共享，更好契合客户需求、产业变革与市场趋势。近年来，中国抢抓新一轮产业变革机遇，加速推广产业数智化平台应用，取得了突破性进展。截至 2023 年 1 月，全球共有 10 批 132 家"灯塔工厂"，中国获评"灯塔工厂"50 家，其中中国大陆 46 家、中国台湾 4 家，成为世界上拥有最多"灯塔工厂"的国家。[②] 如表 8-2 所示，从产业分布来看，中国获评"灯塔工厂"的产品主要服务于终端用户。中国获评"灯塔工厂"集中度较高的前五大产业分别是家用电器，电子产品及设备，消费品，汽车、汽车零部件制造，工业机械、设备、装备，累计占比达到 76%。而前三大传统产业累计占比高达 56%。这些数智化平台的加速推广，大幅提高了生产效率，推动整个产业在纵向一体化上的数字化水平和制造业体系的现代化水平。

表 8-2　中国获评"灯塔工厂"的产业分布情况

产业领域	数量（家）	占比（%）	累计占比（%）
家用电器	11	22	22
电子产品及设备	10	20	42
消费品	7	14	56
汽车、汽车零部件制造	6	12	68
工业机械、设备、装备	4	8	76
光电子、光电子学	3	6	82
工业自动化	1	2	84
钢铁制品	1	2	86
医疗设备	1	2	88
服装	1	2	90
半导体	2	4	94

① 王勇. 加快打造数智化平台［EB/OL］.［2023-05-09］. http：//www. workercn. cn/c/2023-05-09/7831351. shtml.

② 刘志彪，徐天舒. 我国制造业数字化改造的障碍、决定因素及政策建议［J］. 浙江工商大学学报，2023（2）：92-105.

产业领域	数量（家）	占比（%）	累计占比（%）
电器元件	1	2	96
新能源	1	2	98
化工	1	2	100

资料来源：根据全球"灯塔工厂"相关资料整理。

三、制造业现代化产业体系平台体系优化战略的重点任务

（一）加强数字基础设施建设，优化平台体系运行模式

面向数字经济发展对制造业现代化产业体系的新需求，要加快完善信息平台、网络链接域、数字中台等新型基础设施，推动制造业产业信息系统的整合共享和数据资源的整合利用，加快构建一批覆盖上下游产业链供应链的产业数据资源库，强化制造产业大数据协同应用创新，为数字化赋能制造业和制造业数字化提供高质量的信息、数据、应用和新型基础设施服务。要不断提升平台体系水平和效能，高质量建设国家产业质检中心、产业计量中心、产业技术标准创新中心等质量平台基础设施，以及建设综合性质量基础设施服务平台，推动科技成果转移转化和服务产业创新、科技创新的功能性平台加速应用，打造数据利用、测试验证、咨询评估、交流合作、协同研发和产业孵化等公共创新服务载体，不断优化平台体系运行模式。

（二）加速平台集成创新，增强平台服务供给能力

要加快推广"大型企业建平台、中小企业用平台"的模式，积极鼓励大型企业通过场景开放、链条合作、业务协同、技术交流、数据共享等方式，带动制造业产业链供应链上下游各类企业数字化转型，倾力打造"链式"转型新模式。加快培育面向重点制造行业与典型区域的特色型平台、针对特定产业技术领域的专业型平台，积极壮大"综合型、特色型、专业型、创新型"的多领域平台体系，加强产业公共服务体系建设，增强制造业企业数字化转型评估诊断能力，完善工业互联网平台技术合作中心、应用推广中心，着力强化供给需求对接，提高产业关联度、不断延伸产业链，强化制造业园区技术、金融、信息、物流等公共平台支撑，增强平台服务供给能力。

（三）创新平台服务模式，提升应用场景竞争能力

生产和服务模式创新是制造业现代化产业体系的活力源泉。制造业现代化产

业体系，是将传统制造业与互联网、人工智能、云计算、大数据等新一代信息技术充分融合，通过对传统制造生产模式、创新模式、销售模式、组织模式的颠覆性创新，形成一系列新经济产业模式和应用场景。例如，近年来涌现出的分享经济、小众化柔性制造、个性化定制生产等新模式，可穿戴设备体验、智能旅游装备制造等新产品，以及虚拟产品现实、工业园区数智化等新场景，都属于新经济和新业态的典型代表，是制造业现代化产业体系的发展方向和新增长点。

第二节　数字经济时代制造业现代化产业体系发展的产业链现代化战略

一、制造业现代化产业体系产业链现代化战略的历史必然

（一）产业链现代化是推进新型工业化的必然要求

加快新型工业化进程是制造业现代化产业体系建设的题中之义，而产业链现代化的实现是务实推进新型工业化的重要支撑。当前，中国正处在由工业大国向工业强国迈进的关键时期，但是制造业产业链处于全球产业链中低端、制造业整体大而不强的现实尚未根本改变。需要特别指出的是，制造业一些产业链供应链仍然存在基础不牢、水平不高的严重问题，一些关键设备、基础产品与核心技术对外依存度较高，部分环节时常存在"卡脖子"危险。因此，产业链现代化水平的整体提升就显得尤为重要，要继续把制造业发展的着力点放在补链强链上，务实推进新型工业化，这要求彻底转变依靠低成本比较优势的发展战略，要强化科技创新的引领优势，突出实现制造业产业链现代化的极端重要性，并且将提升产业链现代化水平与牵引发展新质生产力相结合，为制造业现代化产业体系建设提供坚实的物质技术基础。

（二）产业链现代化是构建新发展格局的坚实支撑

新发展格局要求加快制造业现代化产业体系的构建，实现经济循环畅通迫切需要制造业各环节有序链接、高效畅通。一个不争的共识是，当前要增强国内大循环动力与可靠性的关键制约在供给侧，具体来说，主要在于制造业高端产品供给不足，因此，必须把着力提升产业链现代化水平作为畅通循环的根本举措，加

快突破供给约束堵点与软肋，促进供需两端总体匹配、良性互动与动态平衡，进而增强产业链竞争力，要高质量地以自主、安全、可控的供给更好满足市场需求，不断创造新的消费需求。此外，中国的国际分工地位还不高，国际循环质量的提升，需在保持完整产业体系的同时大力提升产业链现代化水平，依靠技术创新与模式创新不断优化产品与服务供给的质量和结构，提升产业附加值、劳动生产率和利润率，提高在全球制造业产业链中的位置，形成对全球优质制造资源的有效吸引（曹建海，2023）。

二、制造业现代化产业体系产业链现代化发展的现实状况

（一）基础研究能力不足，产业链高级化水平低

从数据看，尽管中国研发投入规模指标早在 2013 年就超越日本成为仅次于美国的全球第二大研发支出国家，但是基础研究支出比例长期低于 5%，直到2015 年才首次达到 5.1%，2020 年首超 6%，[①] 且仍然明显低于发达国家 15% ~ 23% 的水平。近年来，虽然中国科技人力资源数量大幅增长，但这只是对早期研发人才极端不足的弥补与充实。从研究人员在劳动人员中的密度指标看，美国、英国、德国等国普遍保持在 9 人/千雇佣人口的水平；而中国仅为 2.09 人/千雇佣人口，是日本的 1/5，欧盟平均水平的 1/4。再以知识产权贸易指标为例发现，长期以来美国处于绝对顺差的地位，美国专利使用费收入占全球的 50% 左右；而中国国际知识产权贸易的收益仍然很低，2020 年仅为 85.5 亿美元，2008 ~ 2015年不足美国的 1%，2017 年后增长较快，但直到 2020 年也仅为美国的7.5%。[②] 基础研究能力长期不足，严重制约着产业链现代化水平的提升。

（二）供需两端不平衡，产业链循环不畅

长期嵌入国际分工体系导致国内制造业发展"多线"断裂、"有链条无链主"、"有产业不自主"的情况十分普遍。从供给端来看，在长期的对外合作中，国内制造企业形成了"重生产轻研发""重引进轻自主"的路径依赖，在关键系统、重大技术装备、核心零部件和生产工艺等方面长期被外资企业或国外供应商所把持，导致产业自主性和控制力下降，高精尖环节"卡脖子"问题突出（徐建伟等，2023）。2022 年，中国进口机电产品 7 万亿元，占进口总值的 38.5%，

---

① 资料来源：中华人民共和国科技部发布的《2020 年全国科技经费投入统计公报》。
② 资料来源：美国国家科学基金会发布的《2020 年科学与工程指标》。

其中集成电路进口 5384 亿个，金额达 27662.7 亿元。[①] 在半导体关键装备之光刻机上，国外对中国光刻机进口限制范围不断扩大，一些企业被要求禁止对华提供的芯片制造设备从 10 纳米工艺制程扩大到 28 纳米工艺制程。[②] 此外，从需求侧观察发现，由于一些制造企业长期沿袭代工生产的模式，导致在产品开发、市场订单、售后服务等方面严重依赖国外品牌商与采购商，处于发展转型的被动地位。

三、制造业现代化产业体系产业链现代化战略的重点任务

（一）加强产业基础配套支撑，构建企业共生生态模式

制造业现代化产业体系构建需要加快实施产业基础再造工程。加强跟踪分析产业基础能力短板领域与薄弱环节的存在程度，着眼于市场需求多、对外依赖程度高、质量性能差距大、集群带动能力强的核心基础零部件、关键基础材料、核心电子元器件、节点决定性产业链和先进基础工艺等，强力集中优势力量和技术资源，进行攻关突破。同时，要强化制造业产业链内部协同水平，提高市场开拓能力，构建良好产业链生态，快速提升产业链核心竞争力与价值创造能力。要针对产业链基础配套，持续加强关联产业、企业、微型市场主体的协同合作，为各类市场主体优势提供一体化、数智化、个性化系统解决方案，努力打造全产业链企业共生生态新模式。

（二）加强市场机制建设，优化产业政策功能

提升产业链现代化水平离不开政府的积极作为，政府要结合制造业产业链变化情况，加快推出包括财政、金融、人才、科技、产权等在内的有效政策支持，不断提升产业监管与服务效能，强化企业活力保护与激发，切实维护各类企业公平竞争的产业发展环境。与此同时，提升产业链现代化水平更需要构建高效、公平、开放、协同的全国统一大市场，把建设全国统一大市场与促进产业链现代化所需的要素资源结合起来，推动更大市场范围内资源的顺畅流动，加快将巨大内需潜力转化为产品和服务创新，在统一大市场中培育更多的优质头部企业，助推产业链环节不断向高端环节攀升。

（三）强化新旧要素有机融合，增强供需动态平衡能力

将数据要素的使用贯穿产业链各环节，充分发挥其对其他生产要素的迭代作

---

① 资料来源：海关总署。

② 资料来源：根据公开资料整理。

用，推动"人才+数据""技术+数据""资本+数据"等要素深度融合的发展模式，加快形成数字经济新劳动者、数字技术链、数字金融等要素重组新形态。新旧要素有机融合要求通过数字化加快产业链内的信息交换频率与催生速度，实现沟通成本与交易成本的快速降低。同时，要推动制造企业通过大数据资源库的使用更精准地掌握消费者需求，不断挖掘消费者的潜在需求与创造新需求。① 进一步说，要不断推动数字化技术与新型要素的使用，加快重塑产业形态与商业运行模式，进而打破生产者和消费者的空间隔阂。② 通过新一代数字技术的应用，加快制造业产业链供应链数字化改造、智能化转型，不断增强供给与需求动态平衡能力，进而促进需求结构与产业链供应链的精准连接。

第三节　数字经济时代制造业现代化产业体系发展的协同联动战略

一、制造业现代化产业体系协同联动战略的历史必然

（一）协同联动是促进制造业双循环的关键支撑

在制造业现代化产业体系中，协同联动首先体现在供需协同，即通过供给侧和需求侧的互动反馈机制去激发产业创新活力与产品消费潜能，实现新旧动能转换，避免掉入单侧政策失灵的陷阱。制造产业的供给侧改革一般表现在要素端上的优化配置和生产端上的创新升级，制造业需求侧管理则着力于鼓励制造产品的消费。制造业现代化产业体系的供需协同要求双侧改革管理互为标的，此外着眼于长短期，兼顾数量、质量和结构等方面，进而形成制造业消费增长刺激制造产品供给、制造产品高质量供给倒逼制造业消费提质升级的双向循环。

（二）协同联动是促进制造业国际竞争力提升的重要保障

在制造业现代化产业体系中，协同联动强调了不同产业之间通过技术协作、交流合作，共享发展和开放创新的过程。制造业现代化产业体系的协同联动促使

---

① 张峰，刘璐璐. 数字经济时代对数字化消费的辩证思考［J］. 经济纵横，2020（2）：45-54.
② 张梦霞，郭希璇，李雨花. 海外高端消费回流对中国数字化和智能化产业升级的作用机制研究［J］. 世界经济研究，2020（1）：107-120+137.

不同行业之间共享产业资源，如技术、数据、人才、市场等，这有助于提高效率和降低成本。制造业产业内协同发展可以促进不同行业部门之间进行技术交流，推动组织创新与产业升级，有利于增强产业内的技术联系，提高产业整体竞争力，协同联动有利于推动数字经济和制造业加速融合，有利于制造企业提高拓展市场空间的能力和增加收益，进而提高制造业的国际竞争力。

二、制造业现代化产业体系协同联动发展的现实状况

（一）应用创新能力不断提升，研发投入依然不足

改革开放以来，中国制造企业的应用型创新能力提升突飞猛进，不断吸收国际技术，有力地促进了制造业双向循环发展。据统计，在全球前100个科技集群中，2020年深圳—香港—广州科技集群、北京科技集群和上海科技集群分别居全球第2位、第3位和第8位。此外，南京科技集群、杭州科技集群、武汉科技集群、西安科技集群分别居第21位、第25位、第29位和第40位，进入前100位的还有天津科技集群、长沙科技集群、青岛科技集群、苏州科技集群、重庆科技集群、合肥科技集群、哈尔滨科技集群、济南科技集群和长春科技集群。[①] 尽管如此，中国制造业总体创新水平与其世界第二经济大国和第一制造大国的地位仍不相称。2020年，中国研发投入强度达到2.4%左右；而2018年，美国、德国、日本、韩国的研发投入强度分别达到2.83%、3.13%、3.28%、4.53%，其制造业研发投入占总投入的比重分别为46.9%、58.8%、68.7%、71.3%，[②] 均远远高于其制造业增加值占GDP的比重，制造业本身的研发投入强度均不同程度高于中国。

（二）创新链协同支撑能力不足，产业低端锁定风险大

全球创新链对制造业现代化产业体系具有协同支撑作用，尽管中国与日本、韩国、欧美国家的创新合作不断深入，但是在部分战略性新兴产业，中国对日本、韩国、欧洲国家的专利引用仍处于较低水平。如表8-3所示，在半导体领域，中国对日本、韩国和欧洲国家的专利引用占比分别为5.4%、0.5%和1.3%；在航空航天领域，中国对日本、韩国和欧洲国家的专利引用占比分别为8.3%、1.0%和2.1%；在人工智能领域，中国对日本、韩国和欧洲国家的专利引用占比

① 资料来源：世界知识产权组织发布的《2020年全球创新指数报告》。
② 付保宗. 增强产业链供应链自主可控能力亟待破解的堵点和断点 [J]. 经济纵横，2022（3）：39-46+137.

分别为3.3%、0.4%和0.9%；在新能源汽车领域，中国对日本、韩国和欧洲国家的专利引用占比分别为7.2%、0.6%和1.3%；在医疗器械及影像设备领域，中国对日本、韩国和欧洲国家的专利引用占比分别为4.9%、0.3%和2.6%。[①] 由此可见，中国制造业吸收全球创新资源的能力仍然不足，存在产业低端锁定的巨大风险。

表8-3 中国对日本、韩国、欧洲产业专利引用占比 单位:%

产业领域	日本	韩国	欧洲
半导体	5.4	0.5	1.3
航空航天	8.3	1.0	2.1
人工智能	3.3	0.4	0.9
新能源汽车	7.2	0.6	1.3
医疗器械及影像设备	4.9	0.3	2.6

资料来源：中国社会科学院工业经济研究所课题组。

三、制造业现代化产业体系协同联动战略的重点任务

（一）促进要素协同，优化制造业要素市场

在制造业现代化产业体系中，要素协同要结合"十四五"时期技术变革的新时代特点，以技术、数据、信息等为高端生产要素，发挥可复制、可共享的特征，连接创新、激活要素、培育人才、推动产业升级与高质量增长。以关键生产要素为驱动，与人才、技术等进行联动协同发展，赋能制造资源，构建产业链、数据链、创新链、资金链、人才链、政策链"六链协同"机制，动态联动"六链"环节上的不同主体，建设能够克服传统要素资源总量限制的高效的制造业要素市场。

（二）促进产业协同，提升制造业融合共生能力

在制造业现代化产业体系中，产业协同表现为三个方面：一是龙头制造业企业与中小、小微制造业企业之间的协同发展，龙头制造企业发挥引领作用积极搭建共享平台，而中小、小微制造企业发挥专精特新优势不断释放创新活力，形成

[①] 中国社会科学院工业经济研究所课题组，张其仔. 提升产业链供应链现代化水平路径研究［J］. 中国工业经济，2021（2）：80-97.

龙头引领、协同分工、优势互补的格局。二是传统制造业与新兴制造业在产业内进行协同，以新兴制造为引领赋能传统制造业，而不是顾此失彼。三是制造业与其他产业的跨界协同，加快"制造+"体系建设，利用新技术资源，不断催生新业态、新模式。

（三）促进区域协同，提升制造业双循环能力

在制造业现代化产业体系中，区域协同指各区域实现制造资源的共享、制造要素的自由流动、制造企业基于产业环节的分工协作，这样可以全面提升各区域的制造产业竞争力。具体来说，制造业的产业要素在区域间的整合与跨区域制造网络的形成，一方面，需要各区域政府相关部门的联动，加强产业政策与制造业运行制度的协调；另一方面，要求各区域制造企业间建立以契约网络、股权网络和关系网络为基石的联系。此外，需要建立跨区域的中介组织联合，以便服务于制造企业和政府部门，提高区域制造业的协同效率。

第四节　数字经济时代制造业现代化产业体系发展的绿色低碳战略

一、制造业现代化产业体系绿色低碳战略的历史必然

（一）绿色低碳是实现中国式现代化的内在要求

中国式现代化要求实现高质量发展，绿色发展是新发展理念的重要内容，而降低碳排放则是中国式现代化推进中实现绿色发展的关键约束与内在要求。2020年9月，习近平主席明确表示，在2030年碳达峰的基础上，到2060年中国实现碳中和，中国从碳达峰到碳中和的时间远远低于历史上发达国家的时间，同时承诺碳达峰目标时间节点上的碳排放水平也要显著低于发达国家历史上碳达峰时的碳排放量。[①] 从终端需求来看，作为经济增长的核心力，制造业减排是碳排放降低的主力。在从制造大国向制造强国的演进过程中，制造业的能耗降低与碳排放减少变得尤为关键。因此，制造业现代化产业体系发展必须坚持绿色低碳战略，

---

① 刘伟. 中国式现代化与低碳绿色发展［J］. 学术月刊, 2023, 55（1）: 39-47.

这将有助于解决发展与环境间的多重矛盾，有助于协调减排与产业升级间的矛盾。

（二）绿色低碳是抢占国际竞争制高点的先手棋

绿色低碳作为发达经济体与发展中经济体博弈的关键筹码，直接影响着国际竞争格局的重新塑造。目前，绿色低碳已经变成各国产业发展的共同取向，发达经济体通过绿色低碳的约束，设置诸多壁垒，以绿色之名限制发展中经济体的产业发展，以低碳作为限制发展中经济体行使生存发展权的平台与手段，可见绿色低碳已经成为国际竞争的新路径，不给予足够重视就有可能阻碍其现代化进程。当前，已经有上百个经济体将绿色低碳作为制造业发展的战略抉择，在国际碳援助合作和区域间碳减排协同行动中，绿色的合作协议和低碳的措施安排成为主要牵引与重点选项。这足以说明，绿色低碳的推进速度与实施效果，在一定程度上决定着国际道德制高点与国际话语权，是各国竞争焦点的新赛道，绿色低碳产业投资是世界各国高度关注最有效益与最具有安全性的清洁能源投资，我国应持续加大绿色低碳产业的规划引领与支持力度，积极布局绿色低碳发展，全力打造新的国际竞争比较优势（杜明军，2022）。

二、制造业现代化产业体系绿色低碳发展的现实状况

（一）绿色低碳总体水平显著提升，行业内部发展不平衡

党的十八大以来，中国立足最大发展中国家实现高质量发展的根本国情，推出一系列政策组合，加速推动经济的绿色低碳转型，在过剩产能化解方面取得重大成果，制造业绿色低碳发展整体水平明显提升。GDP含碳量在"十二五"期间下降28%，在"十三五"期间下降16%，2021年进一步下降5.6%，单位GDP能耗逐年下降；2020年一般工业固废综合利用率达到55.4%；规模以上工业单位增加值能耗在"十二五""十三五"时期分别下降28%和16%的基础上，于2021年进一步下降5.6%。此外，万元工业增加值用水量在"十二五""十三五"时期分别下降35%和39.6%的基础上，在2021年进一步下降7%。①产业发展的含"碳"量不断下降，含"绿"量不断上升，作为全球140多个国家和地区的主要贸易伙伴，中国制造业绿色低碳转型将为全球产业发展绿色化转型贡献巨大力量。需要注意的是，当前，中国制造业行业内部绿色低碳发展不平衡，结

---

① 资料来源：根据历年《中国统计年鉴》数据计算。

构性矛盾依然突出。如图 8-1 所示，从行业结构上看，黑色金属冶炼及压延加工业（23.91%），化学原料及化学制品制造业（20.28%），非金属矿物制品业（12.65%）、石油、煤炭及其他燃料加工业（12.61%），有色金属冶炼及压延加工业（9.10%）等传统行业是典型的耗能大户，推进高耗能制造业存量优化、结构调整与增量控制压力巨大。

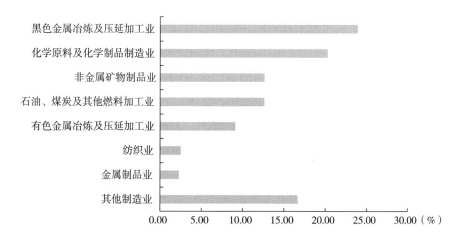

图 8-1　2020 年中国制造业行业能源消费情况

资料来源：根据《中国统计年鉴（2021）》数据绘制。

（二）能源资源供给不足，绿色产业发展短板突出

当前，中国能源、资源供给与生态环境的顶板效应日趋显现。一方面，全球范围内，能源供需格局正在发生结构变化，由于国际局势、技术变革、产业调整等因素的影响，未来国际能源供需格局将逐渐从以沙特阿拉伯为首的 OPEC、以俄罗斯为代表的非 OPEC 及以美国为代表的消费方构成的三角关系，向更为复杂的四角关系嬗变。其中，美国由单纯的需求方向兼具需求与供给转变，而消费方则由我国、印度等新兴经济体以及欧洲、日本等国家和地区构成。[1] 这一关系结构变化为中国资源供给与能源消费带来多重挑战。另一方面，尽管中国能源、资源利用和环保水平显著改观，但传统粗放发展模式尚未根本转变，未来能耗"双控"和碳减排的压力将显著增大。如表 8-4 所示，2019 年，中国一次能源消费

---

① 付保宗. 增强产业链供应链自主可控能力亟待破解的堵点和断点 [J]. 经济纵横，2022（3）：39-46+137.

和二氧化碳排放占世界比重分别为 24.3% 和 28.8%，均高于同期中国 GDP 占世界的比重。同时，中国在节能环保、新能源汽车、新材料等绿色产业发展方面的优势多数体现在最上游的矿物等原材料储备，以及中下游的制造、应用等环节，但是上中游的二次以后加工原料、整体产品设计、关键部件等弱势明显。①

表 8-4　2019 年中国能源消费和二氧化碳排放占比国际比较　　单位:%

地区	一次能源消费占世界比重	二氧化碳排放占世界比重
美国	16.2	14.5
德国	2.3	2.0
日本	3.2	3.3
韩国	2.1	1.9
巴西	2.1	1.3
印度	5.8	7.3
俄罗斯	5.1	4.5
南非	0.9	1.4
中国	24.3	28.8

资料来源：根据 2020 年 BP 世界能源统计年鉴整理。

三、制造业现代化产业体系绿色低碳战略的重点任务

（一）细化碳中和行动顶层设计，加快绿色低碳配套设施建设

碳减排行动要根据中央确定的战略方针与重点领域，加快细化实施方案与操作规则，前瞻性布局碳中和战略路径，分阶段统筹"双碳"战略的框架体系。加快推出包括专项基金、税收减免、财政补贴、知识产权、技术入股等政策吸引投资，推动科技成果高效转化。要立足制造业发展趋势，结合"双碳"目标设计面向细分行业重点领域的具体行动方案。同时，要跟踪全球能源变革方向，把握世界氢能产业快速发展大势，增强清洁能源发电、氢能、天然气和生物燃料的生产、运输和储存能力，积极发展碳储存设施与制氢工厂的近距离联动，不断扩

---

① 姜江．增强战略性新兴产业产业链供应链自主可控能力的思考［J］．经济纵横，2022（2）：35-41.

大电解水制氢的生产规模，加快降低氢能使用成本。[①] 进一步地，要提高交通基础设施绿色化利用效率，积极统筹陆海空资源，合理有序建设充电桩、加气站、生物质发电、加氢站等新型基础设施，加快减少制造产品损耗和流通环节碳排放，促进降低环境污染和低碳发展的高度统一。

（二）强化约束机制建设，提升绿色制造发展能力

战略性把握当前中国制造业发展面临的模式转换，资源约束、环境约束、人才约束明显增多的现实，以及制造业现代化产业体系在要素条件、组合方式、配置效率等方面提升空间巨大的优势。强化制造业现代化产业体系发展中资源消耗、环境治理、节能技术、绿色供应链等的管控，全面提升绿色服务和管理创新水平，大力推动不同经济主体间、产业产品间、产业链条间的有机生态发展。此外，加快绿色、低碳、智能工厂的改造和升级，要在厂房集约化、能源低碳化、生产洁净化、服务数智化等方面取得显著成效，提升制造业绿色发展质量、效益和能源利用率，有效遏制产业链供应链的非理性对外扩张，加强绿色低碳科技创新的长板效应，全力形成"碳中和""碳达峰"样板链，加强中国制造业在国际绿色合作与治理中的把控力与引领力。

（三）深化国际合作，完善现代能源供给体系

基于构建制造业现代化产业体系发展的实际需求，逐步建立与制造业现代化产业体系相匹配的生产性要素保障、产业效率评估、需求关系监控、供应协调体系。同时，要着力保障主要制造业集聚区、重点企业和产业项目的生产要素需求，推动交通能源、数据人才、配套服务等生产要素与制造业现代化产业体系相结合，优化生产要素保障方式与渠道。要不断深化国际合作，加强与发达国家绿色技术交流，助推国内技术创新、能源转型和产业层次。积极借助共建"一带一路""南南合作""中蒙俄经济走廊"等平台，强化对国内优势企业开拓国际市场的支持，加强与发展中国家绿色低碳技术的共享与应用，进一步提高中国在国际标准制定中的话语权和主导权，更好地发挥多边双边机制，加强能源资源的循环畅通。

① 李东坡，周慧，霍增辉．日本实现"碳中和"目标的战略选择与政策启示［J］．经济学家，2022（5）：117-128.

第五节 数字经济时代制造业现代化产业体系发展的自主可控战略

一、制造业现代化产业体系自主可控战略的历史必然

（一）自主可控是统筹发展和安全的战略选择

制造业现代化产业体系的自主可控反映了产业经济抵御风险的能力，体现了一国保障经济安全的能力。当前，全球产业链重组、供应链重塑与价值链重构深入演进，逆全球化思潮时有抬头，部分国家单边主义、保护主义不断上升。必须指出的是，中国产业链在一些领域依然存在断点、堵点，在一些基础零部件、核心元器件、关键基础软件、先进基础工艺、关键基础材料等领域出现严重缺失，有被不确定性因素冲击而引发产业链供应链断裂的危险。对此，必须把增强产业体系韧性和竞争力放在极端重要的位置，全力构建自主可控、安全韧性、高效循环的制造业现代化产业体系。

（二）自主可控是建设制造强国的关键举措

中国经济发展已经进入新阶段，随着制造业现代化产业体系被提上议程，扶持和发展中国自主可控的产业体系已经成为基本国策，自主可控将成为未来制造业发展的逻辑主线。自主可控的制造业现代化产业体系创新性强、带动性大、渗透性广，将为制造业高质量增长态势奠定坚实基础，构建制造业现代化产业体系要大力推动以集成电路、工业制造、行业应用系统为核心的各个行业进入新的发展周期，要大力推动新型工业化、形成新质生产力、强化新兴制造业态。大力发展自主可控的制造业现代化产业体系，不仅能够拉动国家经济增长与促进社会发展，也是提高国家整体科技水平，带动制造业高质量发展，促进中国加快从"制造大国"走向"制造强国"的关键之举。

二、制造业现代化产业体系自主可控发展的现实状况

（一）产业体系完备，关键核心技术缺失

当前，中国拥有 41 个工业大类、207 个工业中类、666 个工业小类，是全世

界唯一拥有联合国产业分类中全部工业门类的国家，拥有世界上规模最大、门类最齐全的制造业体系，220 多种工业产品产量居世界首位，制造业增加值占全球制造业比重连续 13 年位居世界首位。① 然而，如表 8-5 所示，中国制造业的关键核心技术缺失严重，根据工信部对全国 30 多家大型企业 130 多种关键基础材料调研结果，32% 的关键材料在中国仍为空白，52% 依赖进口。绝大多数计算机和服务器通用处理器 95% 的高端专用芯片、70% 以上智能终端处理器、绝大多数存储芯片依赖进口；在装备制造领域，高档数控机床、高档装备仪器、运载火箭、大飞机、航空发动机、汽车等关键件精加工生产线上逾95%制造及检测设备依赖进口。② 这一现实困境严重影响了中国制造业现代化产业体系的自主可控发展。

表 8-5　中国制造业关键技术缺失领域一览

行业领域	技术难题
交通运输	高铁列车运行控制、冻土地区铁路公路修建、悬浮隧道建设、路网全感知和地下交通及物流系统
空天科技	天地往返，飞机级系统框架设计及仿真、高精度动态测量
能源环境	电力储能、海洋生态系统储碳，生物多样性维持、放射性废物安全处置，制氢技术以及全球能源互联网
先进材料	热电材料、纳米纤维、高安全结构材料、光催化材料及新型智能复合材料
信息科技	类脑计算、认知物联网、抗量子密码算法设计、无人载运工具仿真、工业互联网、人机情感交互
智能制造	人机共融关键技术、光量子传感、动力电池技术、新一代智能制造系统、智能驾驶技术及先进微纳机器人技术

资料来源：根据中国科协发布的 60 个重大科技难题整理。

（二）企业链群加快形成，链主企业引领不足

企业链群是引领产业发展和科技创新的关键力量。2022 年中国规模以上工业企业达到 45 万家，比 2012 年增长 30% 以上，③ 经过多年努力，中国已形成龙头骨干企业"顶天立地"、专精特新中小企业"铺天盖地"、一批"单打冠军"

---

① 金壮龙. 新时代工业和信息化发展取得历史性成就［J］. 中国信息化, 2022（10）：5-8.
② 资料来源：工业和信息化部.
③ 资料来源：根据国家统计局数据计算.

与"配套专家"相互促进的企业链群。然而，对标美国、日本、德国、韩国等制造业发展较好的国家，可以看出一个事实，即这些国家细分行业均有数家占据全球产业链制高点、引领全球产业创新的"链主型"企业，这些企业已具备行业标准制定、原创技术突破、供应链控制、产业平台搭建、人力资本培养、新兴产业孵化等绝对优势，它们决定着所在领域全球产业的分工格局。例如，在数字经济领域，美国的苹果、英特尔、微软等企业引领科技进步；在智能制造领域，德国的西门子、博世，日本的索尼、日立等企业独占鳌头。在新一代信息技术、智能制造、绿色技术等领域，中国已拥有一批规模较大、产业集中度较高的企业，但其创新力、竞争力和引领力却与"链主型"企业的实力仍然相差悬殊，像华为这种能够在第五代移动通信技术标准制定时代角逐国际产业分工格局制高点的企业凤毛麟角。[①]

三、制造业现代化产业体系自主可控战略的重点任务

（一）强化科技创新引领作用，提升高水平自主技术要素供给

实现制造业现代化产业体系的自主可控，最重要的是关键核心技术的自主可控。这需要围绕重点产业链，梳理关键核心技术和零部件的"卡脖子"薄弱环节，强化科技创新引领作用，加强新一代信息技术、数字技术、智能技术等领域核心技术攻关，着力推进高端芯片、新兴材料、重大装备、操作系统、工业软件的率先突破，扎实推进产业基础再造工程，提升产业基础能力现代化水平。在政策措施方面，一方面，要正确处理产业政策与竞争政策的关系，充分发挥竞争政策对颠覆性创新的催化作用；另一方面，要构建新型举国体制，合力研发共性基础技术，突破关键共性技术和前沿引领技术。

（二）加快培育链主企业，提高企业全球产业链掌控能力

制造业现代化产业体系的自主可控要求培育出一批可以主导国际产业链的链主型企业，同时要大力培育能够掌控产业链关键节点的专精特新中小企业链群。要聚焦新一代信息技术产业、高档数控机床和机器人、航空航天装备、海洋工程装备和高技术船舶、先进轨道交通装备、节能和新能源汽车、电力装备、农机装备、新材料、生物医药和高性能医疗器械十大重点产业领域，积极推进链主企业培育工程，大力支持专精特新企业高质量发展，鼓励各类企业在核心基础零部

---

① 姜江．增强战略性新兴产业产业链供应链自主可控能力的思考［J］．经济纵横，2022（2）：35-41．

件、关键基础材料、重要基础工艺、共性技术基础等方面进行技术攻关。[①] 加强"产业—企业—产品—市场"的运行模式，构建梯度化、差异化的制造业企业协作体系，提高企业全球产业链掌控能力。

（三）完善科技创新载体，构建跨区域产业网络

制造业现代化产业体系自主可控的实现要求围绕重点行业领域的共性和关键技术，加快建设一批高质量研发机构和创新载体。要探索建立专业化、分布式、网络化的新型科研机构，强化公共技术平台支撑，提升科技创新服务能力。积极搭建全产业链协同创新平台，以合作共赢为基础打造利益联结体，形成上、中、下游互融共生、分工合作的一体化创新模式。要围绕深化区域间梯度分工和保障产业链安全运行的机制，以高端装备、电子信息、汽车、生物医药、关键核心零部件为主导，在分工协作良好、产业基础雄厚的地区建设一批先进制造和战略性新兴产业集群，提高区域间产业协作配套能力，打造战略性产业链备份基地，构建多方参与、共同促进、协调发展的区域产业网络，增强国内产业体系的弹性与韧性。

---

① 黄群慧. 打造自主可控、安全可靠、竞争力强的现代化产业体系［N］. 光明日报，2023-01-21.

第九章　数字经济时代中国制造业现代化产业体系的发展路径

　　制造业现代化产业体系是现代化国家的重要物质技术支撑，是实现经济现代化的重要标杆，它强调了高质量发展目标下制造业要素结构、行业结构、技术结构和组织结构的系统性优化，制造业产业体系的现代化是制造业与生产性服务业、制造业与数字经济、先进制造业与传统制造业协同互促的复杂过程，而这一系统过程的高质量实现有赖于制造业体系优化所选路径的有效性和科学性。历史经验一再表明，成功实现现代化的国家和地区，都经历过制造业产业体系现代化的过程，都会在一个或多个行业领域形成位居全球前列的制造与服务优势，特别是制造体系的现代化成为支撑高效率社会生产、高层次产业发展和高水平国民收入的关键核心和根本保障。例如，美国的电子信息、先进制造、生物医药、人工智能、航空航天，德国的汽车和先进装备制造产业，日本和韩国的电子产品、半导体、造船、汽车产业，中国台湾的半导体、芯片产业，都是支撑这些国家和地区实现现代化的物质基础。相反的是，曾经的一些强国走向衰落，失去国际地位，一些国家掉入"中等收入陷阱"，经济增长不再继续，陷入长期停滞的状态，其中一个重要的教训就是没有实现制造业产业体系的不断升级和现代化，导致经济和产业系统缺乏持续创新的活力。因此，没有制造业产业体系的现代化，就没有经济的现代化；没有坚实的物质技术基础，就不能全面实现社会主义现代化强国的目标。基于此，本章结合数字经济时代的特征和产业变革趋势，深入分析制造业现代化产业体系发展的目标取向，剖析制造业运用数字化成果促进产业体系优化升级的典型案例，总结制造业现代化产业体系发展的成功经验，进而提出数字经济时代中国制造业现代化产业体系发展的路径。

第一节　数字经济时代制造业现代化产业体系发展的目标取向

一、制造业国内循环体系畅通

制造业国内供需之间的结构性错配是阻碍国内大循环的关键因素。新发展格局的构建将推动中国经济由"主要依靠国际大循环"转向"以国内大循环为主体"，这一循环体系的转变不仅仅要求推动供给侧结构性改革，对需求侧管理的诉求更加迫切，制造业现代化产业体系的构建要从供给侧与需求侧两端发力，加快在供给与需求之间建立相互匹配、相互牵引、相互促进的动态协同关系。因此，中国制造业必须加快调整产业结构，重组要素流动模式，促进产业链上下游之间的交流融合，充分发挥组织创新对循环体系畅通的推动作用，努力实现产品、信息、技术、供应、创新、物流等的柔性化，通过推进产品创新、模式创新和服务创新提高国内制造业供给的有效性，加快处理国内供给与需求间存在的错配问题，更好地实现供需之间的高水平动态平衡。

二、制造业产业链供应链安全可控

制造业现代化产业体系强调产业循环的重要性，需要中国制造业的产业链体系保持顺畅运行。而产业链的安全、可控与稳定是保证产业链体系畅通运行的基础与前提。当前，国际经济环境变得日趋复杂与不确定，中国制造业急需加快产业组织形态更新与产业链体系重组，需要构建起更灵活、更复杂、更创新、更韧性的产业链体系，提高应对保护主义和单边主义等重大冲击的能力。同时，通过产业链组织体系的重组和革新，进一步降低交易成本，提升对全球制造资源的配置能力，提高产业链各环节生产效率，不断提升中国制造业全球产业链供应链市场需求的高效响应能力，进一步降低逆全球化影响下外资企业撤离与转移带来的产业风险，提高整个产业链体系的供给保障，为中国构建制造业现代化产业体系提供坚实的保障。

三、制造业全球产业竞争力提升

产业高端装备、高精尖核心技术、核心零部件自主供给能力不足，产业链关键环节受制于人，全球引领力、竞争力不强，这些都是数字经济时代中国制造业现代化产业体系发展的主要瓶颈。进入新发展阶段，要特别重视产业创新和竞争力提升，要将在关系国家安全的领域和节点构建自主可控、安全可靠的国内生产供应体系，作为优化和稳定产业链供应链的重点。制造业现代化产业体系的构建，一方面，要通过产业变革加快整合创新资源，优化创新组织运行模式，提升产业协同创新能力，攻关破解产业链"卡脖子"环节，进而提高制造业产业体系本身的竞争力；另一方面，要通过强化技术创新引领作用，加快产业综合效益和全要素生产率的提高，持续保持中国制造业产业价值链的长板与优势，通过上述举措，不断提升中国在全球产业链规则中的主动权与话语权，以此反制其他国家对中国的技术封锁与脱钩断链。

四、制造业国内外循环互促发展

当前，中国制造业已经深度融入全球产业体系中，积极统筹好国内与国际两个市场，不断提高对全球生产、制造资源的吸引和配置能力，形成国内国际相互促进的发展格局，是应对"逆全球化"趋势和不确定性因素的必然选择。同时，中国制造业高质量发展更需要外部高端生产要素、专业技术人才和先进技术的支撑和激励。制造业现代化产业体系的构建，虽然要高度重视以国内大循环为主体，但更要重视高水平对外开放的重要性。一方面，要促进高质量"引进来"与高水平"走出去"的协调发展，这样可以在一定程度上解决中国制造业转型升级过程中技术、人才、资源供给不足的问题。另一方面，要发挥中国超大规模市场的优势，这样有助于促进国际循环的带动作用。为此，中国制造业要通过国内外循环互促发展来实现对全球优质资源的整合，以制度型开放促进产业制度创新，促进生产要素自由流动，提高双循环赋能制造业体系的水平，不断拓展服务范围、提升服务能力，以更高水平的开放方式、更高质量的制造产品参与国际合作与竞争。此外，还要通过制造业变革来实现国内国际两个市场的有效对接，不断为国际大循环提供供应链支撑、创新链支撑和市场支撑，形成中国制造业国内外循环互促发展的良好格局。

五、数字产业化与产业数字化协同发展

数字经济时代制造业现代化产业体系的发展要求数字产业化与产业数字化协同发展和相向发展，这两者在一定程度上是一种供与需的关系，数字产业化侧重于数字要素的供给，而产业数字化则侧重于数字要素的应用，在数字成为一种新的生产力后，制造业现代化产业体系的建设就要将数字制造、数字赋能与制造业数字化改造结合起来，实现制造业高水平的供需匹配。一方面，要促进数字产业与制造需求相匹配。数字技术、数字元素不会直接表现为经济价值，如果数字产品、数字服务不与特定市场相结合，不能赋能特定产业载体，就无法实现其价值升值。也就是说，只有将数字技术、数字要素、数字产品与相关产业发展的市场需求及企业运营的服务模式相结合，才能创造出更大的产业增长与经济价值。另一方面，要促进数字技术标准与市场应用相匹配。数字技术体系标准与发展路径具有专业性、多元性、复杂性和开放性等特点，不同企业的技术路线有所不同，其成熟程度与市场匹配度也有所不同，在缺乏行业标准和第三方认证的情况下，企业很难甄别优劣（杜庆昊，2021）。因此，数字产业化与产业数字化协同发展是制造业现代化产业体系构建的重要目标取向。

第二节 数字经济时代制造业现代化产业体系发展的典型案例

随着数字经济的不断发展，大数据、云计算、先进算力等新要素催生的生产力形态快速发展，中国传统制造业中的一些企业积极谋划数字化浪潮中的升级之道，并在竞争中不断摸索，通过大力运用数字化成果赋能传统制造业，探索出了一些制造业体系优化的典型案例模式，为制造业现代化产业体系的构建积累了许多宝贵经验。

一、钢铁制造业企业：战略性体系重构

在全球铁矿石原材料价格大幅上涨、国际钢铁行业竞争加剧，以及碳达峰、碳中和目标的背景下，中国钢铁企业面临材料成本、运营成本与工艺成本大幅增

加的诸多压力，出现了盈利能力下降、市场竞争能力不足的迫切问题。据统计，自 2018 年以来，中国钢铁行业利润总额呈下降态势，2020 年钢铁行业实现利润总额 2464.6 亿元，同比下降 7.5%，企业亏损总额累计达 313.1 亿元。[①] 这一现实虽然表明了钢铁行业在产能和利润等方面的问题，但其背后隐藏的深层次问题是钢铁行业在面对全球产业周期性调整、技术快速变革时自身的发展问题。

作为钢铁行业的领军企业，宝钢着眼数字经济大势与产业革命浪潮，进行了钢铁生态服务体系的战略性重构，促使企业由要素、投资驱动向需求、创新驱动转变，指明了"从钢铁到材料""从制造到服务""从中国到全球"三大战略转型方向，确立了"一体两翼"战略性体系，即以钢铁产业为主体，以精品智慧制造和构建钢铁生态服务体系为两翼。[②] 为了解决钢材流通领域长期存在的信息不对称、流通成本高、贸易效率低、钢贸信用环境崩溃，以及大量中小终端用户的个性需求得不到满足等问题，宝钢立足产业链空间优化和附加值提升，创立"互联网+钢铁"模式，搭建第三方钢铁电商服务平台，即欧冶云商平台。[③] 欧冶云商平台是基于数字化技术，以产业链电商平台集群为核心、多主体共建共生共赢的产业生态服务体系。欧冶云商平台的建立，有利于促进跨产品、跨地域、跨服务的多维度拓展，有利于融合产业链上下游的优质供应商、钢铁厂商、贸易商、物流加工商等主体，有利于满足终端中小客户的无限个性化需求，并通过平台服务丰富线上线下资源，形成公共加工配送平台。2019 年，欧冶云商累计实现平台交易量（GMV）2.3 亿吨，营业收入达 524 亿元，占宝钢总营收的 17.9%，该平台已经成为宝钢新的增长点并带动了全行业的快速发展。[④] 宝钢通过进行战略性体系重构，积极打造钢铁全产业链生态服务系统，促进了创新孵化平台的建立，提高了供应链效率，实现了生产调度优化，提升了产业链竞争力。

二、新能源汽车制造业企业：研发体系全球化布局

近年来，为了创造新的经济增长点，有序推进"碳达峰""碳中和"，加快经济高质量发展，国家大力支持新能源汽车产业发展，在相关政策的大力推动

---

① 资料来源：Wind 资讯。

② 资料来源：根据公开资料整理。

③ 徐乐江. 钢铁"寒冬"的宝钢布局［EB/OL］.［2019-04-30］. http：//www.csteelnews.com/special/1334/1339/201601/t20160111_299908.html.

④ 资料来源：中国证监会发布的《中信证券关于欧冶云商股份有限公司辅导备案情况报告公示》。

下，新能源汽车产业呈较快发展态势。2022 年，中国新能源汽车产销分别完成705.8 万辆和 688.7 万辆，同比分别增长 96.9%和 93.4%，产销规模均为持续爆发式扩大，连续 8 年保持全球第一。①当下，中国新能源汽车产业发展仍然面临诸多问题，主要表现在重视整车和生产，却忽视零部件和研发，缺少对基础性研发和终端应用环节的投入，这些问题不能及时解决将导致关键技术、主要系统和核心零部件的发展止步不前。同时，中国尚未突破新能源汽车的关键核心技术，如动力电池隔膜、驱动电机高速轴承、电池管理系统和控制系统相关电子元器件等，这严重影响了产品成本和性能。因此，数字经济时代中国新能源汽车产业制胜的关键在于聚集技术资源和科研力量全力攻克动力电池等关键技术短板，技术研发是未来新能源汽车产业的核心竞争力。

为了更好地满足人们对汽车产业智能化、数字化、个性化的需求，长安新能源汽车公司打破原来的研发组织机构，推行研发组织的渐进式结构型变革，进行研发体系的全球化布局，这一新的研发组织机构是面向市场和客户的高效研发机构，在纵向专业能力提升、横向产品开发和共性基础技术攻关方面实现了组织结构优化。需要说明的是，长安新能源汽车这一全球化研发体系与以往的内部研发体系有很大的不同，该研发体系采取分布式研发组织结构，有利于调动全球优势创新资源，有利于充分利用各地的技术、人才长板，有利于及时掌握相关领域的技术需求。同时，通过研发体系的全球化布局可以促进研发结构的扁平化与分散化，再加上数字化研发体系的搭建和赋能，可以达到多项目研发、专业技术提升、共性基础技术研究协同推进的目的。长安新能源汽车全球化研发体系构成了"五国九地、各有侧重"的格局，具体表现为：由意大利都灵研发中心主攻造型设计，日本横滨研发中心负责汽车内饰，英国诺丁汉研发中心承担动力设计，美国底特律研发中心专注底盘设计，基于国内重庆、上海、北京、哈尔滨、江西的五个本土研发中心实现自主创新，达到研发资源协同和优势互补。②长安新能源汽车一方面着手研发结构分散化，另一方面大力搭建数字化、智能化平台（PDM），推进制造平台化，促进在线研发与数据驱动研发的全面协同。通过研发体系的结构型变革和全球化布局，长安汽车推动实现了多地、多用户、全流程

①　全球电动汽车产业加速发展［EB/OL］.［2023-06-02］. https：//baijiahao. baidu. com/s？id=1767556934287496820&wfr=spider&for=pc.

②　中国汽车 70 年｜开放：破茧新生走向现代化［EB/OL］.［203-07-21］. https：//baijiahao. baidu. com/s？id=1772022951236516407&wfr=spider&for=pc.

协同的数据驱动研发，打造了全球化、扁平化、分散化的研发团队。2022年，长安汽车新增申请专利4910件，发明专利3548件，同比增长195%，在汽车专利智能化领域排名第一，总体出口汽车24.9万辆，同比增长57%，其中长安自主品牌出口14.73万辆，同比增长46%，长安自主品牌已经在海外市场累计出口超过70万辆。① 同时，2022年，长安汽车销量规模达到234.6万辆，同比增长2%，创下近五年新高，归母净利润达77.98亿元，同比增长119.52%。②

三、纺织服装制造业企业："互联网+"大规模个性化定制

中国的现代服装产业起步于新中国成立之后，从来料加工、来样生产、来件装配和补偿贸易起家，快速发展于改革开放的40多年间。1979~2021年，服装制造企业数量从7700家增至17万家，增加了约21倍，服装制造业从业人员人数从75万人增至826万，增加了约10倍。③ 当前，纺织服装业正从规模扩张型粗放式成长阶段向内涵品质型集约式发展阶段转变，由于受市场需求增势疲弱、工资推动成本上升、劳动生产率偏低等因素影响，中国纺织服装业面临着创新升级突破、供应结构优化与竞争优势重构等多重压力，亟待降低产业成本、完善供应链体系、提升行业国际竞争力。当下，中国大部分纺织服装企业对"工业4.0"阶段和数字经济时代的经营管理模式认识不足，缺乏丰富的自主品牌，高端国际市场拓展困难，品牌认可度、维护度低下，附加价值不高。相较于国外一线品牌，中国纺织服装业的柔性智造水平不高，对需求个性化、消费快速化的反应能力较差，应对市场不确定性新形势的能力有待提升。

为了应对行业潜在危机和提升企业国际竞争力，2003年以来，红领集团以3000多人的西装生产工厂为实验室，在大数据、互联网、物联网等技术支撑下，投入2.6亿元资金，专注于服装规模化定制生产，并以用户为中心，以订单信息流为主线，以海量板型数据库和管理指标体系为载体，以生产过程自动化为支撑，打破传统纺织企业"制造企业—批发商—零售商—消费者"的销售模式，形成"需求获取—订单管理—个性化生产"的逆向化流程体系。④ 为了消除中间

---

① 资料来源：https：//new.qq.com/rain/a/20230512A01FMS00。

② 资料来源：https：//baijiahao.baidu.com/s？id=1765651738184694913&wfr=spider&for=pc。

③ 资料来源：服装产业调查，https：//baijiahao.baidu.com/s？id=1780879748195566781&wfr=spider&for=pc。

④ 资料来源：根据公开资料整理。

环节，红领则利用互联网技术，建立了顾客对工厂（Customer to Manufactory，C2M）模式，实现了与消费者的直接连接。① 这样，消费者就可以从电子终端登录 C2M 平台，在线提交需求，企业则根据需求订单进行生产，大幅降低了资金和货物积压，实现了按需生产与零库存。从成本收益看，定制生产的成本只比批量生产高 10%，但收益却达到 2 倍以上。② 为了有效化解个性化与高效率的矛盾，红领围绕柔性智造，运用信息化对生产流程进行了全流程革新，通过消费者在线自主选择、企业实时接收订单、生产数据自动转化、C2M 平台任务分解等流程，大幅提高大规模定制的生产效率。此外，红领加强了对多源数据的整合与开发，通过建立数据库，进行可用数据的采集，并经过数据模型和算法进行个性化匹配，将企业运营经验进行编码化和程序化，形成了标准化解决方案，即源数据工程（Source Data Engineering，SDE）。目前，红领 SDE 解决方案在服装鞋帽、家居、家具、铸造、化妆品、电器等行业成功输出流程主导的组织变革体系，取得平均效率提升 30%、成本下降 20% 的显著成效，定制产业体系的雏形已经初步形成。③④

四、家电制造业企业：开放式创新生态体系

经过几十年的砥砺发展，中国家电制造业的自主创新能力取得了大跨步提升，国际品牌知名度不断提升，在全球分工体系中的位次持续提升，正在向世界家电制造强国迈进。目前，中国家电产能占全球的七成以上，核心部件基本实现国产化，技术达到国际先进水平，一些家电制造企业加快向外破局，在新兴市场建立海外生产基地，企业全球化布局程度进一步加深。⑤ 然而，受到部分市场领域饱和、产业周期叠加、消费需求变化等因素，家电制造业成为典型的供给过剩的买方市场，传统家电产品销售增长明显放缓，部分关键核心技术、关键零部件及元部件产品仍掌握在美、德、日、韩等发达国家手里，产品创新、效率提升、高端掌控等方面依然有待进一步提升。

　　① 李佳佳，贝淑华 . 对 C2M 电商模式发展的研究与探讨——以酷特智能为例 ［J］. 电子商务，2019（12）：24-25.
　　② 宋丹霞，谭绮琦 . 工业互联网时代 C2M 大规模定制实现路径研究——基于企业价值链重塑视角 ［J］. 现代管理科学，2021（6）：80-88.
　　③ 冯云云，杜姿霖 . 酷特智能张蕴蓝：从 1 到 N 的变革与重塑 ［N］. 山东商报，2022-12-22.
　　④ 红领集团开创新体系助传统行业蝶变升级 ［EB/OL］. https：//www. ndrc. gov. cn/fzggw/jgsj/gjss/sjdt/201708/t20170811_1154799. html.
　　⑤ 2023 年家电行业：资本运作叩开融合之门 ［EB/OL］. http：//www. cinic. org. cn/hy/qg/1502889. html？from＝singlemessage.

为了能在新一轮产业革命和技术革命浪潮中守住优势，实现由制造到创造的转变，海尔积极拥抱互联网大趋势，大力推进数字化转型，从 2007 年开始就探索工业互联网，并于 2017 年正式推出具有中国自主知识产权、全球首家引入用户全流程参与体验的工业互联网平台——卡奥斯 COSMOPlat，该平台颠覆了企业传统的模式、流程和组织，以全流程、全要素的数据为关键驱动要素实现业务运行和资源配置方式的变革。① 为了解决数字经济时代家电制造业的市场反应能力差和慢的问题，海尔从供应链整合角度，加强了家电产品和服务的整体数字化改造，引进数字化、智能化技术赋能家电产品生产工艺技术升级和效率提高，结合线上线下资源，通过其行业独特性将产品和服务整合升级为场景式、个性化、高端化服务，并加强其品牌特有的场景化服务优势，提高顾客线下体验感。为了解决数字经济时代企业数字化、智能化人才短缺问题，海尔打造了特色化育人体系，针对不同岗位设计不同的培训方案，实行个性化培训，结合数字化改造需求，依照现代化的教学标准建立了内部大学，用以提升员工能力和跨界技能。② 通过一系列组织模式变革、场景化服务和人力资源体系构建等举措，海尔建立了开放式创新生态体系，促进了企业整体竞争力的全面提升。海尔在全球累计申请专利 9.2 万余项，其中发明专利 5.9 万余项，居中国家电行业第一；海外发明专利 1.6 万余项，覆盖 30 多个国家，是在海外布局专利最多的中国家电企业；累计获得国家专利金奖 11 项，居行业第一。③

第三节　数字经济时代制造业现代化产业体系发展的国际经验

制造业现代化产业体系是现代化国家都在积极谋划建设与坚守的重要物质基础，主要发达国家和地区在加强制造业产业链管控、构建制造业现代化产业体系和确保产业经济安全上已经积累了许多可供借鉴的成功经验。

---

①③海尔集团：以中国智造点亮数字时代的"世界灯塔"［EB/OL］. https：//baijiahao. baidu. com/s? id = 1760962045931583052&wfr = spider&for = pc.

② 张雅新. 海尔集团"三新"动力赋能海尔学校　驱动未来教育创新发展［EB/OL］.［2021 - 12 - 28］. http：//www. edu. gov. cn/edu/20980. html.

一、强调顶层设计和规划引领

美国建国之初，就积极制定和发挥产业政策的引导作用，美国最早的产业政策可以溯源到汉密尔顿的《关于制造业的报告》。① 自工业革命以来，世界上所有发达国家都以其强大的制造业实现了产业竞争力提升和国际分工地位提高，并积极发展层次多样的服务业，实现了进入后工业经济时代依然能够掌控全球产业链的战略目的。在全球产业趋势变革中，发达国家都持续地加强基础研究、攻关关键技术、增强产业基础能力，进而提升产业链现代化水平。需要特别说明的是，美国通过积极制订和实施战略单项计划来推动产业技术水平始终保持在全球领先地位，这表现出国家间产业竞争过程中产业政策的不可忽视性。此外，通过曼哈顿计划、阿波罗计划和星球大战计划等战略规划形成的外溢效应，美国在半导体、航天、材料、电子信息等产业领域得以快速发展。20 世纪 90 年代，美国制订了先进制造计划 ATP，促进了一大批关键核心技术、先进生产工艺和工业基础软件的突破性进展，并得以在多个产业领域实现应用。可以看出，技术预见和技术路线图是美国制造业持续发展和产业体系不断优化的重要手段。因此，中国国际地位的巩固必须坚持制造业高质量发展，加快形成以实体经济为支撑的现代化产业体系，需要高度重视顶层设计与规划牵引。

二、大力发挥平台和企业主体作用

由于企业是产业竞争、产品供给和技术创新的主体，承载着产业链的基本单元。因此，制造业现代化产业体系发展中增强产业基础能力、提升产业链韧性和安全性的战略必然由企业去实施。为了推动半导体产业发展，日本政府于 1976 年 3 月，联合日立、NEC、富士通、三菱、东芝等启动了 VLSI（超大规模集成电路）计划，筹集资金 737 亿日元，其中通产省补助 291 亿日元，几乎相当于通产省的一半支出。② VLSI 计划的完成，一方面直接促进了日本集成电路产业的快速发展，另一方面其产生的溢出效应更是大幅提升了日本产业的整体竞争力。2022 年 8 月，在日本政府的牵头下，丰田、索尼、NET 等 8 家日企借机组建半导体

---

① 张振伟. 试论汉密尔顿关于美国早期经济发展的思想［J］. 河南商业高等专科学校学报，2003（5）：23-25.

② 芯片历史的 4 次拐点，一部后发者崛起史［EB/OL］. https：//www.sohu.com/a/320128643_416090.

"复仇者联盟"，剑指"超越 2 纳米技术"。① 在实施 VLSI 计划和"复仇者联盟"期间，由产业创新而形成的共性研究机构、技术攻关平台和联盟关系发挥了不可替代的作用。为了应对日本挑战，重夺半导体市场，美国于 1987 年效仿建立了半导体制造技术联盟（Sematech），有 14 家企业参与其中，共同开发半导体领域的关键共性技术，主攻 IC 制造工艺及其设备。② 金融危机以来，"逆全球化"浪潮不断预演，为了促进制造业回流，实现"再工业化"，美国于 2012 年成立了15 个制造业创新研究院，英国创建了一批技术与创新研究中心，其中一多半与材料和工艺有关。这种所构建的联盟和平台能够联合业界研发力量共同攻关技术难题，加快产业基础能力和产业链现代化水平的提升。③ 在数字经济时代，数字技术由于其特殊的功能会广泛渗透到制造业各领域，而由数字经济催生的各类平台和相关企业将为制造业产业体系的现代化提供各类创新资源和技术支持。

三、促进多元资金高强度持续投入

建设制造业现代化产业体系，需要在产业基础、产业链韧性、产业联盟、关键核心技术、重点优势领域等方面取得实质性突破，这些任务仅靠政府或单个企业投入是难以完成的，放眼全球，许多发达国家都采用了财政、税收、贸易、金融等多种工具。例如，为了发展电子信息产业，韩国政府在 20 世纪 90 年代中后期几乎每年都会为通信、半导体、软件、计算机四个行业投入上亿美元，这些举措取得了明显成效，推动韩国制造业主要出口产品由重工、低端制造业产品转为半导体、计算机等高端制造业产品，产品结构明显升级。④ 同时，韩国为了支持三星、LG 等进行"逆半导体周期"投资以挤出对手获得竞争优势，还组织商业银行为这些企业授信，发放充足资金进行支持。⑤ 20 世纪五六十年代，为了推动半导体产业发展，日本制定出口信贷、出口退税、出口保险等措施，推动集成电

① 日本半导体"背水一战"［EB/OL］. https：//baijiahao.baidu.com/s? id = 1778747818534635299&wfr = spider&for = pc.

② 美国"重振"半导体产业的棋局［EB/OL］. https：//www.sohu.com/a/500483284_116132.

③ 李万. 加快提升我国产业基础能力和产业链现代化水平［J］. 中国党政干部论坛，2020（1）：26-30.

④ 韩国电子产业发展启示录［EB/OL］. https：//www.vzkoo.com/read/56ef74c169ef457d4ae8eef9a2b692c2.html.

⑤ 全球半导体周期的 60 年兴衰启示录［EB/OL］. https：//www.163.com/dy/article/EMNA8TVH0519QIKK.html.

路产业取得了快速发展，涌现出东芝和索尼等一批世界 500 强企业。① 美国通过资金和人才支持，使波士顿成为半导体产业发源地，由于半导体研发需要大量资金和人才，且波士顿不仅拥有哈佛、麻省理工等优秀的教育和人才资源，还拥有杜邦、美国电话电报公司等多家实力雄厚的大企业，"二战"时期政府把大量军事订单派发给波士顿半导体公司，提供了资金支持与市场保障，随后这些企业不断兼并上下游企业，形成垂直型等级管理模式，拥有从技术研发到生产制造，再到市场推广一系列产业链。② 因此，在数字经济条件下，中国制造业现代化产业体系的构建需要根据产业发展趋势和规律，持续性在人才、资金、市场等方面支持或培育一大批龙头企业以引领制造业发展。

四、加强制度创新和政策支撑

在推动制造业产业体系现代化过程中，为持续夯实产业基础能力，保持产业国际竞争力，发达国家将制定法律法规促进形成制度性保障机制作为关键路径，并通过系列政策给予具体化支持。1991 年 12 月，美国通过了《高性能计算法案》，明确了计算科学领域的领先地位对国家繁荣昌盛、经济稳定和科学进步的极端重要性。1995 年，美国提出了计算、信息和通信计划（Computing, Information and Communication，CIC），布局长期信息技术研发，这些为美国高性能计算领域的领先发展奠定了制度保障。③ 2008 年金融危机以来，美国为推动再工业化进程，于 2009 年颁布了《美国制造业促进法案》。在经历了供应紧张与全球"缺芯"问题之后，美国更加注重通过大规模战略部署和资金支持等方式加强对本土产业的保护，目前相继发布了《半导体十年计划》《创新与竞争法案》《芯片法案》等产业规划，采用紧急拨款和税收优惠等方式增加半导体及相关领域研发生产。④ 同样，为了扶持通用基础零部件、工作母机和测试设备的发展，日本于 1956 年开始实施《机械工业振兴临时措施法》，为电子工业企业在贷款、出

---

① 我国基础零部件和元器件的发展现状及思路［EB/OL］. https：//www. xianjichina. com/news/details_278869. html.

② 全球半导体周期的 60 年兴衰启示录［EB/OL］. https：//www. 163. com/dy/article/EMNA8TVH0519QIKK. html.

③ 美国网络与信息技术研发计划管理经验及启示［EB/OL］. https：//baijiahao. baidu. com/s？id=1776100795991827322&wfr=spider&for=pc.

④ 美国发展高科技的机制与启示：以硅谷和半导体为例［EB/OL］. https：//baijiahao. baidu. com/s？id=1726568406556088494&wfr=spider&for=pc.

口、税赋、引进等方面提供支持。① 进入数字经济时代，日本制定"超智能社会5.0"，希望通过信息通信技术和物联网等数字领域的创新来解决相关经济与社会需求，进而强化产业竞争力。② 发达国家在制定相关法案助推制度创新和政策支撑下促进产业发展的做法，不仅有利于形成完善的管理机构和具有举国特点的管理机制，而且有效地维护了本国的技术优势。这些经验表明，在数字经济时代，中国建设制造业现代化产业体系要在中央层面加强研发统筹，明确战略性技术需求，协调并制订跨部门研发计划和定期评估机制，分类管理基础研究、应用研究和技术推广，形成"人才链+政策链+创新链+产业链+价值链"的融合畅通机制。

五、积极打造国际化产业生态系统

每一个时代都有其产业发展的生态系统，产业生态的构建有利于相关企业集聚发展和簇群发展，有利于优化产业布局，有利于形成创新洼地。在半导体领域，美国打造出拥有全球最为成熟和完善的半导体产业生态系统，包括设计、制造、封装和测试等各个环节。③ 在硅谷，美国构建了创业公司与科技服务业协同发展的创新生态系统，形成了大企业与初创企业共生的学习竞争机制，推动实现了开放式创新与知识产权保护之间的良好平衡。④ 在智能制造领域，日本积极发挥工业价值链促进会（IVI）的作用，紧密结合"产学官合作优势"，充分发挥企业"匠人精神"，并与德国开展 IVI 平台合作，通过这些战略举措构建了智能制造产业生态系统。⑤ 此外，为了通过研究与创新实现竞争力提升、环境保护和社会公平的有效耦合，德国制定了"高技术战略 2025"，⑥ 该战略的任务导向，有利于促进技术研发、生产制造和产品使用的各主体共同参与和网络化、国际化产业生态系统的打造。同时，由于技能人才素质的高低直接关系产品的品质，所以发达国家在打造国际化产业生态系统的过程中，十分重视人才的吸引和培育，

① 唐杰.《日本机械工业振兴临时措施法》与中国工业的发展［J］. 科学管理研究，1986（1）：12-14.

② 经参·看世界｜日本打造 5.0 版超智能社会［EB/OL］. https：//baijiahao. baidu. com/s？id＝17831342194477118334&wfr＝spider&for＝pc.

③ 资料来源：根据公开资料整理。

④ 郭丽娟，刘佳. 美国产业集群创新生态系统运行机制及其启示——以硅谷为例［J］. 科技管理研究，2020，40（19）：36-41.

⑤ 李颖. 日本构建智能制造生态系统的战略举措［J］. 中国工业和信息化，2018（12）：56-60.

⑥ 德国《高科技战略 2025》在何处发力？［EB/OL］. https：//www. shangyexinzhi. com/article/2057168. html.

德国通过双元制职业教育将大量优秀的产业工人配备到"德国制造"就是很好的例子。发达国家在国际化产业生态系统的打造中，也十分重视通过全球布局来加强产业技术生态系统的进入壁垒，并运用其技术专利化和专利标准化手段，建立跨国公司行业技术垄断，从而实现对整个产业链的控制。例如，在手机产业制造中，核心装备高端光刻机由荷兰 ASML 公司掌握，芯片架构设计由英国 ARM 公司主导，美国高通占据了大部分手机芯片市场，谷歌则提供了 Android 操作系统。①

这些经验表明，中国制造业现代化产业体系的建设要十分重视国际化产业生态系统的构建，通过良好产业生态系统促进新型产学研合作关系网络的建立，推动形成全链条技术创新生态，不断提高制造业的整体竞争力。

第四节 数字经济时代制造业现代化产业体系发展的路径选择

一、顺应全球产业体系新变化，调整产业政策设计路径

在全球产业链重构与国内供给侧结构性改革不断推进的背景下，中国制造业增长的趋势、结构与动力将会发生新变化，要实现转型增长与改革预期出现高度融合，就需要调整产业政策的设计路径，积极改造提升传统产业、培育发展战略性新兴产业，构建制造业发展的现代化新体系。对于高质量发展和全球产业链变化背景下的产业政策调整，不仅要关注产业间，还要关注产业内部；不仅要体现增长效应，还要注重与绿色供应链的协同，政府要尊重市场的有效选择，以功能性的产业政策手段引导，密切关注全球产业链重构趋势，构建基于全球产业链的产业升级政策体系，积极构建与贸易伙伴的模块化网络，力争以精准的产业政策实施释放更多的制度红利和供给潜力。

二、建立企业数字成熟度评价体系，优化产业风险预警机制

制造业现代化产业体系的构建需要建立企业数字成熟度评价体系，这将为制

---

① 资料来源：根据公开资料整理。

造企业的不断转型升级提供必要支撑，会加快提升制造企业的价值创新与竞争优势。要结合系统工程与数据决策方法，加快形成规则一致、流程规范、细化量化的制造企业成熟度分析体系，对各类制造企业的技术特点、运营渠道、商业模式和产业链条的发展状态进行梳理，分析出制造企业发展状况的现实水平，进而研判制造企业的发展成熟规律，通过对制造企业数字成熟度的评价，分析出制造企业发展制约的主客观因素，加快推出针对转型升级的策略路径和有效政策工具。同时，要在对制造企业数字成熟度分析的基础上，挖掘数字成熟度增长的潜力和制约因素，分析数字要素在制造业现代化产业体系中的赋能方式和产业效能，剖析制造业产业体系现代化进程中所面临的瓶颈和挑战，然后推动制造企业价值创新和转型升级。此外，产业风险预警机制的建立，将有利于避免关键资源的错配，这要求制定满足资源约束的合理方案，要考虑实施过程中的不确定因素，建立产业缓冲机制以防范风险。

三、发挥新型举国体制优势，有效破除制造业循环断链

数字经济契合制造业现代化产业体系的构建，要健全新型举国体制，运用系统思维，着力整合创新资源和要素，进行关键核心技术攻关，加快凝练数字经济时代制造业发展的产业需求，调整创新体系布局，破除制造业产业链供应链的"卡点"和"堵点"，要加强科技创新引领作用，在基础研究、人才培养、数智技术、原始创新等方面努力实现突破，促进关键核心技术自主可控，要高度重视企业的市场主体地位，在培育世界一流企业和产业链"链主"企业上下功夫。要加快建设全国统一大市场，调整优化制造业区域产业链，建设高效顺畅的流通体系，促进制造要素资源畅通流动，尽快推出政策统一、规则一致、执行协同的方案体系。同时，要持续优化民营制造业发展环境，丰富应用场景，加强知识产权保护，挖掘关键链和瓶颈环节，减小工业基础方面的差距，充分发挥平台企业优势，突破企业协作的时空约束，有效破除制造业循环断链。

四、加快形成新质生产力，促进制造业生产组织方式新型化

新质生产力是建立在数字技术、智能技术、先进算力、绿色集约技术和低碳节能技术等一系列新型前沿技术基础上所形成的全新生产力，新质生产力具有效率更高、质量更佳、性能更优、价值更高的特点。进入数字经济时代，制造业产业体系的现代化必然要求其生产组织方式和运营模式的新型化，而新质生产力与

新生产组织方式的相互促进、相互融合，势必会成为制造业高质量发展的新引擎、新动力。因此，要围绕国家战略部署和重大技术需求，聚焦制造业补链强链导向，精准甄别和投资一批具有前瞻性、战略性、基础性的重大源头技术、前沿技术和未来技术，强化科技创新引领产业创新，推动颠覆性技术和前沿技术催生新业态、新模式、新动能。同时，要通过建设全国统一大市场和区域产业链体系，优化新质生产力发展的基础性制度环境，推进数据确权和加强知识产权保护，加快促进数据要素市场化、便捷化、普惠化，凝练重大应用场景和典型模式推广，带动科研攻关、成果转化和产业孵化，促进新质生产力形成，打造产业增长新通道，推动制造业生产组织方式新型化。

五、强化动态匹配能力，促进数字产业化和产业数字化双向协同

动态匹配能力是数字经济时代制造业现代化产业体系构建的重要内容，动态匹配能力的加强要促进数字经济形态与制造业的深度融合。第一，推动数据资源与传统制造业深度融合。一方面，要结合制造企业业务流程，畅通原料采购、生产加工、物流配送和批发零售等环节的数据通道，借助数据优化制造企业业务流程和生产环节，提升资源配置效率；另一方面，要加快制造业产业链数字化进程，通过利用数据资源推进全产业链及产业内各个环节的互联互通，加快产业链上下游之间的相互协作，促进制造业行业内资源整合和内外部结构升级。第二，推动数字技术与实体经济深度融合。通过加快数字技术融入实体经济，实现资源优化重组与制造业创新力跨越、竞争力提升。加快从宏观和微观两个层面发力，宏观上，需在研发设计、生产制造和营销服务等领域强化数字技术对制造业的深度融合和应用渗透，推动数字技术不断催生新型业务模式、新型生产流程、新型产业生态和新型工业产品，助推组织变革和系统顺畅，提高实体经济效率，推动制造业向"技术的创造性替代"更进一步；微观上，要培育产业链龙头企业，鼓励中小微企业形成网络化布局，建设数字化协同创新平台，加快制造业产业链上下游配套企业的数字化转型。

六、促进国有和民营制造业协同发展，构建协调分工体系

要充分发挥国有制造业的产业链保障作用，整合各类资源，发挥先进装备制造业环节优势，在关系国家发展大局的关键流程、核心零部件等领域积极作为，协调好上下游关联企业，通过强化数字技术赋能疏通产业链堵点，促进供应链复

位，巩固国有制造业的产业链优势地位。同时，鼓励民营制造业蓬勃发展，以税收优惠和补贴政策为支持，大力吸收民间资本投资制造业，促进中小微制造企业"隐形冠军"的崛起，提升制造企业资源配置和优化能力，进一步创新制造业发展业态与模式，促进国有与民营制造业之间产业链分工与协作，培育良好产业增长生态，避免恶性竞争陷阱，调整创新资源体系布局，强化新质生产力培育，催生生产方式重大变革，积极促进反应灵敏、高度专业化、产品标准化、运营数智化的制造加工配套体系建设，加强组织模式向网络化、扁平化转变，构建技术经济联系紧密、生产时空布局链式化的制造业分工体系，大力提升制造业发展的协同性，提升制造业产业链、供应链抗风险能力。

第十章　数字经济时代中国制造业现代化产业体系构建的对策建议

在数字经济时代，构建制造业现代化产业体系是顺应数字经济时代制造业现代化发展趋势，推动中国制造业向智能化、绿色化、高端化方向发展，实现中国制造向中国创造转变、中国速度向中国质量转变、中国产品向中国品牌转变，由制造大国升级为制造强国的必然选择。如何实现制造强国、质量强国、网络强国、数字中国的战略目标，必须在制造业前沿技术领域和数字产业化方面发力，切实掌握制造业产业链、供应链和价值链的关键核心环节。为此，需要政府、产业界和全社会共同努力，制定明晰的发展战略，营造良好的氛围环境，强化有利的政策措施，推进数字产业化和产业数字化进程，实现中国制造业迈向全球价值链中高端的宏伟目标。

第一节　促进数据要素数字技术双轮驱动，助力产业体系构建

一、充分利用数据要素，释放数据要素价值

在数字经济时代，数据要素成为构建制造业现代化产业体系的第一要素。数据要素不仅可以为制造业质量提升、效率提升提供价值，还具有广泛赋能性，和其他要素相结合，提升其他生产要素的价值。根据国家工业信息安全发展研究中心等单位的调查研究，数据要素使工业企业业务平均增加 41.18%，生产效率平均

提高 42.8%，产品研发周期平均缩短 15.33%，能源利用率平均提高 10.19%[①]：

一是将数据要素融入制造业的全生命周期和全产业链。打通企业业务流程的数据通道，通过数据要素改善企业的业务流程，提高企业数字化水平和智能化水平，使数据要素价值倍增作用充分体现。加快产业链数字化进程，利用数据要素驱动全产业链、全供应链转型升级，增强产业链上中下游的技术关联性和网络协同性，实现制造业从地理空间集聚向虚拟网络集聚转变。二是加快数据要素关键技术创新。以市场需求为导向，提升数据要素的采集、存储、分析和挖掘能力，增强数据产品的多样性和精准性，满足构建制造业现代化产业体系的需求。加强人工智能技术和数据挖掘技术的充分融合，利用人工智能技术挖掘和分析数据，实现数据要素价值的充分释放。三是加强数据基础设施建设。数据要素资源的存储和传输等功能，对基础设施提出了更高的要求，要以点带线、以线促面，推进各领域各个地区不断完善数据基础设施建设，提升数据要素的原始积累能力。例如，加快工业互联网、车联网、物联网等设施的布局，实现数据的高效采集和应用。四是构建全国一体化大数据中心。推动全行业、全平台有序接入全国一体化大数据中心，在保护好数据产权的基础上，实现数据的开放共享，发挥数据可视化和深度学习的分析优势，实现数据要素价值的充分释放。例如，航天云网开发了多个工业软件，将收集到的数据应用到研发环节，实现了资源共享和协同创新，将航天设备制造的研发周期缩短 40%，设计改动降低了 50%[②]。

二、推动数字中国建设，增强产业发展引擎

在数字经济时代，制造业现代化产业体系构建的一个重要前提是要加强数字中国建设，这是数字时代推进中国式现代化的重要引擎，是构建制造业现代化产业体系的重要支撑：一是要培育壮大数字经济核心产业，聚焦集成电路、基础软件、重大装备等重点领域，提高数字技术基础研发能力，加强关键核心技术攻关，补齐产业基础能力短板。二是深入推进制造业数字化转型，全面深化生产制造、经营管理、市场服务等环节的数字化应用，推行普惠性"上云用数赋智"服务，推动企业上云、上平台。需要适度调整"两化"融合工作的重点。从促进优势产业转变为扶持相对薄弱的企业。针对那些产品市场前景良好、生产技术

① 国家工业信息安全发展研究中心，北京大学光华管理学院，苏州工业园区管理委员会，等. 中国数据要素市场发展报告（2021-2022）［R］. 北京：国家工业信息安全发展研究中心，2022.
② 吴海军，郭珺. 数据要素赋能制造业转型升级［J］. 宏观经济管理，2023（2）：35-41+49.

先进但信息化建设相对滞后的企业，应加大对其数字化转型的支持力度，并引导其逐步实现数字化转型在研发、生产管控、运营管理和保障服务等环节的全面应用。在推进企业数字化转型的过程中，可以采用多种方式来挖掘企业数字化转型的实际需求和痛点。例如，召开供需对接会议、制定供需对接清单等方式，可作为搭建桥梁的手段，促进那些具备数字技术供给能力的企业与有数字化转型需求的企业精准对接。三是要加快数字基础设施建设，制订包含云计算、大数据、区块链等新一代信息技术的综合发展规划，促进运营商加快推进 5G 网络建设以满足工业企业低延时泛在网络服务。建设制造业分行业国家智能制造数据中心，为制造业发展提供大数据服务支撑。

截至 2023 年 7 月 19 日，中国各地建设数字化车间和智能工厂近 8000 个。其中，2500 余个达到了智能制造能力成熟度 2 级以上水平，基本完成了数字化转型；209 个探索了智能化升级，成为具有国际先进水平的智能制造示范工厂。经过转型，这些示范工厂产品研发周期平均缩短了 20.7%，生产效率平均提高了34.8%，产品不良品率平均下降了 27.4%，碳排放平均减少了 21.2%①。

第二节 明确战略地位，加强顶层设计

一、明确制造业现代化产业体系的战略地位

目前，世界处于百年未有之大变局，我国面对着错综复杂的国际环境，新科技革命和产业变革蓬勃发展，"逆全球化"暗流涌动、美国对我国进行经济和技术的打压。同时，中国特色社会主义进入了新时代，需积极推进社会主义现代化建设，加快构建新发展格局。面对这些形势和任务，构建制造业现代化产业体系的战略地位和作用更加突出。党的二十大报告指出，建设现代化产业体系，坚持把发展经济的着力点放在实体经济上，推进新型工业化，加快建设制造强国、质量强国、航天强国、交通强国、网络强国、数字中国。这为我国在新发展阶段构

---

① 工信部. 各地建设数字化车间和智能工厂近 8000 个［EB/OL］.（2023-07-19）［2023-11-19］. https：//www.gov.cn/zhengce/jiedu/tujie/202307/content_6893103.htm.

建制造业现代化产业体系提供了重要指引。在实体经济和现代化产业体系中，制造业是最核心、最主体的部分，其价值链长、关联性强、带动力大。明确新时代制造业现代化产业体系的战略地位和重要性，有利于推动实体经济高质量发展和实现制造强国战略目标。

处于新一轮科技革命和产业变革的机遇期，构建制造业现代化产业体系有利于我国抢占数字经济时代科技竞争的制高点，实现我国制造业的弯道超车和占据领先地位。在我国加快构建新发展格局的条件下，经济高质量发展更多地要依靠构建制造业现代化产业体系进行支持和带动。在我国建设社会主义现代化的进程中，构建制造业现代化产业体系是整个国民经济现代化的先驱和基础，依靠制造业对国民经济各部门进行技术改造，有效支持和推动各个产业部门的现代化建设。面对美国对我国进行经济和科技打压，构建制造业现代化产业体系有利于降低关键核心技术的对外依存度，是提升我国自主创新能力和自主发展能力的重要支撑。

二、加强制造业现代化产业体系的顶层设计

构建中国制造业现代化产业体系是一项庞大的系统工程，需要通过精心的部署和前瞻性的布局，引领中国制造业向更高质量、更有竞争力的方向发展。第六章的实证研究也得出，政府经济干预会对构建制造业现代化体系产生利好：一是要制定制造业现代化产业体系发展规划，加快研究关于构建制造业现代化产业体系的发展目标、发展思路、重点任务、保障措施等，有计划、有重点地选择重点区域、重点行业率先进行制造业现代化产业体系构建。要把握产业生命周期和发展变化趋势，做好前瞻性预判，立足当前，着眼长远，保持政策稳定性和连续性。二是各地方要立足本地区实践，健全工作推进协调机制，使本地区制造业产业体系更好地融入全国制造业产业体系大局。三是要加强对构建制造业现代化产业体系的宣传与解读，深化对构建制造业现代化产业体系的理论与实践研究。四是要关注政策或规划的后期效应，做好评估工作，适时对产业政策进行调整，防止短期问题、局部问题演化成长期问题、全局性问题。

第三节　提高自主创新能力，突破关键核心技术

一、面向国家战略需求，增强自主创新能力

根据 OECD 的数据，从创新投入来看，2013~2021 年，中国研发投入占 GDP 比重逐年上升，从 1.998% 升至 2.433%[①]（见图 10-1）。中国科学技术发展战略研究院发布的《国家创新指数报告 2022~2023》显示，我国创新能力综合排名已经上升至世界第 10 位，进一步向创新型国家前列迈进。在综合排名前 20 位的国家中，只有中国属于中等收入国家，其他均为高收入国家，这意味着中国的创新能力显著超越处于同一经济发展水平的国家，有力地支撑和引领我国制造业高质量发展。

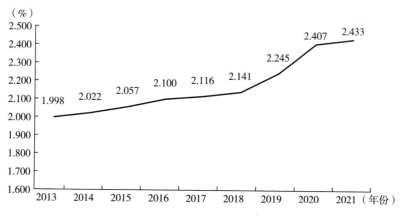

图 10-1　2013~2021 年中国研发占 GDP 比重

资料来源：OECD（2023）。

中国当前面临的"卡脖子"问题，主要还是集中在基础理论研究及关键工艺技术上，如在光刻机领域的技术制约，这些瓶颈显著影响着制造业现代化产业

---

① OECD. OECD Main Science and Technology Indicators［EB/OL］.（2023-09-01）［2023-12-09］. https：//www.oecd.org/sti/msti.htm.

体系的构建。具体来看，在硬件层面，国内的智能制造装备体系尚未完备，核心的数控系统和关键零部件供给能力较弱。在软件方面，工业自动化控制系统的软件资源匮乏，且在工业智能化集成软件的研发方面，能力有待提升。制造业现代化产业体系，不能再简单依靠资源、劳动力等生产要素支撑发展，而应以高水平科技自立自强为战略支撑点，通过自主创新优化供给、驱动转型、保障安全。突破高端芯片、工业软件、操作系统、核心算法等"卡脖子"关键核心技术，解决产业基础能力薄弱问题，也需要通过自主创新实现。要面向世界科技前沿，以国家战略需求为导向，发挥新型举国体制优势，着力解决我国制造业产业链供应链安全的"瓶颈"，提高核心零部件和元器件等关键基础材料的质量、性能和自给保障能力。

一是要建立创新资源共享平台。发挥数字经济的聚合作用，加强不同创新主体在数字平台上的集聚，通过资源共享、技术扩散、协调联动，持续不断的累积创新，实现原创性成果的重大突破。二是要做好前沿技术的战略布局，要科学研判中长期科技发展趋势，分析可能形成的技术突破，确定重点支持的前沿技术领域，引导大学、科研机构和企业开展前沿科技的探索。在我国具有优势的领域，如 5G 和高铁等，可以通过持续的基础研究投入和市场建设策略，确保技术领先地位的持久性。而在人工智能、量子计算、智能驾驶等与发达国家并驾齐驱的领域，我国的战略关注点应该是形成具有差异化的非对称竞争优势。对于受制于发达国家的集成电路制造、工业软件等"卡脖子"领域，可以通过举国体制和产业生态培育等方式加快突破。对于一些技术相对滞后但安全风险较低的领域，可以采取国产化与全球多元化采购相结合的方式，实现替补替代。三是强化企业在科技创新中的主体地位。促进各类创新要素向企业聚集，实现创新链产业链资金链人才链深度融合。对于企业的创新活动给予支持，对于一些关键领域的创新研究，可通过提高企业研究开发费用税前加计扣除比例、进口科研仪器试剂免征进口关税等优惠措施，给予一定的鼓励支持。2022 年，我国企业研发投入占全社会研发投入的比重超过 75%，有效发明专利占我国发明专利的比重达 70.7%，贡献了我国技术吸纳的 80% 以上，已经成为我国参与全球科技竞争的主体①。

① 张杨，夏骥. 打造创新联合体"长三角样板"助力我国实现高水平科技自立自强［EB/OL］.
（2022-07-10）［2023-11-19］. https：//mp. weixin. qq. com/s/6y7z3g8oCwzPGnTlzqYdNg.

二、完善科技创新体系，提升整体创新效能

制造业现代化产业体系要以创新为第一驱动力，通过深度融合的技术创新体系，加速推动关键共性技术、前沿引领技术、颠覆性技术创新突破，促进科技与产业发展协同：一是建立科技创新云上协同机制。引导、扶持、鼓励龙头企业积极与高校、科研机构共建技术开发中心，充分发挥政产学研各自优势与作用，利用数字技术加快建设一批产学研创新合作云平台，汇聚产学研用等各领域研发创新资源，共同创建产业创新"云生态"，形成多元化参与、网络化协同、市场化运作的创新生态体系。二是建设区域技术创新联盟。以区域科技创新中心为核心，紧密聚焦国家或区域的重大需求，以主要产业链的完善和技术短板的弥补，以及创新需求为指引，建立基于产业链的技术创新联盟。通过加强在产业关键共性技术的研发、转化和应用方面的深度合作和联合攻关，推动区域科技创新实力的增强，促进区域产业结构的升级。三是建设国家重点实验室体系。加快建设一批省级前沿技术研究院、国家重点实验室和国家工程技术研究中心等，优化科技创新资源的配置，以服务国家战略目标和需求为导向，打造结构合理、领域清晰、运行高效的国家实验室体系，通过集智汇力来实现技术突破。

第四节　推动产业链供应链现代化，
增强产业链供应链韧性

一、提升产业链供应链抗风险能力，保障产业安全

产业基础是现代化产业体系的根基，产业链是现代化产业体系的主干。唯有打牢根基和主干，才能建好现代化产业体系的高楼大厦。安全是发展的前提，在关系国家安全发展的领域，亟须增强我国产业链供应链的抵抗风险能力、结构调整能力、快速恢复能力，以便受到外界巨大冲击时，能够实现自我循环、正常运转。

第一，实现高水平科技自立自强。针对关键核心技术受人"卡脖子"的状况，要加大自主创新力度，充分发挥新型举国体制优势，强化国家战略科技力

量，推动对项目、平台、人才、资金一体化配置运用，努力实现核心基础零部件元器件、关键基础材料等从 0 到 1 的突破，坚决打赢关键核心技术攻坚战。

第二，推动产业链供应链国际合作。要积极融入国际循环，通过利用全球资源和市场、加强产业全球布局，使关键产品和服务的国际供应更加多元化，增强我国产业链安全和可控性。此外，要进一步深化区域合作，推动共建"一带一路"高质量发展，推动 RCEP 区域合作的高质量实施，打造协同高效的"亚洲制造"新体系，将区域合作作为应对逆全球化和保障产业链安全的重要举措。

第三，将产业政策重心向维护产业链安全倾斜。考虑到逆全球化趋势和外部不稳定因素的影响，发达国家已经转变产业政策的重点，将其聚焦于维护产业安全。鉴于此，借鉴发达国家的经验（见表 10-1），我国也应采取立法或行政指导的措施，将产业安全政策置于各项科技、竞争和贸易政策的前沿基础位置，以加强对中国制造业发展规划、重大科技专项和反垄断等经济政策制定与执行过程的指导和协调作用。

表 10-1　发达国家产业链安全政策

国家	产业政策	时间	主要内容
美国	《供应链安全与韧性法案》	2021 年 12 月	加强美国对关键领域的供应链保障，特别是在国防、信息技术等关键领域，减少对外国的依赖
日本	《经济安全保障综合推进法》	2022 年 5 月	强化日本国内供应链构建，确保基础设施安全，推进尖端技术的官民合作研究，不公开特定专利

二、加强产业链供应链内部协同性，增强产业链供应链韧性

一是建设产业公共平台，如数据治理平台、交流平台、信息安全平台和技能培训平台，以解决产业发展转型中普遍存在的共性问题。二是强化产业链协作，促进产业链和价值链的整合，推动上中下游协同配合，建立新的分工协作模式。三是提升优势产业竞争力，集中优势资源发展具有不可替代性的核心技术和重点产品，以在全球产业竞争中占据制高点，增强国际话语权。四是补齐短板，巩固产业链安全，夯实产业发展基础。聚焦于补充链条中的关键领域，专注于工业"五基"领域的核心技术，集中攻克制约产业链畅通的关键技术难题，实现产业链的循环畅通。

第五节　持续优化营商环境，厚植产业发展沃土

一、全面优化营商环境，提供有利环境支撑

瑞士洛桑国际管理发展学院（IMD）发布的 *IMD World Competitiveness Booklet 2023* 显示，2022 年我国政府效率在全球排第 35 名（见图 10-2）。营造稳定、公平、透明、法治化、可预期的营商环境，是培育引资竞争新优势、加快构建制造业现代化产业体系的重中之重。良好营商环境能够显著降低制度性交易成本，有效稳定投资者预期，广泛聚集经济资源要素，是推动经济高质量发展的必要条件。

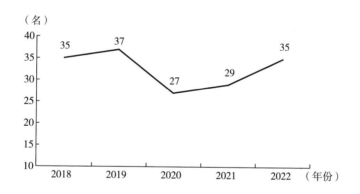

图 10-2　2018~2022 年 IMD 政府效率排名

资料来源：IMD（2023）。

一是深化"放管服"改革，分类清理规范不适应企业发展需要的行政许可、资质资格等事项，进一步释放市场主体创新活力和内生动力。要加快提升政府公共服务信息化水平，增加政务服务网上"一窗受理""一网通办"事项，进一步压缩制造企业各项手续办理时间。此外，鼓励各地继续减少或免除行政事业性收费，并利用互联网、大数据等手段做到收费项目公开透明。二是打造诚信经营的市场环境，鼓励和督促企业诚信经营，强化企业信用监管，完善信用档案，推进

政企联动、行业联动的信用共享共治，建立全方位、多层次、立体化信用监管体系，有效打击企业经营领域违法犯罪行为。三是以企业满意为中心，强化政府服务能力建设，增强政府服务意识，提升公共服务水平。一方面，持续提高政府工作人员能力素质和效率，制定严格、合理的行政工作指南和规范；另一方面，加强对政府工作人员的监督，严厉打击政府工作人员对企业的各种吃拿卡要行为。四是加大税费改革力度，降低企业税费负担，推动制造企业增值税两档并为一档，实行简单透明的统一税率。加大对企业收费的整顿力度，进一步清理乱收费、乱罚款和乱摊派行为，确保不让不合理的收费抵消减税降费政策的效果。要严格规范行政处罚行为，坚决杜绝以罚代管、逐利执法等行为，确保行政处罚合法合规。

河南自贸试验区洛阳片区建设的企业专属综合服务平台，是一个为其片区内的企业量身定制的专属服务平台，通过"互联网+平台技术"，为区内企业提供申报兑现"一网通办"，实现人才、资金、市场、政策等方面的精准推送。通过各项审批制度改革创新，使"最多跑一次"成为上限，明显提升了企业的预期和信心①。

二、建设全国统一大市场，畅通经济循环

当前，存在各种形式的有形和无形区域壁垒、市场壁垒，尤其是行政壁垒，这些壁垒对生产要素在不同区域之间的自由流动施加了限制。由于受到属地管理和行政分割的制约，在实际操作中，实现"跨域通办""跨省通办""跨域无感"的目标变得困难重重。构建制造业现代化产业体系，需要加快建设高效规范、统一开放、竞争有序的全国统一大市场，促进商品要素在更大范围内顺畅流动。一是要构建统一的市场监管体系，针对市场垄断、恶意竞争和商业贿赂等不当行为，应当开展跨区域协同监管和联合执法工作，追究相关行为人的责任，制止和纠正扰乱市场竞争秩序的行为。二是要建立统一信息平台。在全国范围内建立统一的产权交易信息发布机制，各地政府可根据本地实际情况制定相应的本地区产权交易信息披露制度，以避免区域间及平台间出现信息差异的问题。三是要完善产权保护制度。健全归属明晰、权责明确、保护严格、流转顺畅的现代产权制

① 营商环境处. 河南自贸试验区洛阳片区打造企业专属服务 V3.0［EB/OL］.（2022-12-07）［2023-11-19］. http://yshj.fgw.henan.gov.cn/fbwx/51244.jhtml.

度，依法平等保护各种所有制经济的产权，保护企业家的财产和人身安全。四是要打造统一的要素和资源市场。推动债券市场基础设施互联互通，实现债券市场要素自由流动。完善科技资源共享服务体系，鼓励不同区域之间科技信息交流互动，推动重大科研基础设施和仪器设备开放共享。推动油气管网设施互联互通并向各类市场主体公平开放。

第六节　优化区域产业布局，实现区域产业发展协同

一、打造东部地区为全球创新高地

党的二十大报告指出，要促进区域协调发展，深入实施区域协调发展战略、区域重大战略、主体功能区战略，优化重大生产力布局，构建优势互补、高质量发展的区域经济布局。世界知识产权组织发布的 2023 年版全球创新指数（GII）显示，中国已成为全球拥有科技集群数量最多的国家。在排名世界前 5 位的科技集群中，中国占据 3 席，分别为深圳—香港—广州集群、北京集群、上海—苏州集群，均处于中国东部地区。

东部地区要持续提升高端要素集聚能力，打造全球创新高地。要充分发挥东部沿海地区既有先进制造产能和创新要素的集聚优势，推动东部地区率先实现先进制造业技术突破和重大成果创新，形成和增强新优势，率先实现东部地区制造业现代化。在京津冀、长三角、珠三角等发达地区建成一批高水平的制造业产业集群，提升东部地区制造业数字化水平和智能化水平，高效承接全球高水平制造业转移，把东部地区建成世界一流水平的先进制造业基地，以重点区域发展带动全局整体发展。

二、东中西部产业高水平对接

第五章通过测算得出，我国制造业现代化产业体系的总体差距更多的是由区域间差距造成的，因此要努力缩小我国不同区域之间制造业发展的差距。要加快改善西部地区的交通环境，信息、通信等新型基础设施环境，为西部地区制造业发展打造良好的配套设施环境。挖掘西部制造业优势产能，发挥西部地区低成

本、资源丰富等比较优势，建设制造业转型升级示范区，构造西部地区制造竞争优势。要不断增强西部承接制造业产业转移的能力，选择若干基础设施完善、交通便利、资源环境承载力强的中等城市，在人才引进、资金保障、土地供应、税收优惠等方面加大支持力度，积极承接东部地区产业转移，打造一批高水平的国家工业基地。中部地区应加快建设区域性先进制造业集群，强化紧邻区域的辐射带动作用。东北地区拥有雄厚的工业基础，要充分发挥产业数字化的场景资源优势，用新一代信息技术赋能传统制造业发展。最终，实现东、中、西部制造业高水平对接，逐步形成基于互补性区域优势的产业布局体系。

在东部地区向中西部地区进行产业生产能力转移时，应考虑采用"数字技术+制造业项目"的发展模式。同时，应提高中西部地区的工业化和数字化水平，以缩小地区之间的发展差距。这样，可以避免单纯的制造业项目转移，并促进整个地区的均衡发展。发挥中西部地区作为共建"一带一路"桥头堡的功能，加快边境自由贸易区与特殊功能区的建设，并且打造面向西亚、南亚、中北亚和东盟的开放前沿阵地，以实现与沿海地区的开放互补优势。

第七节　增强要素供给能力，提供产业发展支撑

一、强化金融支持，完善金融体系

金融是实体经济的血脉，制造业的研发、采购、生产、销售等环节均离不开金融的有力支持，应构建全方位、多层次金融支持服务体系，为中小微企业和民营企业提供精准、普惠金融服务，促进金融与产业发展协同。深化金融供给侧结构性改革，完善金融机构体系、市场体系、产品体系，积极发展科技金融、绿色金融，实现金融服务的量增、面扩、价降，为制造业发展提供更高质量、更有效率的服务。要大力推动"金融+"战略，通过"金融+重大项目""金融+制造""金融+科技""金融+绿色""金融+普惠"等服务行动，将金融活水更多更快引入制造业发展的良田。支持金融机构接入产业链供应链信息系统，通过区块链技术将产业链上下游的数据衔接，基于企业的生产运营数据对企业的融资能力进行评价，精准识别出哪些企业是真正有订单、有发展潜力但缺乏资金的企业，发展

基于企业运营数据的企业征信和线上快速借贷，解决企业融资难、融资贵的问题。深圳以"真金白银"助企纾困，对 2023 年 1~3 月从深圳辖内商业银行获得贷款的企业，给予 2% 的贴息补助，单个企业贴息金额最高可达 20 万元。深圳持续通过开展金融驿站项目，提升金融服务的可及行，深化中小微企业融资服务。自 2022 年 6 月以来，金融驿站项目已覆盖上百家网点，举办活动 104 场，接待企业政策咨询达 4.4 万次，累计发放融资金额 883.7 亿元①。

二、培育壮大人才队伍，建设世界人才中心

构建制造业现代化产业体系的关键在于人才，为此需要打造一支与我国制造业产业体系全产业链、全创新链相契合的大规模、高素质人才队伍。科技的竞争归根结底是人才的竞争，面向国家安全和长远发展的"高精尖缺"领域，应以国家科技计划、战略计划等重大任务为牵引，培养和引进一大批战略领军人才和创新团队，建设世界人才中心和创新高地。要充分发挥技能型、应用型人才的作用，培养一大批"大国工匠"。还要充分发挥企业家在构建制造业现代化产业体系中的作用，培养富有创新精神和国际化视野的优秀企业家。学校教育方面，立足"新工科"培养理念，提供多元化课程设置，培养具有数字技术、制造技术的知识交叉融合型工程技术人才。积极推进校企合作，既要把工程师请到讲台，又要引导学生到车间实习，在实践中提高技术能力。要提升全民数字素养和技能，深入实施全民数字素养与技能提升计划，并鼓励公共数字资源向社会群众免费开放，有效地加强社会大众的数字意识、计算思维、数字化创新能力和数字安全敏感性等方面的能力。

三、深化要素市场改革，优化要素资源配置

一是要深化科技创新体制改革。促进技术创新生态系统发展，加强创新激励政策的优化，提升创新质量水平。还需对专利审批制度进行改革，消除科技成果转移转化方面的制度性障碍。加大知识产权保护力度，进一步完善相关法律法规，支持重点企业在关键技术领域进行知识产权储备。二是要打破金融领域普遍存在的制度性和政策性壁垒，更加顺畅地为企业提供精准普惠金融服务，为构建

---

① 南方日报．深圳：推出中小微企业纾困政策预计为企业减税规模达 163.5 亿元［EB/OL］．（2023-02-10）［2023-11-19］．http：//www.gd.gov.cn/gdywdt/dsdt/content/post_4092619.html.

制造业现代化产业体系筑牢资金保障。要强化金融监管，利用数字技术推动金融监管创新，提高金融监管效能，助推数字金融服务实体经济。三是要推进人才管理体制改革，改进人才培养支持机制，创新人才评价机制，健全人才顺畅流动机制，强化人才创新创业激励机制，使人才能够更加专心地投身于制造业发展中。四是要进一步放宽社会资本在水利、石油、天然气、电力、交通、电信等领域的准入限制，以促使市场更广泛、更有效地发挥资源配置的基础作用，创造国有企业、民营企业和外资企业公平获取生产要素和创新资源的外部环境。五是要破除制约要素流动的不合理障碍，优化要素配置，提高要素效率，加强高端要素服务制造业发展效能，促进高端要素与制造业协同发展。

第八节　推动制造业转型升级，优化调整产业结构

一、保持制造业比重稳定，避免经济"脱实向虚"

对于我国这样的超大发展中国家而言，制造业仍然是其经济增长的主要动力，过早进行去工业化可能会对经济增长带来不利影响。制造业是核心的物质产品生产产业，在中国经济由大到强的转变过程中，需要保持制造业相应的比重，避免出现制造业"空心化"的倾向，扭转经济"脱实向虚"的趋势。通过传统产业转型升级、先进制造业持续壮大、新兴产业培育等途径，2030 年中国制造业占 GDP 比重需保持在 30%左右水平[1]。世界工业强国都将一定比重的制造业作为经济发展的支撑。例如，美国国家科学技术委员会于 2018 年发布的《美国先进制造业领导战略》指出，先进制造业是美国发展经济的引擎和国家安全的支撑，美国需要保持在全球先进制造业领域的领导地位来维护美国的国家安全和经济繁荣。德国于 2019 年发布的《德国国家工业战略 2030》提出，到 2030 年要将德国制造业比重提升到 25%。目前，从广州到深圳再到苏州，中国的超大特大城市均提出了"制造强市"类似的口号，将制造业发展放在城市经济发展的核心

---

① 中国社会科学院工业经济研究所课题组，史丹. "十四五"时期中国工业发展战略研究 [J]. 中国工业经济，2020（2）：5-27.

位置。成都市委十四届三次全会提出，深入实施制造强市战略，加快建设以实体经济为支撑的现代化产业体系。广东东莞常平镇作为粤港澳大湾区战略部署的重要一环，坚持制造业立镇、强镇。常平镇重点聚焦半导体及集成电路、高端精密制造、新能源汽车三大产业发展方向，突出"科技创新+先进制造"的城市定位，2021年推进山水音响、标谱半导体、乐生智能三个战略性新兴产业项目顺利落地，为项目建设提供全要素保障、全过程服务、全方位协调，为常平经济高质量发展注入新动能，2021年中国百强镇名单常平镇位列第17①。

二、依托数字技术，对制造业进行转型升级

构建制造业现代化产业体系应着眼于供给侧，不断优化和调整制造业产业结构，提高知识密集型、技术密集型产业比重，推动中国制造业向价值链中高端迈进。传统制造业依然是我国制造业的主体部分，广大人民群众衣食住行等基本生活需求，都依托于传统制造业，要加快数字技术、智能化技术对传统制造业改造，提高产品附加值，推动中国制造业向价值链中高端迈进。战略性新兴产业是培育发展新动能、获取未来竞争优势的关键领域，对于建设制造业现代化产业体系、推动高质量发展意义重大。要积极推动新一代信息技术、人工智能、高端装备、绿色环保等战略性新兴产业融合集群发展，前瞻布局区块链、元宇宙、可控核聚变、纳米机器人等未来产业，培育壮大制造业发展新动能。要将优质政策资源和要素资源聚集到知识技术密集、经济效益好的高新技术产业上，激发产业创新活力，提高制造业新动能占比。

三、两业深度融合，产业协同发展

构建制造业现代化产业体系，不能仅着眼于制造业本身，还需推动先进制造业与现代服务业协同互动、融合发展，这是增强制造业核心竞争力、构建制造业现代化产业体系的重要途径。数字经济贯穿先进制造业和现代服务业融合的全过程，为两业融合提供了技术基础、空间基础。制造业企业应增加服务环节投入，积极发展服务型制造、网络精准营销等，由以产品为中心向以客户为中心转变，由提供产品向提供整体解决方案转变。瞄准制造业的关键环节和突出短板，推动

---

① 南方日报.东莞：常平聚焦三大新兴产业激发高质量发展新动能［EB/OL］.（2022-12-14）
［2023-11-19］. http：//gdii.gd.cn/mtbd1875/content/post_4050134.html.

研发设计服务和制造业嵌入式合作，构建高水平研发设计公共服务平台，提升制造业创新能力和技术水平。利用数字技术培育融合发展新业态、新模式，发展面向特定行业的数字化管理、平台化设计、智能化生产、柔性化定制、网络化协同、服务化延伸等新形态，形成制造业新增长点、新增长极。推动现代物流业和制造业无缝对接，建立面向制造业的一体化智慧物流服务体系，为制造业提供精细化、专业化物流服务。

四、提升绿色发展能力，助力双碳目标实现

资源环境约束加剧，能源结构偏煤、能源效率偏低等情况，制约着中国制造业可持续发展。构建制造业现代化产业体系，要在制造业发展中促进绿色转型，在绿色转型中推动制造业更好发展，实现制造业发展与"双碳"的协同。在过程端，大力实施绿色制造工程，形成低碳清洁可持续的绿色制造体系。在投入端，大幅提高资源利用效率，优化能源消费结构，提高光伏、风电等可再生能源消费比重，开展工业绿色低碳微电网建设。在产出端，通过末端处理等手段，减少温室气体和废弃物排放，并积极开展碳捕集、利用、封存技术的应用。大力发展资源回收产业和资源再造产业，形成多层次循环经济体系。对于钢铁、有色金属、石油化工等高能耗产业，不能采取简单"一刀切"方式，要利用大数据、工业互联网等技术对其进行优化，围绕能量系统优化、废物排放等领域，构建绿色发展智能数据系统。工业园区作为工业企业的主要载体，产生了大量的能耗和碳排放，通过"横向耦合、纵向延伸"，构建园区内绿色低碳产业链条，利用数字技术赋能工业园区资源高效利用，实时监控、精细管理、智能协作，创建一批典型工业互联网双碳园区，并在全国推广。

参考文献

［1］Abernathy W J, Utterback J M. Patterns of Industrial Innovation ［J］. Technology Review, 1978, 8（7）: 40-47.

［2］Acemoglu D, Restrepo P. The Race between Man and Machine: Implications of Technology for Growth, Factor Shares, and Employment ［J］. American Economic Review, 2018, 108（6）: 1488-1542.

［3］Agrawal A, McHale J, Oettl A. Finding Needles in Haystacks: Artificial Intelligence and Recombinant Growth ［R］. NBER, 2018.

［4］Avi Goldfarb and Catherine Tucker. Digital Economics ［J］. Journal of Economic Literature, 2019（3）: 3-43.

［5］Bailey D E, Leonardi P M, Barley S R. The Lure of the Virtual ［J］. Organization Science, 2012, 23（5）: 1485-1504.

［6］Baldwin R, Forslid R. Globotics and Development: When Manufacturing is Jobless and Services are Tradable ［R］. NBER, 2020.

［7］Barro R J, Sala-I-Martin X. Technology Diffusion, Convergence and Growth ［J］, Journal of Economic Growth, 1997, 2（1）: 1-26.

［8］Bukh R, Heeks R. Defining, Conceptualising and Measuring the Digital Economy ［J］. International Organisations Research Journal, 2017, 68（8）: 143-172.

［9］Chou Y C, Chuang H C, Shao B. The Impacts of Information Technology on Total Factor Productivity: A Look at Externalities and Innovations ［J］. Internation Journal of Production Economics, 2014（158）: 290-299.

［10］Don Tapscott. The Digital Economy: Rethinking Promise and Peril in the Age of Networked Intelligence ［M］. New York: Mc Graw-Hill, 1996.

［11］Dougherty D, Dunne D D. Digital Science and Knowledge Boundaries in Complex Innovation ［J］. Organization Science, 2012, 23（5）: 1467-1484.

［12］Du S M. Effect of Digital Enablement of Business-to-Business Exchange on Customer Outcomes: The Role of Information Systems Quality and Relationship Characteristics ［M］. Atlanta: Georgia State University, 2010.

［13］Ghashghaie M, Ostad-Ali-Askari K, Eslamian S, et al. Routing Nutrient Concentrations in a River Reach Using an Object-Oriented Modeling Based on the Concepts of System Dynamics ［J］. Water Conservation Science and Engineering, 2020, 5（3）: 331-337.

［14］Goldfarb A, Tucker C. Digital Economics ［J］. Journal of Economic Literature, 2019, 57（1）: 3-43.

［15］Guerrieri P, Meliciani V. International Competitiveness in Producer Services ［M］. New York: Social Science Electronic Publishing, 2004.

［16］Hallak J C, Schott P K. Estimating Gross-Country Differences in Product Quality ［J］. Quarterly Journal of Economics, 2011, 126（1）: 417-474.

［17］Hukal P, Henfridsson O, Shaikh M, et al. Platform Signaling for Generating Platform Content ［J］. Mis Quarterly, 2020, 44（3）: 1177-1206.

［18］IMD. IMD World Competitiveness Booklet 2023 ［R］. Lausanne: International Institute for Management Develepment, 2023.

［19］Jones C I, Tonetti C. Nonrivalry and the Economics of Data ［J］. American Economic Review, 2020, 110: 2819-2858.

［20］Knickrehm M, Berthon B, Daugherty P. Digital Disruption: The Growth Multiplier ［M］. Dublin: Accenture, 2016.

［21］Lakhani K R, Panetta J A. The Principles of Distributed Innovation ［J］. Innovations: Technology, Governance, Globalization Summer, 2007, 2（3）: 97-112.

［22］Liu J, Chang H H, Yang B H, et al. Influence of Artificial Intelligence on Technological Innovation: Evidence from the Panel Data of China's Manufacturing Sectors ［J］. Technological Forecasting and Social Change, 2020, 158（9）: 120-142.

［23］Nambisan S, Lyytinen K, Majchrzak A, et al. Digital Innovation Management ［J］. MIS Quarterly, 2017, 41（1）: 223-238.

［24］ OECD. OECD Main Science and Technology Indicators ［EB/OL］.
（2023-09-01）［2023-12-09］. https：//www. oecd. org/sti/msti. htm.

［25］ Paiola M, Gebauer K. Internet of Things Technologies, Digital Servitization
and Business Model Innovation in B to B Manufacturing Firms ［J］. Industrial Market-
ing Management, 2020, 89（3）：245-264.

［26］ Poon S C. Beyond the Global Production Networks：A Case of Further Up-
grading of Taiwan's Information Technology Industry ［J］. International Journal of
Technology & Globalization, 2004, 1（1）：130-144.

［27］ Prettner K, Strulik H. The Lost Race Against the Machine：Automation,
Education and Inequality in an R&D-based Growth Model ［R］. CEGE, 2017.

［28］ Quah D. Twin Peaks Growth and Convergence in Models of Distribution Dy-
namics ［J］. The Economic Journal, 1996, 106（437）：1045-1055.

［29］ Qureshi M S, Wan G H. Trade Expansion of China and India：Threat or
Opportunity? ［J］. World Economy, 2008, 31（10）：1327-1350.

［30］ Romer P M. Increasing Returns and Long-run Growth ［J］. Journal of Po-
litical Economy, 1986, 94（5）：1002-1037.

［31］ Sagituly G, Oteshova A, Prodanova N, et al. Digital Economy and Its Role
in the Process of Economic Developm-ent ［J］. Journal of Security & Sustainability Is-
sues, 2020, 9（4）：1225-1235.

［32］ Sandberg J, Holmström J, Lyytinen K. Digitization and Phase Transitions in
Platform Organizing Logics：Evidence from the Process Automation Industry ［J］.
Management Information Systems Quarterly, 2020, 44（1）：129-153.

［33］ Sangitulg G, Oteshova A, Prodanova N, et al. Digital Economy and Its
Role in the Process of Economic Development ［J］. Journal of Security & Sustainability
Issues, 2020, 9（4）：1225-1235.

［34］ Sharma C, Mishra R K. International Trade and Performance of Firms：Un-
raveling Export, Import and Productivity Puzzle ［J］. Quarterly Review of Economics
and Finance, 2015（8）：61-74.

［35］ Su D, Yao Y. Manufacturing as the Key Engine of Economic Growth for
Middle-income Economies ［J］. Journal of the Asia Pacific Economy, 2017, 22
（1）：47-70.

［36］Teece D J. Profiting from Innovation in The Digital Economy：Enabling Technologies，Standards，and Licensing Models in the Wireless World ［J］. Research Policy，2018，47（8）：1367-1387.

［37］Wang C W，Miao W，Lu M M. Evolution of the Chinese Industrial Structure：A Social Network Perspective ［J］. Technological Forecasting and Social Change，2022，11（184）：121972.

［38］Wooldridge J. Econometric Analysis of Cross Section and Panel Data ［M］. Massachusetts：The MIT Press，2002.

［39］Zhang W，You J M，Lin W W. Internet Plus and China Industrial System's Low-carbon Development ［J］. Renewable and Sustainable Energy Reviews，2021，151（C）：111-129.

［40］Zhang X H，Peek W，Pikas B，et al. The Transformation and Upgrading of the Chinese Manufacturing Industry：Based on German Industry 4.0 ［J］. Journal of Applied Business and Economics，2016，18（5）：97-105.

［41］Zhang Y，Ren S，Liu Y，et al. A Big Analytics Architecture for Cleaner Manufacturing and Maintenance Processes of Complex Products ［J］. Journal of Cleaner Production，2017，142（2）：626-641.

［42］2011 年社会融资规模统计数据报告［R/OL］. 中国人民银行网，2012. https：//www. gov. cn/gzdt/2012-01/18/content_2048111. htm.

［43］"一带一路"，从愿景到现实［EB/OL］.［2023-10-11］. http：//politics. people. com. cn/n1/2023/1011/c1001-40092604. html.

［44］2022 年金融统计数据报告［R/OL］. 中国人民银行网，［2023-01-10］. http：//www. pbc. gov. cn/diaochatongjisi/116219/116225/4761016/index. html.

［45］阿里云研究院，罗兰贝格，钉钉. 数智跃迁：企业全生命周期数字化转型路径［R］. 阿里研究院，2022.

［46］白雪洁，宋培，艾阳，等. 中国构建自主可控现代产业体系的理论逻辑与实践路径［J］. 经济学家，2022（6）：48-57.

［47］白雪洁. 以数字经济助力现代化产业体系建设［J］. 人民论坛·学术前沿，2023（5）：41-50.

［48］蔡呈伟，戚聿东. 工业互联网对中国制造业的赋能路径研究［J］. 当代经济管理，2021，43（12）：40-48.

［49］蔡跃洲，马文君．数据要素对高质量发展影响与数据流动制约［J］．数量经济技术经济研究，2021（3）：64-83．

［50］曹飞．城镇化质量测度及城市可持续发展能力研究——基于中国及陕西省的实证分析［M］．西安：西安交通大学出版社，2017．

［51］曹建海．为什么强调推进产业链现代化［N］．经济日报，2023-07-26．

［52］陈剑，黄朔，刘运辉．从赋能到使能——数字化环境下的企业运营管理［J］．管理世界，2020，36（2）：117-128+222．

［53］陈晓东，刘洋，周柯．数字经济提升我国产业链韧性的路径研究［J］．经济体制改革，2022（1）：95-102．

［54］陈晓东，杨晓霞．数字化转型是否提升了产业链自主可控能力?［J］．经济管理，2022，44（8）：23-39．

［55］陈晓红，李杨扬，宋丽洁，等．数字经济理论体系与研究展望［J］．管理世界，2022，38（2）：208-224+13-16．

［56］陈雨露．数字经济与实体经济融合发展的理论探索［J］．经济研究，2023，58（9）：22-30．

［57］陈郁青．福建省历史文化名镇名村的空间分布特征及其影响因素研究［J］．城市发展研究，2019（12）：12-18．

［58］陈展图．中国省会城市现代产业体系评价［J］．学术论坛，2015（1）：83-87．

［59］程贵孙，陈宏民，孙武军．双边市场视角下的平台企业行为研究［J］．经济理论与经济管理，2006（9）：55-60．

［60］德国科研投入占 GDP 比例升至 3.13%［EB/OL］．［2020-05-15］．http：//www.xinhuanet.com/world/2020-05/15/c_1125989050.htm.

［61］杜传忠．我国现代化产业体系的特征及建设路径［J］．人民论坛，2022（24）：22-25．

［62］杜明军．深刻领会绿色低碳转型的战略价值［N］．大河网，2022-11-18．

［63］杜庆昊．数字产业化和产业数字化的生成逻辑及主要路径［J］．经济体制改革，2021（5）：85-91．

［64］杜宇玮．高质量发展视域下的产业体系重构：一个逻辑框架［J］．现

代经济探讨，2019（12）：76-84.

［65］范合君，何思锦．现代产业体系的评价体系构建及其测度［J］．改革，2021（8）：90-102.

［66］冯云云，杜姿霖．酷特智能张蕴蓝：从 1 到 N 的变革与重塑［N］．山东商报，2022-12-22.

［67］付保宗．增强产业链供应链自主可控能力亟待破解的堵点和断点［J］．经济纵横，2022（3）：39-46+137.

［68］干春晖，郑若谷，余典范．中国产业结构变迁对经济增长和波动的影响［J］．经济研究，2011（5）：4-16+31.

［69］高柏，草苍．为什么全球化会发生逆转——逆全球化现象的因果机制分析［J］．文化纵横，2016（6）：22-35.

［70］高培勇，杜创，刘霞辉，等．高质量发展背景下的现代化经济体系建设：一个逻辑框架［J］．经济研究，2019（4）：4-17.

［71］工业互联网产业联盟．工业互联网碳达峰碳中和园区指南［R］．工业互联网产业联盟，2021.

［72］供应链金融市场规模．2022 年供应链金融市场发展迅速［R/OL］．中国报告大厅网讯，2022. https：//m. chinabgao. com/freereport/83929. html.

［73］龚绍东．产业体系结构形态的历史演进与现代创新［J］．产经评论，2010（1）：21-28.

［74］谷业凯．科技创新成为引领现代化建设的重要动力［N］．人民日报，2023-02-25（06）.

［75］关会娟，许宪春，张美慧，等．中国数字经济产业统计分类问题研究［J］．统计研究，2020（12）：3-16.

［76］郭晗．数字经济与实体经济融合促进高质量发展的路径［J］．西安财经大学学报，2020，33（2）：20-24.

［77］郭克莎，彭继宗．制造业在中国新发展阶段的战略地位和作用［J］．中国社会科学，2021（5）：128-149+207.

［78］郭丽娟，刘佳．美国产业集群创新生态系统运行机制及其启示——以硅谷为例［J］．科技管理研究，2020，40（19）：36-41.

［79］郭诣遂，于鸣燕．江苏现代产业体系评价模式及构建路径研究［J］．中国经贸导刊，2020（12）：47-49.

［80］国家统计局.2022 年国民经济顶住压力再上新台阶［EB/OL］.
［2023－01－17］.http：//www.stats.gov.cn/sj/zxfb/202302/t20230203_190
1709.html.

［81］国务院."十四五"数字经济发展规划［EB/OL］.（2022-01-12）
［2023-11-19］.https：//www.gov.cn/zhengce/content/2022-01/12/content_5667
817.htm.

［82］国务院发展研究中心课题组，马建堂，袁东明，等.持续推进"放管
服"改革不断优化营商环境［J］.管理世界，2022，38（12）：1-9.

［83］国务院发展研究中心课题组，马建堂，张军扩.充分发挥"超大规模
性"优势 推动我国经济实现从"超大"到"超强"的转变［J］.管理世界，
2020，36（1）：1-7+44+229.

［84］韩平，时昭昀.基于 CiteSpace 的中国现代产业体系与现代化产业体系
研究综述［J］.对外经贸，2023（7）：19-23+127.

［85］韩文龙，晏宇翔，张瑞生.推动数字经济与实体经济融合发展研究
［J］.政治经济学评论，2023，14（3）：67-88.

［86］韩增林，曹锡顶，狄乾斌.基础设施投入效率时空演变及其关联格局
研究——基于中国地级以上城市的实证［J］.地理科学，2021（6）：941-950.

［87］郝宪印，张念明.新时代我国区域发展战略的演化脉络与推进路径
［J］.管理世界，2023，39（1）：56-68.

［88］何帆，刘红霞.数字经济视角下实体企业数字化变革的业绩提升效应
评估［J］.改革，2019（4）：137-148.

［89］贺俊，吕铁.从产业结构到现代化产业体系：继承、批判与拓展
［J］.中国人民大学学报，2015，29（2）：39-47.

［90］洪银兴，任保平.数字经济与实体经济深度融合的内涵和途径［J］.
中国工业经济，2023（2）：5-16.

［91］胡迟.论后金融危机时期我国制造业的转型升级之路［J］.经济纵
横，2011（1）：52-56.

［92］胡洪曙.中国基本公共服务供给指数报告［M］.北京：经济科学出
版社，2017.

［93］胡锦涛.高举中国特色社会主义伟大旗帜，为夺取全面建设小康社会
新胜利而奋斗——在中国共产党第十七次全国代表大会上的报告［N/OL］.中

国青年报，2007-10-15. http：//zqb. cyol. com/content/2007-10/25/content_ 1932 631_12. htm.

[94] 胡西娟，师博，杨建飞. "十四五"时期以数字经济构建现代产业体系的路径选择 [J]. 经济体制改革，2021（4）：104-110.

[95] 胡西娟，师博，杨建飞. 数字经济优化现代产业体系的机理研究 [J]. 贵州社会科学，2020（11）：141-147.

[96] 黄汉权，盛朝迅. 现代化产业体系的内涵特征、演进规律和构建途径 [J]. 中国软科学，2023（10）：1-8.

[97] 黄汉权. 不断提升产业基础能力，为建设现代化产业体系夯基固本 [J]. 习近平经济思想研究，2022（8）：16-24.

[98] 黄汉权. 新中国产业结构发展演变历程及启示 [EB/OL]. 金融时报-中国金融新闻网，2019. https：//www. financialnews. com. cn/zt/zl70n/201909/t201 90916_167938. html.

[99] 黄群慧，杨虎涛. 中国制造业比重"内外差"现象及其"去工业化"涵义 [J]. 中国工业经济，2022（3）：20-37.

[100] 黄群慧. 打造自主可控、安全可靠、竞争力强的现代化产业体系 [N]. 光明日报，2023-01-21.

[101] 黄蕊，侯丹. 东北三省文化与旅游产业融合的动力机制与发展路径 [J]. 当代经济研究，2017（10）：81-89.

[102] 黄新华. 建设服务新发展格局的全国统一大市场研究 [J]. 海南大学学报（人文社会科学版），2023，41（2）：1-8.

[103] 黄鑫. 制造业加快转型升级 [N]. 经济日报，2023-02-13.

[104] 江小国，何建波，方蕾. 制造业高质量发展水平测度、区域差异与提升路径 [J]. 上海经济研究，2019（7）：70-78.

[105] 江小涓，黄颖轩. 数字时代的市场秩序、市场监管与平台治理 [J]. 经济研究，2021，56（12）：20-41.

[106] 江小涓，孟丽君. 内循环为主、外循环赋能与更高水平双循环——国际经验与中国实践 [J]. 管理世界，2021，37（1）：1-19.

[107] 姜江. 增强战略性新兴产业产业链供应链自主可控能力的思考 [J]. 经济纵横，2022（2）：35-41.

[108] 姜兴，张贵. 以数字经济助力构建现代产业体系 [J]. 人民论坛，

2022（6）：87-89.

［109］焦勇．数字经济赋能制造业转型：从价值重塑到价值创造［J］．经济学家，2020（6）：87-94.

［110］教育部．2022年全国教育事业发展统计公报［EB/OL］．http：//www. moe. gov. cn/jyb_sjzl/sjzl_fztjgb/202307/t20230705_1067278. html.

［111］金壮龙．新时代工业和信息化发展取得历史性成就［J］．中国信息化，2022（10）：5-8.

［112］荆文君，孙宝文．数字经济促进经济高质量发展：一个理论分析框架［J］．经济学家，2019（2）：66-73.

［113］景跃军．战后美国产业结构演变及与欧盟比较研究［M］．吉林：吉林人民出版社，2006.

［114］李东坡，周慧，霍增辉．日本实现"碳中和"目标的战略选择与政策启示［J］．经济学家，2022（5）：117-128.

［115］李福柱，曹友斌，李昆泽．中国制造业出口技术复杂度的区域差异及收敛性研究［J］．数量经济技术经济研究，2022（4）：107-126.

［116］李佳佳，贝淑华．对C2M电商模式发展的研究与探讨——以酷特智能为例［J］．电子商务，2019（12）：24-25.

［117］李健旋．中国制造业智能化程度评价及其影响因素研究［J］．中国软科学，2020（1）：154-163.

［118］李金铠，马静静，魏伟．中国八大综合经济区能源碳排放效率的区域差异研究［J］．数量经济技术经济研究，2020，37（6）：109-129.

［119］李军凯，高菲．强化国家战略科技力量建设努力实现高水平科技自立自强［N］．人民日报，2022-07-20.

［120］李腾，孙国强，崔格格．数字产业化与产业数字化：双向联动关系、产业网络特征与数字经济发展［J］．产业经济研究，2021（5）：54-68.

［121］李万．加快提升我国产业基础能力和产业链现代化水平［J］．中国党政干部论坛，2020（1）：26-30.

［122］李晓华．制造业的数实融合：表现、机制与对策［J］．改革与战略，2022，38（5）：42-54.

［123］李英杰，韩平．数字经济下制造业高质量发展的机理和路径［J］．宏观经济管理，2021（5）：36-45.

［124］李颖．日本构建智能制造生态系统的战略举措［J］．中国工业和信息化，2018（12）：56-60.

［125］李远．美国、日本产业政策：比较分析与启示［J］．经济经纬，2006（1）：48-50.

［126］刘冰，王安．现代产业体系评价及构建路径研究：以山东省为例［J］．经济问题探索，2020（5）：66-72.

［127］刘光东，丁洁，武博．基于全球价值链的我国高新技术产业集群升级研究——以生物医药产业集群为例［J］．软科学，2011，25（3）：36-41.

［128］刘军，杨渊鋆，张三峰．中国数字经济测度与驱动因素研究［J］．上海经济研究，2020（6）：81-96.

［129］刘明宇，芮明杰．全球化背景下中国现代化产业体系的构建模式研究［J］．中国工业经济，2009（5）：57-66.

［130］刘伟．中国式现代化与低碳绿色发展［J］．学术月刊，2023，55（1）：39-47.

［131］刘钊．现代化产业体系的内涵与特征［J］．山东社会科学，2011（5）：160-162.

［132］刘志彪，徐天舒．我国制造业数字化改造的障碍、决定因素及政策建议［J］．浙江工商大学学报，2023（2）：92-105.

［133］刘志彪．为实现现代化打下坚实产业基础［N］．人民日报，2016-08-25.

［134］罗序斌，黄亮．中国制造业高质量转型升级水平测度与省际比较：基于"四化"并进视角［J］．经济问题，2020（12）：43-52.

［135］马斌斌，陈兴鹏，陈芳婷，等．中华老字号企业空间分异及影响因素研究［J］．地理研究，2020（10）：2313-2329.

［136］马健．产业融合论［M］．南京：南京大学出版社，2006.

［137］马云泽．世界产业结构软化趋势及启示——以美、日为例［J］．重庆邮电学院学报（社会科学版），2005（3）：358-361.

［138］毛晖，王一帆，张佳楠．制造业绿色低碳转型的多维评估和政策驱动［J］．创新，2023，17（3）：53-66.

［139］聂子龙，李浩．产业融合中的企业战略思考［J］．软科学，2003（2）：80-83.

［140］欧阳日辉，刘昱宏．数据要素发挥倍增效应的理论机制、制约因素与政策建议［EB/OL］．［2023-12-20］．http：//kns.cnki.net/kcms/detail/21.1096.F.20231123.1324.004.html.

［141］裴长洪，倪江飞，李越．数字经济的政治经济学分析［J］．财贸经济，2018，39（9）：5-22.

［142］彭张林，张爱萍，王素凤，等．综合评价指标体系的设计原则与构建流程［J］．科研管理，2017（38）：209-215.

［143］曲永义．数字经济与产业高质量发展［J］．China Economist，2022，17（6）：2-25.

［144］渠慎宁，杨丹辉．制造业本地化、技术反噬与经济"逆全球化"［J］．中国工业经济，2022（6）：42-60.

［145］任保平，李培伟．数字经济背景下中国经济高质量发展的六大路径［J］．经济纵横，2023（7）：55-67.

［146］任保平，李培伟．数字经济培育我国经济高质量发展新动能的机制与路径［J］．陕西师范大学学报（哲学社会科学版），2022，51（1）：121-132.

［147］任保平．以产业数字化和数字产业化协同发展推进新型工业化［J］．改革，2023（11）：28-37.

［148］芮明杰，等．中国新型产业体系构建与发展研究［M］．上海：上海财经大学出版社，2017.

［149］芮明杰．构建现代产业体系的战略思路、目标与路径［J］．中国工业经济，2018（9）：24-40.

［150］赛迪智库工业经济研究所．2020年我国制造业营商环境白皮书［R］．2021.

［151］邵汉华，刘克冲，齐荣．中国现代产业体系四位协同的地区差异及动态演进［J］．地理科学，2019（7）：1139-1146.

［152］盛朝迅．构建现代产业体系的瓶颈制约与破除策略［J］．改革，2019（3）：38-49.

［153］史丹．数字经济条件下产业发展趋势的演变［J］．中国工业经济，2022（11）：26-42.

［154］史丹．现代化产业体系的建设重点与路径［N］．经济日报，2023-03-05.

［155］宋丹霞，谭绮琦．工业互联网时代 C2M 大规模定制实现路径研究——基于企业价值链重塑视角［J］．现代管理科学，2021（6）：80-88.

［156］宋爽．数字经济概论［M］．天津：天津大学出版社，2021.

［157］宋文玉．发展服务业与制造业良性互动的现代化产业体系［J］．商业研究，2008（12）：74-77.

［158］苏永伟．中部地区制造业高质量发展评价研究：基于2007-2018年的数据分析［J］．经济问题，2020（9）：85-91.

［159］孙绍勇，张林忆．建设现代化经济体系与拓展中国式现代化：战略定位、逻辑机理与路径优化［J］．经济纵横，2023（11）：35-43.

［160］孙智君，安睿哲，常懿心．中国特色现代化产业体系构成要素研究——中共二十大报告精神学习阐释［J］．金融经济学研究，2023，38（1）：3-17.

［161］唐家龙．现代化产业体系的内涵与特征——基于现代化与经济现代化视角的考察［C］．中国科学学与科技政策研究会，中国科学学与科技政策研究会，2010.

［162］唐杰．《日本机械工业振兴临时措施法》与中国工业的发展［J］．科学管理研究，1986（1）：12-14.

［163］唐晓璐．辽宁全力推动先进制造业和现代服务业深度融合［N］．辽宁日报，2023-02-27.

［164］陶元，窦克勤，王程安．推进新型工业化背景下制造业数字化转型的定位、态势和路径［J］．新型工业化，2023，13（6）：5-11.

［165］腾讯云，腾讯研究院．2023腾讯制造业数字化转型洞察报告［R］．腾讯，2023.

［166］万钢．把握全球产业调整机遇培育和发展战略性新兴产业［J］．求是，2010（1）：28-30.

［167］汪斌，韩菁．论美国产业结构调整的特点［J］．生产力研究，2002（2）：143-144.

［168］汪立峰．国际分工与我国现代化产业体系发展［J］．高校理论战线，2011（2）：35-38.

［169］王琛，林初昇，戴世续．产业集群对技术创新的影响——以电子信息产业为例［J］．地理研究，2012，31（8）：1375-1386.

［170］王定祥，吴炜华，李伶俐．数字经济和实体经济融合发展的模式及机制分析［J］．改革，2023（7）：90-104.

［171］王磊，覃朝晖，魏龙．数字经济对高技术制造业产业链现代化的影响效应分析［J］．贵州社会科学，2022（6）：127-136.

［172］王丽纳，李玉山．农村一二三产业融合发展对农民收入的影响及其区域异质性分析［J］．改革，2019（12）：104-114.

［173］王霞，傅元海．构建自主可控现代制造业体系面临的挑战、路径与对策［J］．当代财经，2023（8）：3-16.

［174］王亚楠，蒲金芳，高阳，等．江西省万年县乡村地域多功能时空特征与格局演化［J］．北京大学学报（自然科学版），2021（6）：1121-1132.

［175］王一鸣．百年大变局、高质量发展与构建新发展格局［J］．管理世界，2020（12）：1-13.

［176］王一钦．我国现代产业体系构建的驱动要素及经济效应研究［D］．长春：吉林大学，2022.

［177］王勇．加快打造数智化平台［EB/OL］．［2023-05-09］．http：//www. workercn. cn/c/2023-05-09/7831351. shtml.

［178］王岳平．现代制造业发展的特点与趋势［J］．宏观经济研究，2004（12）：24-27.

［179］温珺，阎志军，程愚．数字经济与区域创新能力的提升［J］．经济问题探索，2019（11）：112-124.

［180］吴海军，郭珺．数据要素赋能制造业转型升级［J］．宏观经济管理，2023（2）：35-41+49.

［181］习近平．国家中长期经济社会发展战略若干重大问题［J］．求知，2020（11）：4-7.

［182］夏杰长．中国式现代化视域下实体经济的高质量发展［J］．改革，2022（10）：1-11.

［183］肖兴志，李少林．大变局下的产业链韧性：生成逻辑、实践关切与政策取向［J］．改革，2022（11）：1-14.

［184］谢康，肖静华．面向国家需求的数字经济新问题、新特征与新规律［J］．改革，2022（1）：85-100.

［185］徐建伟，韩晓，赵阳华．推动制造业高质量发展的时代要求、现实基

础与策略选择 ［J］. 改革，2023（11）：55-66.

［186］徐建伟，余新创，付保宗. 以深化融合发展助推产业链供应链现代化水平提升 ［J］. 经济纵横，2023（7）：79-86.

［187］徐金海，夏杰长. 加快建设以实体经济为支撑的现代化产业体系 ［J］. 改革，2023（8）：14-25.

［188］许宪春，任雪，常子豪. 大数据与绿色发展 ［J］. 中国工业经济，2019（4）：5-22.

［189］许宪春，张美慧. 中国数字经济规模测算研究——基于国际比较的视角 ［J］. 中国工业经济，2020（5）：23-41.

［190］许召元. 以制造业高质量发展为核心加快发展现代产业体系 ［N］. 中国经济时报，2020-12-03（04）.

［191］薛敬孝，白雪洁. 当代日本产业结构研究 ［M］. 天津：天津人民出版社，2002.

［192］薛志伟，刘春沐阳. 加快建设现代化产业体系 ［N］. 经济日报，2023-07-26.

［193］央行. 2022 年末金融业机构总资产 419.64 万亿元 ［EB/OL］.［2023-03-15］. https：//news. cctv. com/2023/03/15/ARTIu3LOE4qSiINmgV2ZBdpd230315. shtml.

［194］杨高举，黄先海，Huang D Y. 内部动力与后发国分工地位升级——来自中国高技术产业的证据（英文版）［J］. Social Sciences in China，2014，35（2）：106-121.

［195］杨虎涛. 新发展格局构建与数字经济发展：内在逻辑与政策重点 ［J］. 学术月刊，2021，53（12）：60-73.

［196］杨新臣. 数字经济重塑新动力 ［M］. 北京：电子工业出版社，2021.

［197］余川江. 转变经济发展方式背景下区域产业竞争优势持续升级机制研究——基于"钻石模型"的反思和西部地区的实证 ［J］. 软科学，2012，26（4）：71-76.

［198］余东华，马路萌. 新质生产力与新型工业化：理论阐释和互动路径 ［J］. 天津社会科学，2023（6）：90-102.

［199］余淼杰，季煜. 构建全国统一大市场的价值意蕴及路径探析 ［J］.

新疆师范大学学报（哲学社会科学版），2022，43（6）：110-120.

［200］袁淳，肖土盛，耿春晓，等．数字化转型与企业分工：专业化还是纵向一体化［J］．中国工业经济，2021（9）：137-155.

［201］张峰，刘璐璐．数字经济时代对数字化消费的辩证思考［J］．经济纵横，2020（2）：45-54.

［202］张洪昌，丁睿．我国制造业产业链供应链韧性的理论内涵与提升路径——基于中国式现代化的背景［J］．企业经济，2023，42（7）：102-108.

［203］张辉．破解现代化经济体系建设梗阻，奠定高质量发展雄厚基础［EB/OL］．（2022-07-08）［2023-11-19］．https：//m.gmw.cn/baijia/2022-07/08/35869538.html.

［204］张辉．全球价值链理论与我国产业发展研究［J］．中国工业经济，2004（5）：9.

［205］张冀新．城市群现代化产业体系的评价体系构建及指数测算［J］．工业技术经济，2012，31（9）：133-138.

［206］张梦霞，郭希璇，李雨花．海外高端消费回流对中国数字化和智能化产业升级的作用机制研究［J］．世界经济研究，2020（1）：107-120+137.

［207］张明哲．现代化产业体系的特征与发展趋势研究［J］．当代经济管理，2010，32（1）：42-46.

［208］张明之．后危机时代中国企业的反周期跨国并购［J］．世界经济与政治论坛，2009（6）：4-10.

［209］张申，李正图．中国共产党领导下产业体系百年变迁［J］．上海经济研究，2021（6）：5-17.

［210］张晓宁，顾颖．陕西现代产业发展新体系的测量、评价与构建研究［J］．西安石油大学学报（社会科学版），2015，24（3）：12-19.

［211］张勋，万广华，张佳佳，等．数字经济、普惠金融与包容性增长［J］．经济研究，2019，54（8）：71-86.

［212］张雅新．海尔集团"三新"动力赋能海尔学校 驱动未来教育创新发展［EB/OL］．［2021-12-28］．http：//www.edu.gov.cn/edu/20980.html.

［213］张耀辉．传统产业体系蜕变与现代化产业体系形成机制［J］．产经评论，2010（1）：12-20.

［214］张元庆，齐平，刘烁．数字产品制造业与数字技术应用业耦合协调发

展及其空间效应研究［J］．江西社会科学，2022，42（12）：47-60.

［215］张振伟．试论汉密尔顿关于美国早期经济发展的思想［J］．河南商业高等专科学校学报，2003（5）：23-25.

［216］赵宸宇，王文春，李雪松．数字化转型如何影响企业全要素生产率［J］．财贸经济，2021，42（7）：114-129.

［217］赵国栋．数字生态论［M］．杭州：浙江人民出版社，2018.

［218］赵嘉，唐家龙．美国产业结构演进与现代产业体系发展及其对中国的启示——基于美国1947-2009年经济数据的考察［J］．科学学与科学技术管理，2012，33（1）：141-147.

［219］赵玲，黄昊．企业数字化转型、供应链协同与成本粘性［J］．当代财经，2022（5）：124-136.

［220］赵涛，张智，梁上坤．数字经济、创业活跃度与高质量发展——来自中国城市的经验证据［J］．管理世界，2020，36（10）：65-76.

［221］赵祥．准确把握新时代建设现代化产业体系的多维路径——基于部门、功能和空间三维视角的研究［J］．经济学家，2023（5）：68-77.

［222］赵霄伟，杨白冰．顶级"全球城市"构建现代产业体系的国际经验及启示［J］．经济学家，2021（2）：120-128.

［223］中国电子信息产业发展研究院．"十四五"制造业高质量发展与产业政策转型白皮书［R］．2021.

［224］中国社会科学院工业经济研究所课题组，史丹，李晓华，等．新型工业化内涵特征、体系构建与实施路径［J］．中国工业经济，2023（3）：5-19.

［225］中国社会科学院工业经济研究所课题组，张其仔．提升产业链供应链现代化水平路径研究［J］．中国工业经济，2021（2）：80-97.

［226］中国社会科学院经济研究所课题组，黄群慧，原磊，等．新征程推动经济高质量发展的任务与政策［J］．经济研究，2023，58（9）：4-21.

［227］中国信息通信研究院．中国工业经济发展形势展望［R］．2022.

［228］中国信息通信研究院．中国数字经济发展报告（2022年）［R］．2022.

［229］周叔莲，王伟光．科技创新与产业结构优化升级［J］．管理世界，2001（5）：70-78+89-216.

［230］朱启贵，张伟．我国异质性产业体系低碳化发展的实现路径及其影响因素［J］．统计研究，2017，34（3）：16-29.

［231］祝合良，王春娟．"双循环"新发展格局战略背景下产业数字化转型：理论与对策［J］．财贸经济，2021，42（3）：14-27．

［232］左鹏飞，陈静．高质量发展视角下的数字经济与经济增长［J］．财经问题研究，2021（9）：19-27．

后 记

本书是辽宁大学先进制造业研究中心、沈阳市创建国家先进制造业中心研究院、中国工业经济学会先进制造业专业委员会的研究成果。关注和聚焦"制造业现代化产业体系"问题，是我们在深入领会习近平总书记提出的"建设现代化产业体系"重要讲话精神的基础上，经过长期的思考和研究而开展的具有创新性的研究课题。

本书由唐晓华教授拟出研究选题，明确分析思路和确定整体研究框架，并组织团队开展深入的研究与撰写工作。具体分工如下：序言（唐晓华）、第一章（李茹）、第二章（李茹）、第三章（赵翠明）、第四章（李静雯）、第五章（李静雯）、第六章（迟子茗）、第七章（迟子茗）、第八章（余建刚）、第九章（余建刚）第十章（赵翠明）。最后由唐晓华教授组织修订与统稿。

在数字经济背景下研究中国制造业现代化产业体系，是构建中国式现代化产业体系的重要一环，也是当代产业经济学学科所亟研究和解决的前沿理论和重大实践问题。对于这样一个新的问题，研究并完成这本著作，只是我们在这一领域所进行的初步尝试。未来我们还将围绕这个主题开展深入持续研究，希望能产出更多具有理论研究价值和实践应用价值的研究成果。

本书在研究过程中借鉴了大量国内外专家学者的已有研究成果，在此一并表示感谢。同时，在本书的出版过程中，经济管理出版社的编辑朋友们付出了辛勤的劳作，对此，我们也一并表示感谢。

2024 年 1 月 4 日

于沈阳